ENTRE A FÁBRICA E A SENZALA

CONSELHO EDITORIAL
Ana Paula Torres Megiani
Eunice Ostrensky
Haroldo Ceravolo Sereza
Joana Monteleone
Maria Luiza Ferreira de Oliveira
Ruy Braga

ENTRE A FÁBRICA E A SENZALA

Um estudo sobre o cotidiano dos africanos livres na Real Fábrica de Ferro São João do Ipanema - Sorocaba - São Paulo (1840-1870)

Mariana Alice Pereira Schatzer Ribeiro

Copyright © 2017 Mariana Alice Pereira Schatzer Ribeiro.

Grafia atualizada segundo o Acordo Ortográfico da Língua Portuguesa de 1990, que entrou em vigor no Brasil em 2009.

Edição: Haroldo Ceravolo Sereza
Editora assistente: Danielly de Jesus Teles
Editora de livros digitais: Clarissa Bongiovanni
Projeto gráfico, diagramação e capa: Jean Ricardo Freitas
Assistente acadêmica: Bruna Marques
Revisão: Alexandra Colontini
Imagens da capa: Fotografia de Laura Requena, Carmem Portillo, Paulo César Cardoso e Elizabeth de Fátima Oliveira Lima (modelo).

Esta obra foi publicada com apoio da Fapesp, número do processo: 2015/05226-2

CIP-BRASIL. CATALOGAÇÃO-NA-FONTE
SINDICATO NACIONAL DOS EDITORES DE LIVROS, RJ

R52E

Ribeiro, Mariana Schatzer
Entre a fábrica e a senzala: um estudo sobre o cotidiano dos africanos livres na real fábrica de ferro São João do Ipanema- Sorocaba- SP (1840-1870)
Schatzer Ribeiro - 1. ed.
São Paulo: Alameda, 2016.
IL. ; 21 CM

Inclui bibliografia e índice
ISBN 978-85-7939-404-1

1. Negros livres - Estatuto legal, leis, etc. - Brasil - História - Séc XIX. 2. Negros livres - Brasil - Condições sociais - Séc. XIX. Título.

16-34090	CDD: 305.896081
	CDU: 330.342.112

ALAMEDA CASA EDITORIAL
Rua 13 de Maio, 353 – Bela Vista
CEP 01327-000 – São Paulo, SP
Tel. (11) 3012-2403
www.alamedaeditorial.com.br

Ao Pai Benedito de Aruanda e todos os Yorimás

SUMÁRIO

13   **Prefácio**

17   **Introdução**

25   **Capítulo 1: Os africanos livres e seus significados**

25   A legislação sobre o tráfico de escravos

33   Os africanos livres na historiografia brasileira

39   A Fábrica de Ferro Ipanema: panorama histórico

55   **Capítulo 2: Vidas tuteladas: as experiências dos africanos livres na Fábrica de Ferro Ipanema**

58   Nomes, Funções, Locais de Procedência, Sexo e Rotina de Trabalho

85   Moradia, Vestimenta e Alimentação

100   A Alimentação

109   As Vestimentas

112   Fugas e Conflitos

135   Formações Familiares

155   **Capítulo 3: Saúde, doenças e óbitos na Fábrica de Ferro Ipanema**

155   Os Manuais de Medicina Popular do Império

160   A historiografia sobre a saúde e escravidão no Brasil

169   Doenças, curas e mortes na Fábrica de Ferro Ipanema

193   **Capítulo 4: Décadas finais: transferências para a Colônia de Itapura e emancipações: 1860-1870**

195   Ipanema e Itapura: as transferências dos africanos livres entre as instituições

215	Emancipações: o Decreto de 1853
220	O decreto de 1864: o destino dos africanos livres e sua prole
233	**Considerações finais**
237	**Fontes**
239	**Referências Bibliográficas**
249	**Anexos**
255	**Agradecimentos**

LISTA DE ILUSTRAÇÕES

Figura 1- "Os fornos altos de Ipanema construídos em 1818"

Figura 2- "Negros de diferentes nações", Johann Moritz Rugendas

Figura 3- "Negros Moçambiques", Johann Moritz Rugendas. prancha n° 2/13

Figura 4- "Planta dos edifícios da Fábrica de Ferro São João do Ipanema durante a administração Varnhagen"

Figura 5- "Pintura da Fábrica de Ferro Ipanema 1821"

Figura 6- Senzala-barraco "Habitação de negros", 1835. Litografia de I. L. Deroi

Figura 7- Senzala- pavilhão "Antes da partida para roça", 1861. Litografia de Ph. Benoist

Figura 8- Representação do orixá Omolu

LISTA DE TABELAS

Tabela 1- "Lista das atividades realizadas pelos escravos da Nação e africanos livres existentes na Fábrica de Ferro São João do Ipanema (1835-1845)"

Tabela 2- "Relação dos africanos e escravos existentes na Fábrica de Ferro São João do Ipanema em 1843"

Tabela 3- "Relação entre os sexos e os totais de escravos da Nação e africanos livres existentes no estabelecimento da Fábrica de Ferro de São João de Ipanema 1839-1858"

Tabela 4- "Resumo estatístico dos africanos livres e escravos da Fábrica de Ipanema em 1846"

Tabela 5- "Relação nominal dos africanos livres maiores e menores, extraída do livro de matrícula dos mesmos, organizada em julho de 1849, declarando os que atualmente existem nesta Fábrica, os que tiveram desterros e os que faleceram"

Tabela 6- "Número de africanos e as respectivas datas de chegada na Fábrica de Ferro Ipanema (1835-1849)"

Tabela 7- "Relação do número de africanos e os locais de procedência"

Tabela 8- "Relação das mortes dos africanos (as) e suas respectivas moléstias"

Tabela 9- "Relação dos africanos livres e escravos entregues ao Barão d'Antonina por intermédio do seu procurador, Vicente R. de Carvalho, conforme as ordens do Exmo. Governo da Província"

Tabela 10- "Relação dos escravos e africanos livres entregues nesta data ao

Tenente da Armada Camillo de Lelis e Silva para seguirem na conformidade das ordens do Governo Imperial e da Presidência da Província para a Colônia de Itapura"

Tabela 11- "Relação nominal dos escravos e africanos que trouxe para serem trocados por igual número na Fábrica de Ferro São João de Ipanema, recebidos para o Estabelecimento Naval de Itapura"

Tabela 12- "Relação nominal dos Africanos Livres existentes atualmente na Fábrica de Ferro Ipanema". (1860)

Tabela 13- "Relação dos africanos livres e escravos da nação pertencentes à Fábrica de Ferro Ipanema". (1863)

Tabela 14- "Comparação na identificação de africanos livres 1851 e 1864"

Tabela 15- "Comparação entre grupos de procedência de africanos livres em 1851 e na emancipação"

LISTA DE ABREVIATURAS E SIGLAS

AESP- Arquivo Público do Estado de São Paulo
AN – Arquivo Nacional do Rio de Janeiro
BN – Biblioteca Nacional do Rio de Janeiro
AEL – Arquivo Edgar Leuenroth -Campinas-SP

PREFÁCIO

As produções acerca da escravidão no Brasil são inúmeras, relevantes e possuem elevada consolidação na historiografia brasileira, principalmente desde a renovação dos estudos sobre essa área a partir do centenário da abolição, em 1988. Atualmente, no século XXI, novas abordagens e problemas são observados pelos historiadores, como por exemplo, o objeto deste livro, os africanos livres em um empreendimento imperial fabril, fruto da Dissertação de Mestrado de Mariana Alice Pereira Schatzer Ribeiro, sob a minha orientação.

Os desdobramentos do presente estudo iniciaram-se anos atrás, quando, ainda na iniciação científica, a autora também analisou a questão do trabalho na Fábrica de Ipanema, voltando-se exclusivamente para os escravos ditos crioulos, ou seja, nascidos no Brasil, entre 1835 a 1838. Após reflexões importantes sobre seu cotidiano, fugas, conflitos, resistências e amparada por elevada pesquisa documental, Mariana se dedicou aos períodos subsequentes, a fim de compreender não apenas a história da fábrica, mas as experiências de homens e mulheres com condições muito mais delicadas que os escravos afro-brasileiros.

Assim, *Entre a fábrica e a senzala* oportuniza-nos a possibilidade de conhecer melhor a vida dos trabalhadores africanos que viveram na Fábrica de Ferro Ipanema em um período de intensa movimentação que coincidiu com o início do Segundo Império. A subida ao trono de D. Pedro II vinha como uma solução para um país que sofria diversas convulsões sociais em muitas partes do país, e a ascensão um período de prosperidade econômica com o advento do café. Ideologicamente, a entrada de ideias liberais trouxe o questionamento sobre a política, a monarquia e, também, sobre a escravidão. Esta última encerrava em si um paradoxo, uma vez que os princípios de liberdade política e econômica se assentavam no trabalho coercitivo. Assim, ideologicamente o ideário dos grupos dominantes era voltado ao liberalismo europeu, mas na prática ele era retrógrado.

Em 07 de novembro de 1831, o Brasil criou uma lei como parte do acordo feito em 1826 com a Inglaterra para que o país fizesse o reconhecimento de sua Independência. A partir daquela data se proibia a importação de africanos para o Brasil. As dissensões entre a lei e a prática no Brasil cristalizaram a expressão "lei pra inglês ver". O tráfico continuou de forma semi- ilegal e os novos trabalhadores que vinham da África para o Brasil passaram a ser conhecidos como "Africanos Livres".

A dissertação de Mariana Alice Pereira Schatzer Ribeiro buscou a partir deste contexto, estudar a vida destes trabalhadores que encerravam concretamente o paradoxo do ideário brasileiro, livres pela lei, mas escravizados de fato, no cotidiano. Analisando os africanos livres que trabalharam na Fábrica de Ferro Ipanema, ela pode compreender seu cotidiano e suas vivências juntos aos demais trabalhadores escravos, como também alguns livres e estrangeiros da Fábrica na região de Sorocaba.

Tutelados pelas autoridades que viviam distantes na Corte Imperial os africanos livres tinham uma condição ainda mais fragilizada do que escravos de particulares, pois os responsáveis estavam distantes. Eles viveram as dificuldades do "aprendizado" profissional de uma siderúrgica, acompanhada de um cotidiano exaustivo, e as dolorosas transferências da Corte para as instituições de domínio real com as privações próprias da condição da escravidão sem contar o descaso e contendas entre as autoridades locais e contendas e da Corte. A despeito de tudo sobreviveram desenvolvendo um rico processo de resistência que Mariana nos revela em seu trabalho através de listagens e correspondência da fábrica entre outras fontes, como os relatórios dos presidentes da província de São Paulo e o Ministério da Guerra.

Seu trabalho é uma importante contribuição que se inicia em 1840 e se prolonga até os anos posteriores a emancipação geral dos africanos livres na busca de procurar mapear os possíveis destinos e consequências para os trabalhadores. Acredito que esse trabalho é contribuição relevante aos estudos dedicados à história da escravidão e liberdade e da história do trabalho no Brasil.

Assis, abril de 2017

Prof. Dra. Lúcia Helena Oliveira Silva
Departamento de História
Universidade Estadual Paulista "Júlio de Mesquita Filho",
Unesp- Campus de Assis

INTRODUÇÃO

A pesquisa que ora apresento me interessa e acompanha desde os tempos da Graduação. Num primeiro momento foi efetuado um trabalho de iniciação científica entre os anos de 2008 a 2010, o qual pude compreender a experiência dos trabalhadores escravos, ditos *crioulos*, na Fábrica de Ferro São João do Ipanema, entre os anos de 1835 a 1838. Nesse estudo pude analisar como viviam tal grupo de trabalhadores, seu cotidiano, suas redes de sociabilidades, fugas e conflitos.[1] Para realizar o trabalho de iniciação científica, além de contar com a orientação da Prof. Dra. Lúcia Helena Oliveira Silva pesquisei e compilei a documentação sobre a fábrica, presente no Arquivo Público do Estado de São Paulo, e a relacionei com a historiografia da escravidão, pertinente ao assunto. Assim, foi possível concluir que o relacionamento dos escravos levava à criação e fortalecimento das suas relações, muitas vezes exemplificadas pelos pedidos de casamento às autoridades do empreendimento. Além do mais, os mesmos viviam em situação precária, sendo as fugas sua maior forma de protesto e negação àquela situação.

Após esse estudo, foi-me despertada a curiosidade acerca de um outro grupo de trabalhadores em Ipanema, os africanos livres, os quais

---

1 RIBEIRO, Mariana A. P. S. *Na senzala, o escravo operário*: um estudo sobre a escravidão, fugas e conflitos na Fábrica de Ferro São João do Ipanema- Sorocaba-SP (1835-1838). Relatório final de pesquisa apresentado à Fundação de Amparo à Pesquisa do Estado de São Paulo, 2010.

eram citados em algumas fontes anteriores. Assim, residiu um interesse maior a fim de compreender quem eram aqueles indivíduos, como chegaram ao estabelecimento, a forma como conviveram entre si, com os escravos, mas principalmente, a maneira como viveram e lutaram por sua liberdade. Ao buscar na historiografia, a história desses homens e mulheres, ficou evidente a necessidade de análises mais específicas sobre eles, principalmente com relação à sua participação em um empreendimento imperial.

Nesse sentido, vale destacar que a criação da fábrica, no ano de 1810, por Dom João VI, foi uma tentativa de modernizar a economia brasileira. Ela também serviu para promover uma maior ocupação do território, esforço entre o governo central e provincial para alcançar objetivos políticos e econômicos vantajosos. Ademais, a jornada de trabalho era intensa, os ofícios nas máquinas e fornos de fundição eram extremamente perigosos. Além disso, distintos grupos de trabalhadores passaram pelo estabelecimento exercendo as mais variadas funções: operários estrangeiros, escravos crioulos, escravos da nação, população livre pobre, e claro, os referidos africanos.

Também é preciso salientar que os escravos e africanos foram utilizados nas mais diversas formas de exploração, logo as manufaturas e fábricas também se beneficiaram ao utilizar esses trabalhadores forçados para se desenvolverem. Portanto, os africanos livres, que possuíam um status jurídico peculiar não escaparam da lógica do sistema escravista brasileiro, escondido na tutela.

Sendo assim, os africanos surgiram como um grupo diverso, a partir da Convenção de 1817, quando o Império português aceitou que os navios provenientes do comércio de escravos fossem examinados e julgados pelos ingleses, através de comissões mistas no Rio de Janeiro e Serra Leoa. Após a Independência do Brasil, em 1822, as pressões dos ingleses aumentaram e os mesmos só reconheceriam a autonomia política do país, caso fosse extinto o tráfico de escravos. Assim, cedendo às pressões em 23 de novembro de 1826 é assinado o tratado anglo-brasileiro, que exigia a abolição do mesmo em três anos, condição ignorada pelos brasileiros e autoridades.

Porém, após intensos debates no senado outra lei é promulgada: a de 07 de novembro de 1831, escrita pelo Marquês de Barbacena, a qual declarava a abolição do tráfico de escravos. Os africanos deveriam servir de mão-de-obra ao Império brasileiro na condição de "aprendizes" e após 14 anos de tutela, deveriam ser emancipados. Ao serem capturados os africanos eram enviados à Casa de Correção na Corte e de lá eram distribuídos para o trabalho em estabelecimentos públicos ou a particulares.

Obviamente, para a maioria dos africanos presos, a legislação não foi cumprida. O Estado brasileiro acabou por usar esses trabalhadores segundo as necessidades de grandes contingentes de mão-de-obra não onerosa em obras públicas e particulares como: a Fábrica de Pólvora da Estrela-RJ, a Casa de Correção da Corte, o Hospício dos Alienados- SP, entre outras instituições.

Já em 1845 surgiu a lei Bill Aberdeen que determinava que o governo inglês julgasse os navios como piratas em tribunais ingleses, onde quer que fossem capturados. Com este acordo começou a declinar o número de africanos capturados com o tráfico, mas somente em 1850, através da Lei Eusébio de Queirós, que houve a abolição total mesmo.

Não obstante, 162 anos depois, a produção acadêmica sobre a escravidão, a história do trabalho e dos trabalhadores no Brasil passou por grandes mudanças, multiplicando seus temas e abordagens. A renovação dos estudos sob a inspiração marxista inglesa de E. P. Thompson[2] fez com que a história social privilegiasse as ações de sujeitos históricos específicos. Ademais, estudos importantes passaram a utilizar também a legislação como fonte e problemáticas historiográficas, acerca do trabalho escravo e do tráfico africano (no nosso caso a de 1831). Segundo Sílvia

---

2   THOMPSON, Edward P. *A formação da classe operária inglesa,* v. 1. Rio de Janeiro: Paz e Terra, 1987.

Lara[3], as questões ligadas ao direito e às leis podem marcar, definir e redefinir as relações e negociações sociais dos trabalhadores dos séculos XVIII e XIX. Desse modo, somos influenciados duplamente por Thompson, em primeiro lugar nas questões formuladas a partir do direito e das leis, mas principalmente pelo conceito de *experiência*.

Já nas últimas décadas surgiram trabalhos pioneiros e relevantes sobre os africanos livres, os quais são obras de referência fundamentais para o presente estudo. Sendo assim, Jorge Prata de Souza[4] procurou distinguir quem foram os tutelados, bem como a sua atuação nos empreendimentos públicos e com consignatários privados. Já a tese de doutorado de Beatriz Mamigonian[5] examinou os africanos livres, as emancipações, a justiça e a política imperial. Afonso Bandeira Florence[6] estudou os africanos livres na Bahia, Jaime Rodrigues[7] realizou discussões sobre os africanos, a lei anti-tráfico e o fim do mesmo. Não obstante, Alinnie Silvestre Moreira[8] observou a participação dos tutelados na Fábrica de Pólvora, no Rio de Janeiro.

---

3   LARA, Sílvia H. *Direitos e justiças no Brasil: ensaios de história social.* Campinas, SP: Editora da Unicamp, 2006, p. 10.

4   SOUZA, Jorge P. de. *Africano livre ficando livre: Trabalho, Cotidiano e Luta.* Tese de Doutorado em História Social. São Paulo: Universidade de São Paulo, 1999.

5   MAMIGONIAN, Beatriz G. *To be a liberated African in Brazil: labour and citizenship in the nineteenth century.* Tese de Doutorado em História: University of Waterloo, 2002.

6   FLORENCE, Afonso B. *Entre o cativeiro e a emancipação: a liberdade dos africanos livres no Brasil (1818-1864).* Dissertação de Mestrado. Salvador: Universidade Federal da Bahia, 2002.

7   RODRIGUES, Jaime. *O infame comércio: propostas e experiências no final do tráfico de africanos para o Brasil (1800-1850).* Campinas: Ed. Unicamp- CECULT, 2000.

8   MOREIRA, Alinnie S. *Os africanos livres e as relações de trabalho na Fábrica de Pólvora da Estrela, Serra da Estrela- RJ (1831-1870).* Dissertação de Mestrado em História. Campinas: Unicamp, 2005.

Por sua vez, mais do que compreender como funcionava uma fábrica no Brasil oitocentista, bem como as articulações das autoridades da nação sobre a proibição do tráfico de escravos depois da década de 1830, a dissertação tem como objetivo examinar o cotidiano, a experiência daqueles africanos apreendidos e enviados à Fábrica de Ferro Ipanema, sob o pretexto da liberdade tutelada.

A metodologia do trabalho é semelhante a do anterior, contrapomos a bibliografia com os documentos analisados, todavia dessa vez, a bibliografia é mais específica e as fontes são referentes aos anos de 1840 a 1870. A escolha do recorte temporal justifica-se nas fases de atuação dos tutelados no estabelecimento. Ademais, nesta fase ocorreu a pressão inglesa, as discussões acerca do fim do tráfico de escravos e a transição para o trabalho livre, refletindo, principalmente, nas medidas governamentais com relação aos africanos. Ademais, consultamos alguns documentos acerca da Colônia de Itapura, no Mato Grosso, local para onde os mesmos foram transferidos após 1860.

Todas as fontes relativas a esse período podem ser encontradas mediante as localizações: CO 5215 (1840-1848) e CO 5216 (1849-1870). Já sobre Itapura: CO 5534 a CO 5535 (1860-1868), ambas novamente no Arquivo Público do Estado de São Paulo. Por sua vez, também observamos para o período estudado os relatórios oficiais, produzidos pelos presidentes da Província de São Paulo (através do web site "Center for Research Libraries") e o Ministério da Guerra (por meio do AEL-Unicamp e da "Hemeroteca Digital Brasileira", da Biblioteca Nacional).

O presente livro é dividido em quatro capítulos. O primeiro: *Africanos livres e seus significados*, discute as legislações sobre o tráfico de escravos, principalmente a que deu origem ao grupo, a lei de 07 de novembro de 1831. Nesse sentido, examinamos a forma como os mesmos foram interpretados pela historiografia brasileira até o momento. Também fazemos um panorama histórico, institucional sobre a Fábrica de Ferro, analisando a chegada desses grupos de trabalhadores africanos, com status jurídico oposto ao dos escravos.

No segundo capítulo: *Vidas tuteladas: as experiências dos africanos livres na Fábrica de Ferro Ipanema* estudamos minuciosamente a procedência dos tutelados, idades, taxas entre os sexos, suas especializações, funções exercidas no empreendimento, jornada de trabalho, moradias, vestimenta, alimentação, fugas, conflitos e formações matrimoniais. Tal parte pode ser considerada a mais extensa do estudo. Sendo assim, nos preocupamos não apenas em tentar reconstruir as vivências dos africanos, mas inclusive entender a condição precária que vivenciaram, o labor exaustivo, os conflitos com as autoridades, além das relações que estabeleceram entre si e com os escravos; a fim de demonstrar o significado de ser um africano, com status de "livre", dentro de uma fábrica do Brasil oitocentista. Não obstante, buscamos salientar por meio do estudo da documentação que, acerca da vigilância e coerções eles receberam uma atenção muito maior do que os escravos, ditos "crioulos".

Já o terceiro capítulo: *Saúde, doenças e óbitos na Fábrica de Ferro Ipanema* enfatizamos a saúde dos africanos, a qual muitas vezes chegava deteriorada no estabelecimento, com bexigas, devido às péssimas condições dos navios durante a travessia atlântica. Por sua vez, em consequência da precária situação da fábrica (ausência de médicos, medicamentos, vestimenta), aliada à jornada exaustiva, muitos tutelados faleceram no local. Dentre as moléstias mais comuns identificamos as boubas, febres, feridas no corpo, hidropisia e tísica pulmonar.

Logo, para executarmos reflexões mais aprofundadas utilizamos a bibliográfica acerca da saúde escrava no Brasil, os manuais de medicina popular do Império e os estudos publicados na revista: *"História, Ciências, Saúde"*– Manguinhos, da Fundação Oswaldo Cruz-RJ. Por fim, observamos a forma como os escravos e africanos realizavam suas práticas de cura no Brasil do século XIX, visto que na maioria das vezes a medicina esteve fora do seu alcance.

Finalmente no quarto capítulo: *Décadas finais: transferências para a Colônia de Itapura e emancipações (1860-1870)*, optamos por dividi-lo em duas partes. Primeiramente, estudamos o modo como ocorreram as transferências dos africanos livres da Fábrica de Ferro para a Colônia de Itapura, no Mato Grosso. Para tal, analisamos os motivos, o índice de trabalhadores transferidos, além do contexto que influenciara esta decisão.

No segundo momento, observamos a decadência de Ipanema, em conjunto com o processo emancipatório dos africanos, constituídos pelas legislações imperiais de 1853 e 1864. Os pedidos muitas vezes foram requeridos pelos mesmos através das petições destinadas às autoridades. Por fim, examinaremos que o caminho da emancipação não aconteceu de forma simples, efetiva, o que adiou novamente a liberdade de fato, buscada pelos tutelados.

CAPÍTULO 1
OS AFRICANOS LIVRES E SEUS SIGNIFICADOS

A legislação sobre o tráfico de escravos

Antes de se pensar na categoria dos africanos livres, é preciso compreender como a legislação que os denominou como tal fora criada, além do contexto político acerca das pressões inglesas à coroa portuguesa. Durante todo o século XIX, o governo britânico realizou uma empreitada abolicionista que gerou diversas transformações em seu país, nas suas colônias e também nos países aos quais foram impostos as medidas.[1] Entre as exigências estavam: assinatura de tratados, a captura e condenação dos navios negreiros, e a emancipação dos escravizados encontrados a bordo deles.

Os primórdios da pressão britânica para o fim do tráfico remontam a 1810, quando Portugal assina o Tratado de Aliança e Amizade. Neste combinado, o império luso deveria permanecer com o tráfico apenas nos territórios africanos que lhe fosse de direito. Passado alguns anos, a Convenção Adicional de 28 de julho de 1817 regulamentou o fim

---

[1] Sobre a relação e o impacto da campanha abolicionista inglesa em suas colônias ver: DRESCHER, Seymour. *Abolição: uma história da escravidão e do anti escravismo*. São Paulo: Ed. da Unesp, 2011.
WILLIAMS, Eric. *Capitalismo e escravidão*. Rio de Janeiro: Americana, 1975.

Entre a fábrica e a senzala

do comércio ao Norte da Linha do Equador[2] e o apresamento dos navios que estivessem na região.

Ademais, os africanos apreendidos nos navios ilegais deveriam ser libertos e utilizados como trabalhadores livres, tutelados pelo Estado[3]. Porém, foi somente com o Alvará português de 26 de janeiro de 1818, que ficou determinado o tempo máximo desta tutela: um período de 14 anos.[4]

Não obstante, em 1822, o Brasil torna-se independente de Portugal, logo o país necessitava de um amparo, de ser reconhecido como um Estado independente politicamente através de uma nação estrangeira. Obviamente, o governo luso, a princípio não quis reconhecer a independência brasileira. Por outro lado, havia um interesse muito grande por parte dos ingleses.

A fim de que isso se concretizasse, o governo inglês fez a mediação das discussões com os portugueses até que em 1825 eles efetuaram o reconhecimento da autonomia. Em seguida, a Grã-Bretanha realizou o mesmo ato, todavia exigia uma condição nada confortável para a política e sociedade brasileira: o fim do tráfico transatlântico de escravos. A exigência era bastante perturbadora, visto que o Brasil desde finais do século XVI já havia se tornado uma sociedade profundamente arraigada no sistema escravista. De acordo, com Stuart Schwartz: "a norma era

---

2   Segundo Jaime Rodrigues, a região compreendia a Costa da Mina (atuais Daomé e Nigéria, na África Ocidental). RODRIGUES, Jaime. *O infame comércio*: propostas e experiências no final do tráfico de africanos para o Brasil (1800-1850). Campinas: Ed. Unicamp- CECULT, 2000, p. 98. Para mais detalhes sobre tratados internacionais, ver o capítulo 3: *A pressão inglesa: honra, interesses e dignidade*, p. 97-125.

3   "Convenção Adicional de 28 de julho de 1817", Coleção das Leis do Império do Brasil, 1817, Biblioteca Nacional.

4   "Alvará de 26 de janeiro de 1818", Coleção das Leis do Império do Brasil, 1818, p. 7 v. 1, Biblioteca Nacional.

usar os escravos em regime de produção máxima, baixando os custos e mantendo um esquema de trabalho intensivo".[5].

Sendo assim, dificilmente seria possível abolir o tráfico de escravos em um local onde a escravidão era o alicerce de seu desenvolvimento. Segundo David Brion Davis, a ideologia e a infraestrutura judicial estavam montadas não só para favorecer um sistema de exploração de trabalho, como também para garantir "a preservação da segurança pública e a perpetuação do poder nas mãos de uma predominante casta de brancos".[6] Portanto, tal situação vantajosa não poderia se acabar, na opinião de políticos, e principalmente, dos proprietários de terra e de escravos.

Uma centena de discursos foi proferida por parlamentares, intelectuais, além de intensos debates nas câmaras dos deputados e ministérios. Entretanto, não é de interesse exemplificá-los na dissertação, visto que há uma gama de trabalhos que já o fazem de modo primoroso[7]. O que cabe salientar é a imensa insatisfação das autoridades com a nova medida, embora em um primeiro momento, a mesma não tenha sido levada tão a sério por essas pessoas.

Após o reconhecimento da Independência pela Inglaterra houve a Convenção de 23 de novembro de 1826. Nela o governo britânico e o recente Império brasileiro mantiveram os acordos assinados com Portugal, como também criaram o Tratado Anglo-brasileiro. Com isto, o tráfico

---

5 SCHWARTZ, Stuart. *Escravos, roceiros e rebeldes*. Bauru: Edusc, 2001, p. 93.

6 DAVIS, David B. *O problema da escravidão na cultura ocidental*. Rio de Janeiro: Civilização Brasileira, 2001, p. 271.

7 Para tal ver: CARVALHO, José M. *Teatro das sombras, a política imperial*. IUPERJ: Rio de Janeiro, 1988. CONRAD, Robert. *Tumbeiros, o tráfico de escravos para o Brasil*. São Paulo: Brasiliense, 1985. LESLIE, Bethell. *A abolição do tráfico de escravos no Brasil: a Grã Bretanha, o Brasil e a questão do tráfico de escravos, 1807-1869*. Rio de Janeiro: Edusp/Expressão e Cultura, 1976. MATTOS, Ilmar Rohloff. *O tempo Saquarema*. Rio de Janeiro: ACCESS, 1994. RODRIGUES, Jaime. *O infame comércio: propostas e experiências no final do tráfico de africanos para o Brasil (1800-1850)*. Campinas: Ed. Unicamp- CECULT, 2000.

passou a ser considerado pirataria e deveria ser extinto em três anos. Também foram criadas comissões mistas em Londres, Rio de Janeiro e Serra Leoa para julgar os navios apreendidos.[8]

Por sua vez, em novembro de 1831, durante o caos do período regencial, após a abdicação e saída de Dom Pedro I, e em conjunto com a ascensão de um ministério liberal foi sancionada por Felisberto Caldeira Brant, o Marquês de Barbacena, a lei que designou a categoria dos "africanos livres", a qual determinava o seguinte:

> A Regência, em nome do Imperador o Senhor Dom Pedro Segundo, faz saber a todos os súditos do Império, que a Assembleia Geral decretou, e ela sancionou a Lei seguinte: Art. 1º. Todos os escravos, que entrarem no território ou portos do Brasil, vindos de fora, ficam livres. [9]

Ademais, ficara decidido que os africanos presos deveriam imediatamente ser conduzidos de volta à África, custeados pelos traficantes que os aprisionava. Entretanto, devido à ineficácia e lentidão para o cumprimento da medida, várias pessoas permaneceram alojadas na Casa de Correção da Corte[10] enquanto aguardavam a decisão sobre seus destinos. Poucos africanos de fato foram reexportados para seu continente, pois

---

8   "Convenção de 23 de novembro de 1826", Coleção das Leis do Império do Brasil, 1826, Biblioteca Nacional.

9   Lei de 7 de novembro de 1831. Coleção de Leis do Império do Brasil, 1831. Biblioteca Nacional. Optou-se por deixar a ortografia original do documento exposto.

10   A Casa de Correção da Corte, construída na década de 1830 abrigou centenas de africanos que chegaram ilegalmente no país. Além disso, a penitenciária tinha como objetivo transformar aqueles que haviam cometidos crimes em pessoas laboriosas, através do trabalho como cumprimento das penas. Para mais informações sobre a participação dos africanos livres e os detentos no estabelecimento ver: ARAÚJO, Carlos Eduardo M. de. *Cárceres Imperiais: A Casa de Correção no*

a grande maioria permaneceu no Brasil tutelados, utilizados em obras e instituições públicas como a Fábrica de Ferro Ipanema. Na prática, o Estado brasileiro buscava uma alternativa entre a extinção do tráfico e o impedimento de um possível choque político com a Inglaterra.

A norma ficou conhecida como "lei para inglês ver", porque não pôs um fim definitivo ao comércio negreiro e tampouco atendeu às expectativas do governo britânico. O desrespeito à cláusula foi realizado pelas mais importantes autoridades, representadas por políticos, juízes, mas também por oficiais, funcionários portuários, comerciantes e traficantes de escravos; o que demonstra o interesse das mais variadas camadas da sociedade na lógica escravista.

Um dos trabalhos pioneiros sobre o tráfico dos africanos é o de Leslie Bethell.[11] Ele analisou fontes diversificadas como as do Arquivo Nacional, do Museu Imperial de Petrópolis, do British Museum, e o Public Record Office em Londres. Assim procurou observar o processo de abolição do tráfico de escravos no Brasil desde a época da colonização portuguesa. Durante os 13 capítulos do estudo, Bethell além de procurar responder questões sobre como o tráfico transatlântico foi declarado ilegal e posteriormente abolido, também realizou relevante estudo acerca das questões diplomáticas entre os países. Ele concluiu que a melhor alternativa encontrada pelo governo brasileiro a fim de enfrentar a pressão inglesa e a instabilidade política interna foi defender a abolição gradual do tráfico.[12]

Bethell dividiu os africanos em duas categorias: os que foram aptos a trabalhar pelas comissões mistas, entre os anos de 1817 até 1845, e os apreendidos pelas autoridades brasileiras a partir de 1831. Para ele, o

---

Rio de Janeiro. Seus detentos e o sistema prisional no Império (1830-1861). Tese de Doutorado, Campinas-SP: Unicamp, 2009.

11   LESLIE, Bethell. *A abolição do tráfico de escravos no Brasil: a Grã Bretanha, o Brasil e a questão do tráfico de escravos, 1807-1869*. Rio de Janeiro: Edusp/ Expressão e Cultura, 1976.

12   LESLIE, Bethell, *op. cit.*, p. 57-66.

uso do termo "africanos livres" só se referia aos indivíduos capturados logo após a apreensão dos navios pelas autoridades, fossem elas inglesas ou brasileiras.

Nove anos depois, Robert Conrad, também analisou o tráfico de escravos para o Brasil, principalmente após as alterações nas leis e proibições.[13] Ele refletiu sobre tais consequências, sendo de extrema importância para compreendermos as políticas governamentais e seus reflexos em torno da questão escravista e a lei de 1831.

Além disso, segundo o autor, os africanos livres tinham uma condição jurídica diversa, no entanto, na prática, eram tratados como cativos. Ademais, relata que durante o ano de 1836 havia na Província de São Paulo aproximadamente 38.000 africanos, compondo cerca de 44% da população negra.[14] Conrad salienta inclusive, que a partir de 1837 os conservadores retornaram ao poder e o tráfico estava grande e descontrolado. Logo, a questão discutida não era se o tráfico deveria acabar, mas se a lei que já o havia abolido (1831) deveria ser revogada,[15] comprovando assim o interesse da classe dominante em manter a lógica escravista no país. Conrad diferentemente de Bethell considerou que a pressão política para a abolição não ocorreu apenas por parte dos políticos brasileiros e ingleses, mas também em decorrência da pressão dos africanos, através dos suicídios, fugas e assassinatos.[16]

Por sua vez, Jaime Rodrigues[17] ao estudar o tráfico atlântico propõe novas interpretações. Para ele, não foi somente a pressão inglesa que

---

13 CONRAD, Robert. *Tumbeiros: O Tráfico de escravos no Brasil.* São Paulo: Brasiliense, 1985.

14 CONRAD, Robert, *op. cit.,*p. 22.

15 CONRAD, Robert, *op. cit.,* p. 109.

16 *Ibidem,* p. 18.

17 RODRIGUES, Jaime. *O infame comércio: propostas e experiências no final do tráfico de africanos para o Brasil (1800-1850).* Campinas: Ed. Unicamp- CECULT, 2000.

motivou o fim do tráfico em 1850 (assim como avaliou Conrad), mas também os fatores internos envolvendo os mais diversos grupos sociais como traficantes, senhores, a população livre e pobre, bem como os próprios africanos. Ao percorrer novos caminhos, Rodrigues analisa as questões sobre o controle social de africanos livres, escravos e libertos, fruto do medo senhorial em relação a possíveis ações violentas desses trabalhadores contra o cativeiro.

Retornando ao contexto da época, com o fim do período regencial (1831-1840), das disputas políticas internas e com a demissão do Gabinete da Maioridade (de tendências abolicionistas) devido à emancipação de Dom Pedro II, o esforço do governo em reprimir o comércio negreiro tornou-se cada vez mais relaxado. Por outro lado, a pressão britânica fazia-se latente, visto que os ingleses estavam determinados em fazer com que o negócio fosse abolido.

Com a recusa do governo brasileiro em fazer valer os acordos, a Inglaterra estabelece um tratado unilateral, o *Slave Trade Suppression Act,* o qual resultou em 08 de agosto de 1845 na lei Bill Aberdeen A legislação determinava que o governo inglês poderia julgar as embarcações e seus comandantes como piratas em tribunais ingleses, não importando o local aonde fossem capturadas (África ou Américas).[18]

Desse modo, o tráfico estava sujeito à repressão, independente de qualquer contato prévio entre o Império Britânico e o país responsável pela carga. Entre os anos de 1840 e 1848, a marinha inglesa apreendeu mais de 600 navios, carregando milhares de africanos. Muitos deles foram conduzidos às colônias inglesas do Caribe onde, apesar de recebe-

---

18 Sobre as negociações detalhadas entre o Brasil e a Inglaterra ver: LESLIE, Bethell. *A abolição do tráfico de escravos no Brasil: a Grã Bretanha, o Brasil e a questão do tráfico de escravos, 1807-1869*. Rio de Janeiro: Edusp/Expressão e Cultura, 1976, p. 232-254.

rem um soldo, viveram em condições muito próximas a dos escravos.[19] Após esta lei começou a declinar o número de africanos capturados com o tráfico. Vale lembrar que, o período era conturbado e havia muitas preocupações em jogo, muitas autoridades tinham a consciência do dever de acabar com o mesmo, no entanto temiam as consequências sociais e econômicas da medida.

Enquanto eram travados os debates sobre o comércio negreiro entre intelectuais e parlamentares, nenhuma outra medida havia sido tomada a respeito da liberdade efetiva dos africanos tutelados no país. Somente com o decreto de 28 de dezembro de 1853 foi possível definir a liberdade daquelas pessoas. Inicialmente, apenas foram "contemplados" os africanos que tivessem trabalhado durante 14 anos, exclusivamente para particulares.[20]

No entanto, analisando mais detalhadamente a referida iniciativa, pode-se perceber que o governo brasileiro acabou revelando o não cumprimento do Alvará de 1818, o qual determinava o período de 14 anos da tutela, pois todos concluíram o tempo de serviço quando o decreto de 1853 foi emitido. Sendo assim, "a maioria deles trabalhou muito tempo antes receber suas cartas finais de emancipação".[21]

Já a liberdade para todos os trabalhadores tutelados ocorreu em 1864. As cartas deveriam ser expedidas pelo Juiz de Órfãos da Corte e pelos Presidentes das Províncias. Após o processo eram destinadas aos

---

19 Mamigonian em sua tese de doutorado aborda ricamente a questão da abolição do tráfico entre os dois países, como também discute as políticas empregadas pela Inglaterra em suas colônias, entre elas a do Caribe. MAMIGONIAN, Beatriz G. *To be a liberated African in Brazil: labour and citzenship in the nineteenth century*. PhD, History. Waterloo: University of Waterloo, 2002.

20 *Decreto 1303 de 28 de dezembro de 1853. Coleção das Leis do Império do Brasil*, Biblioteca Nacional.

21 MAMIGONIAN, Beatriz G. *To be a liberated African in Brazil: labour and citzenship in the nineteenth century*. PhD, History. Waterloo: University of Waterloo, 2002, p. 239.

chefes de polícia para serem entregues aos emancipados[22]. Todavia, mesmo após esta data ainda foram encontrados africanos livres nos estabelecimentos imperiais. Na prática, a lei continha algumas controvérsias, as quais serão discutidas mais detalhadamente no capítulo n°4.

Logo, como já dito anteriormente, embora alguns trabalhos interpretem a pressão inglesa, baseada na lei de 1831, como iniciativa fundamental que levou à abolição do tráfico, a pesquisa parte do pressuposto de que o processo é muito mais amplo, envolvendo fatores internos através de diversos setores sociais, além das resistências e reivindicações de liberdade dos africanos livres. Vale lembrar que, ao longo destes 40 anos, devido a uma preocupação do estado em identificá-los e controlá-los existe uma riqueza documental sobre eles, permitindo aos estudiosos comparar e estudar este grupo social de diversas formas a partir dos anos 2000.

Os africanos livres na historiografia brasileira

O objetivo do trabalho é estudar como se processou a experiência dos africanos livres presentes em Ipanema, privilegiando o cotidiano desse grupo social específico em um empreendimento imperial. Nesse sentido, há algumas obras consideradas referências com as quais dialogamos ao longo desta pesquisa.

Assim, a tese de doutorado de Jorge Prata de Souza[23] além de discutir as legislações acerca dos africanos livres, também resgatou as participações deles tanto nas instituições imperiais, quanto com os concessionários privados. O autor procurou compreender suas experiências de vida e a maneira como eles tomaram consciência de seus direitos em busca da liberdade.

---

22 Decreto n°3310 "Emancipação dos Africanos Livres". 24 de setembro de 1864. *Coleção das Leis do Império do Brasil*, p. 160-161, Biblioteca Nacional.

23 SOUZA, Jorge P. de. *Africano livre ficando livre: trabalho, cotidiano e luta*. Tese de Doutorado em História Social. São Paulo: Universidade de São Paulo, 1999.

Para Souza, os tutelados não podem ser confundidos como trabalhadores compulsórios idênticos aos escravos, pois as autoridades, com muito zelo, os consideravam elementos capazes de articularem revoltas e rebeliões. Ademais, as concepções de liberdade segundo ele, eram diferentes, pois para o africano estava previsto na lei o direito à carta de emancipação, já o escravizado deveria lutar a fim de conseguir a carta de alforria. Ao utilizar fontes diversificadas (Polícia da Corte, instituições, Ministérios) Souza observou o mundo do trabalho do africano livre, identificando as proximidades e diferenças com relação ao universo dos escravos.

Na intenção de compreender as experiências dos africanos livres relacionando-os com a questão do tráfico atlântico, a historiadora Beatriz G. Mamigonian[24] também realizou uma tese de doutorado três anos após Souza, publicada em 2002. Ao utilizar uma bibliografia internacional sobre o tema, as documentações presentes no Foreign Office e no Ministério da Justiça, a autora concluiu que os africanos livres distribuídos às instituições eram, em sua maioria, do sexo masculino. Já as mulheres foram destinadas preferencialmente aos concessionários particulares, devido às exigências de trabalho serem menos exaustivas.

Além disso, os africanos distribuídos para os estabelecimentos imperiais tinham uma expectativa de vida menor, em consequência das condições impostas e pelo tipo de trabalho realizado. Mais do que identificar os embates, as questões políticas, diplomáticas entre o Brasil e a Inglaterra, Mamigonian conseguiu explorar os significados da "liberdade" dos africanos livres sob diversos ângulos, alertando para o fato de que no cotidiano o grupo era tratado apenas como novos escravos pelas autoridades e seus concessionários.

---

24 MAMIGONIAN, Beatriz G. *To be a liberated African in Brazil*: labour and citizenship in the nineteenth century. Tese de Doutorado em História. University of Waterloo, 2002.

Dentro da perspectiva de se explorar as trajetórias e os significados da liberdade para os africanos livres, há a dissertação de mestrado, de Afonso Bandeira Florence.[25] No estudo, o autor utilizou os documentos oficiais, mas principalmente memórias e as peças de Martins Pena. Assim como Mamigonian, ele também analisou a exploração do trabalho dos africanos livres enviados a particulares e em instituições públicas, como a Fábrica de Ferro Ipanema, a Santa Casa de Misericórdia etc Ao relatar que os trabalhadores eram submetidos à jornada de trabalho excessiva, alimentação e vestimenta escassa, o autor demonstra que condições precárias foram uma constante entre os estabelecimentos espalhados pelo império.

Ademais, para Florence, as elites estiveram extremamente preocupadas com os "males" que a presença africana poderia acarretar ao país. Tal fato teve como implicação, a não libertação imediata de um número significativo dos africanos livres, porque a representação deles como bárbaros pesou muito na hora dos parlamentares decidirem sobre seus destinos. Por conseguinte, as posições expostas nos debates foram sempre articuladas entre a devolução à África, ou à distribuição para os concessionários particulares/estatais, porém nunca a uma emancipação definitiva.[26] Afinal, como "selvagens", os africanos deveriam ser civilizados e não havia modo melhor do que controlá-los e destiná-los ao trabalho compulsório.

Ainda acerca dos possíveis males e corrupções dos costumes, ideia acentuada nas décadas de 1830 e 1840, o historiador Jaime Rodrigues[27],

---

25 FLORENCE, Afonso B. *Entre o cativeiro e a emancipação: A liberdade dos africanos livres no Brasil (1818-1864)*. Dissertação de Mestrado. Salvador: Universidade Federal da Bahia, 2002.

26 FLORENCE, Afonso B. *Entre o cativeiro e a emancipação:* A liberdade dos africanos livres no Brasil (1818-1864). Dissertação de Mestrado. Salvador: Universidade Federal da Bahia, 2002, p. 33.

27 RODRIGUES, Jaime. *O infame comércio: propostas e experiências no final do tráfico de africanos para o Brasil (1800-1850)*. Campinas, SP: Ed. da Unicamp,

também avaliou o discurso moralizador, regulamentador dos parlamentares com relação aos africanos livres, bem como a criação de um conjunto de medidas que permitisse manter o controle social sobre os mesmos.[28] Tal processo aparece diversas vezes nas falas dos administradores de Ipanema. Desta maneira, é possível avaliar o excessivo controle social, pois os feitores e o diretor achavam os tutelados preguiçosos, briguentos, podendo influenciar outros cativos a se revoltarem, daí a vigilância e coerção excessivas.

Embora Rodrigues e Florence tenham feito interpretações complementares sobre as atitudes das autoridades com relação à corrupção dos costumes, o objetivo de Rodrigues foi compreender o tráfico de africanos para o Brasil, utilizando entre outras fontes, os arquivos da Auditoria da Marinha. Por discutir na obra as questões relacionadas ao comércio negreiro, o autor rompe com a crença na doutrina da abolição gradual. Segundo ele, acreditar apenas na tese da pressão inglesa, acaba por excluir os fatores internos que envolveram tal situação. Assim, compartilhamos com seu enfoque, sobretudo porque ele traz à tona a participação da população livre e pobre, autoridades, escravos e africanos livres no processo.

No tocante à participação dos africanos livres exclusivamente em estabelecimentos estatais, há a dissertação de Alinnie Silvestre Moreira, defendida em 2005.[29] O trabalho se aproxima muito da presente pesquisa, visto que a autora dedica-se a um empreendimento específico, assim como nós. Moreira estuda o cotidiano e as experiências dos africanos

---

CECULT, 2000.

28 Rodrigues retrata mais detalhadamente essa questão no Capítulo n°1 de seu livro: *Diagnóstico dos Males*, p. 31-63.

29 MOREIRA, Alinnie S. *Os africanos livres e as relações de trabalho na Fábrica de Pólvora da Estrela, Serra da Estrela- RJ (1831-1870)*. Dissertação de Mestrado em História. Campinas: Unicamp, 2005.

tutelados, na Fábrica de Pólvora da Estrela, no Rio de Janeiro, entre os anos de 1831 a 1870.

Apesar de os dois estudos possuírem uma bibliografia semelhante, as fontes consultadas por ela são provenientes do Arquivo Nacional, de Relatórios Ministeriais e do Arquivo Histórico do Exército-RJ, destinados a informar o estado da fábrica e de seus trabalhadores. Por outro lado, nós utilizamos os ofícios e correspondências encaminhados pela administração da instituição à secretaria de polícia e ao presidente da Província de São Paulo. Além do mais, Alinnie discorre sobre a trajetória institucional da Fábrica de Pólvora no século XIX, as experiências, redes de sociabilidade e concepções de liberdade daqueles homens e mulheres, durante todo o período da tutela. Portanto, a dissertação nos auxilia a perceber as trajetórias de vida daquelas pessoas.

Ao refletir exclusivamente sobre a Fábrica de Ferro Ipanema, a tese de Mário Danieli Neto, defendida em 2006[30], apresenta um viés econômico e administrativo, fornecendo dados estatísticos de vários setores dentro do estabelecimento. Ele retrata inclusive, a situação dos trabalhadores escravos e africanos livres, mostrando que compuseram o número majoritário de operários da fábrica, os quais trabalharam excessivamente e viveram em situação precária.

Danieli enfatizou que as diferentes categorias de trabalhadores (escravos, africanos livres, estrangeiros) realizaram ao longo do tempo funções idênticas. Assim, identificamos quais eram as funções dos tutelados, e compreendemos detalhadamente a estrutura administrativa do empreendimento. Danieli concluiu também que, do ponto de vista econômico não existia incompatibilidade entre escravidão e indústria, ideia bastante reforçada na historiografia brasileira e norte-americana.

---

30 DANIELI Neto, Mario. *Escravidão e Indústria: Um estudo sobre a Fábrica de Ferro São João do Ipanema- Sorocaba (SP)-1765-1895*, Dissertação de Doutorado em História, Universidade Estadual de Campinas, Instituto de Economia, 2006.

Outro exame específico sobre Ipanema, bem como a participação dos africanos livres, é encontrado no artigo de 1997, novamente de Jaime Rodrigues.[31] Nele, há abordagem acerca das práticas cotidianas, resistências e uma reivindicação de liberdade ao juiz feita por um grupo de cativos, em 1849, o qual será discutido em outro capítulo. O interessante, é que Beatriz Mamigonian, também escreve um texto acerca do ato e vai estudá-lo, buscando a trajetória destes africanos.[32]

Nos artigos são observadas as redes de sociabilidade, solidariedade dos cativos, a participação da autoridade judicial no fato e seus desdobramentos, além da repercussão perante os administradores da fábrica. Sendo assim, os historiadores trazem à luz uma etapa fundamental para compreender a resistência dos africanos no estabelecimento, pois ao acreditar na singularidade de sua condição, os tutelados colocaram-se diante das autoridades como indivíduos livres, indo contra a prática daqueles que detinham a sua tutela.

Acerca da especificidade da categoria dos africanos livres, autores como Mamigonian, Florence e Alinnie compartilharam em suas abordagens a ideia de que, no cotidiano o grupo era tratado apenas como novos escravos pelas autoridades das instituições e seus concessionários. Entretanto, conforme salientou Jorge Prata de Souza, não é possível comparar o grupo como sendo semelhante aos escravizados.

Tais interpretações são identificadas nitidamente quando analisamos a documentação compilada sobre Ipanema. O estudo das fontes revela inclusive que o status jurídico de "livre", além de não corresponder à realidade, também acabava pesando contra eles, pois a lei de 1831 ia contra os interesses do império brasileiro. Na prática, o direito à emancipação acabou por manter os tutelados na parte inferior da hierarquia social,

---

31 RODRIGUES, Jaime. "Ferro, trabalho e conflito: os africanos livres na Fábrica de Ipanema". In: *História Social* Unicamp, Campinas, nº 4/5, 1997.

32 MAMIGONIAN, Beatriz G. "Do que 'o preto mina' é capaz: etnia e resistência entre africanos livres". In: *Afro-Ásia*, UFBA, Bahia, nº 24 (2000).

sendo muito mais vigiados e coagidos do que os escravos, ditos crioulos, os quais não possuíam nenhuma prerrogativa quanto à liberdade.

Assim, ao dialogarmos com estes autores, buscamos dar continuidade aos estudos que examinam as experiências dos africanos livres no Brasil, em um local de trabalho específico. Por conseguinte, a análise sobre o cotidiano destes trabalhadores pode contribuir com a historiografia revelando as suas singularidades e trajetórias de vida.

A Fábrica de Ferro Ipanema: panorama histórico

A Fábrica de Ferro Ipanema foi um estabelecimento muito importante e esteve na ordem da agenda do governo imperial. Desse modo, há diversos documentos produzidos pelos órgãos brasileiros durante todo o século XIX, como por exemplo, os relatórios dos presidentes da Província de São Paulo e os relatórios do Ministério da Guerra, cujo, o empreendimento esteve subordinado até 1877. Optamos por utilizá-los em conjunto com as fontes administrativas produzidas pela fábrica, presentes no Arquivo Público do Estado de São Paulo. Assim, analisamos juntamente com a produção historiográfica as questões pertinentes à fábrica sob diversas esferas: a local, a provincial e a do governo central.

Na maioria das vezes, o diretor responsável por Ipanema emitia relatórios acerca da sua administração e funcionamento para o presidente da Província[33]. Em seguida, o presidente enviava um parecer sobre o relatório do diretor, bem como as sugestões, pontos ou reclamações mais importantes ao Ministério da Guerra. Por sua vez, o ministro apresentava as questões à Assembleia e redigia-se outro documento, desta vez pelo órgão diretamente ligado ao Imperador. Já a escolha dos gestores do es-

---

33 Não encontramos os relatórios produzidos pelos diretores da Fábrica, relativos a todos os anos do nosso recorte temporal. Durante as visitas ao Arquivo Público do Estado achamos relatórios mensais e anuais, porém sem uma sequência cronológica. Ao que tudo indica, a documentação chegou dessa maneira ao Arquivo. Logo, os documentos ausentes devem ter sido perdidos ao longo do tempo, provavelmente pela própria administração do estabelecimento.

Entre a fábrica e a senzala

tabelecimento ocorria por processo parecido: o Presidente da Província juntamente com o Ministério da Guerra indicava os possíveis nomeados, os quais eram enviados e escolhidos diretamente pelo príncipe regente.

Não obstante, há um variado número de trabalhos que estudam a atuação da fábrica, seja na economia, arqueologia ou história[34]. Todavia, optamos por dialogar diretamente com dois: o de Mário Danieli neto[35] (já mencionado) e a dissertação de mestrado, de Nilton Pereira dos Santos[36]. Ambas as reflexões são oriundas de departamentos de história econômica, assim fizemos tais escolhas, porque Danieli apresenta a história administrativa mais completa referente ao estabelecimento.

Já Santos demonstrou como a instituição esteve ligada a interesses imperiais mais amplos, a fim de auxiliar na modernização econômica do Império. Desse modo, é possível compreender que a utilização dos africanos livres como mão-de-obra estava inserida nos projetos de modernização espalhados pelo país, mesmo após ter encerrado os 14 anos de tutela.

A Fábrica de Ferro Ipanema, conhecida como uma das primeiras estabelecidas no Brasil tem sua origem em meados de 1765, data da

---

34 FACIABEN, Marcos E. *Tecnologia siderúrgica no Brasil do século XIX: conhecimento e técnica na aurora de um país (o caso da Fábrica de Ferro São João do Ipanema)*. Dissertação de Mestrado em História. São Paulo: USP-FFLCH, 2012. TOMASEVICIUS Filho, E. *Entre a memória coletiva e a história de cola e tesoura: as intrigas e os malogros nos relatos sobre a Fábrica de Ferro de São João de Ipanema"* Dissertação de Mestrado em História. São Paulo: USP-FFLCH São Paulo, 2012. ZEQUINI, Anicleide. *Arqueologia de uma Fábrica de Ferro: Morro de Araçoiaba, Séculos XVI- XVIII*. Tese de Doutorado em Arqueologia. São Paulo: USP- MAE, 2006.

35 DANIELI Neto, Mario. *Escravidão e Indústria: Um estudo sobre a Fábrica de Ferro São João do Ipanema- Sorocaba (SP)-1765-1895*, Dissertação de Doutorado em História, Universidade Estadual de Campinas: Instituto de Economia, 2006.

36 SANTOS, Nilton P. de. *A Fábrica de Ferro São João de Ipanema: economia e política nas últimas décadas do Segundo Reinado (1860-1889)*. Dissertação de Mestrado em História. São Paulo: USP-FFLCH, 2009.

primeira amostra de ferro fundida na região, a qual englobava o Morro de Araçoiaba, também conhecido como Ipanema, que lhe dera o nome. Durante o século XIX, as fábricas no Brasil se estabeleciam fora das áreas urbanas, usufruindo fontes de energia, fornecimento de matéria-prima e eram bastante artesanais.[37] A partir da administração da capitania de São Paulo realizada por Luís Antônio de Souza, o Morgado de Mateus iniciou-se então as primeiras experiências metalúrgicas com o ferro. Este a enviou para o Marquês de Pombal, e afirmou que: "as explorações de minas de ferro se mostravam mais úteis que as de ouro".[38]

A criação do estabelecimento foi pensada para atender às necessidades estratégicas, militares, de defesa, como também de povoamento, visto que a capitania possuía baixa densidade populacional no momento. Em 1769, os acionistas de Ipanema pensavam sobre a falta de mão-de-obra. No início para começar os trabalhos foram utilizados escravos alugados e trabalhadores estrangeiros contratados (prussianos, suecos e alemães).

A partir de 1785 o estabelecimento passa por uma fase obscura, em decorrência da proibição de fábricas e manufaturas no território, exceto aquelas destinadas a produzir tecidos grosseiros a fim de vestir os escravos. Dessa época há apenas a notícia de que a economia da região concentrou-se mais nos engenhos e na produção de açúcar. Após esse período, a fábrica iniciou efetivamente a sua produção em 1808, quando D. João VI, assinou o alvará permitindo o livre estabelecimento das fábricas e manufaturas no país, o que pode ser observado no trecho de uma carta assinada por ele:

---

37 Entende-se por fábrica toda a atividade que por meio do trabalho transforma matéria-prima em produtos. É constituída por máquinas, armazéns, depósitos, trabalhadores e quantidade de capital empregado.

38 DANIELI Neto, Mario. *Escravidão e Indústria: Um estudo sobre a Fábrica de Ferro São João do Ipanema- Sorocaba (SP)-1765-1895*, Dissertação de Doutorado em História, Universidade Estadual de Campinas: Instituto de Economia, 2006, p. 85.

> Sendo de suma utilidade criar no Brasil estabelecimentos de minas de ferro, na maior extensão possível, que possam dar ferro e servir de base às preciosas manufaturas do mesmo metal, não só para o consumo do Brasil, mas ainda servir de objeto de exportação, o que será ao comércio destes estados de suma utilidade, e havendo constado na minha real presença, que em Sorocaba, na capitania de São Paulo, há uma mina de ferro muito rica.[39]

Assim, através da Carta Régia de 1810, o estabelecimento passa a se chamar Real Fábrica de Ferro São João do Ipanema, como também existem informações sobre a chegada dos primeiros escravos, bois e outros investimentos do governo português. A Fábrica também contou com a participação de vários diretores em toda a sua trajetória, mas foi durante a administração do sueco Hedberg (1811-1814) que foram construídos os primeiros prédios: casa de fundição, açude, casa da administração, senzala, hospital, oficina, quartel e forno de cal.

Já no período referente aos anos de 1815 a 1821, Ipanema passou a ser dirigida pelo engenheiro alemão Friedrich Ludwig Wilhelm Varnhagen[40], o qual realizou novas edificações, entre elas, os dois fornos altos para a fundição do ferro.[41] O objetivo do diretor era que os materiais

---

39 VERGUEIRO, Nicolau P. de C. *História da Fábrica de Ipanema e Defesa perante o Senado*. Brasília: Senado Federal, 1979, p. 58.

40 Friedrich Ludwig Wilhelm Varnhagen serviu ao governo português na fábrica de ferro de Figueiró dos Vinhos e foi enviado para o Brasil a fim de auxiliar na montagem de Ipanema. Com o retorno de D. João VI, o engenheiro volta para Portugal também. Um de seus filhos, Francisco Adolfo de Varnhagen escreveu a primeira História geral do Brasil, sendo considerado um dos fundadores da escrita histórica no país. A obra pode ser lida em: http://www.brasiliana.usp.br/bbd/handle/1918/01818710#page/1/mode/1up Acesso em 20 de abril de 2013.

41 Durante o processo eram utilizadas centenas de cargas de carvão e lenha. Além disso, para conseguir realizar a fundição do ferro era preciso que os fornos

produzidos como caldeiras, tachos e cilindros pudessem atender não só à produção açucareira na região, entre Sorocaba, Itu e Porto Feliz, mas inclusive aos locais mais distantes da capitania.

Figura 1- Os fornos altos de Ipanema construídos em 1818.[42]

Disponível em: http:// www.cidadedeipero.com.br Acesso em 06/05/2012

Porém, a falta de infraestrutura nas estradas e transportes encarecia o preço do material, tornando- o menos competitivo como aponta o dirigente: "só com boas estradas e o aproveitamento racional das vias navegáveis será possível reduzir o custo de produção do ferro brasileiro, tornando-o competitivo, em relação ao ferro importado da Inglaterra"

---

chegassem a uma temperatura de aproximadamente 1200°C.

42 Os fornos de Ipanema são considerados os primeiros das Américas e produziram gusa. Na Europa, a gusa começou a ser produzida no século XIV, e é resultado da redução do minério de ferro pelo carvão e calcário num alto forno.

43. Infelizmente, as sugestões do diretor não foram ouvidas e tal situação acompanhou praticamente toda a história do estabelecimento, contribuindo para os seus elevados déficits.[44]

Não obstante, após a saída de Varnhagen, o então diretor, Rufino José Felizardo Costa[45] enfrentou diversos problemas, como por exemplo, os protestos dos funcionários prussianos que reivindicavam os seus salários, segundo o acordo entre o ministério brasileiro e o de seu país. Os operários em virtude da ausência de pagamentos interromperam a produção por diversas vezes, gerando mais prejuízos, como relata o diretor ao presidente da Província:

> Sendo necessário reprimir e conter a insubordinação do maior número dos prussianos estacionados neste estabelecimento, que por arte e capricho ostentam infringir as condições de seus contratos [...]. Eles têm formado uma liga para a completa destruição dos trabalhos da fábrica, e porque minhas intenções frustram parte do seu plano, revoltam-se contra mim [...].[46]

Dois anos depois, uma das intenções apontadas por Rufino foi a tentativa de pagamento dos prussianos com os pedaços de ferro produ-

---

43   VERGUEIRO, Nicolau P. de C. *História da Fábrica de Ipanema e Defesa perante o Senado*. Brasília: Senado Federal, 1979, p. 50-51.

44   Mesmo com as construções das primeiras linhas férreas na Província, no final do século XIX, a situação do escoamento da produção da fábrica não foi resolvida, pois as linhas não atendiam totalmente as suas necessidades. Além do mais, as companhias férreas privadas estavam interessadas em atender o escoamento do café produzido nas fazendas paulistas, o que era muito mais lucrativo do que o ferro.

45   O diretor esteve à frente da fábrica de 1821 a 1824, ano de sua morte.

46   AESP, Fábrica de Ferro Ipanema, 4 de fevereiro de 1824. Relatório do diretor ao presidente da Província. Ordem CO 5213.

zidos por eles mesmos, o que de fato não os agradou, pois exigiam o pagamento em dinheiro conforme estabeleciam os contratos. Além do mais, em meio à crise o diretor defendia o aumento da escravatura e a desoneração dos operários:

> Ambicionando, como verdadeiro brasileiro, o progresso de Ipanema, que está identificado com os interesses da pátria, amortecem as minhas boas intenções, pois que elas dependem de um braço forte, que faça renascer [...] e desonerar o estabelecimento de estrangeiros pouco úteis, o que tenho por muitas vezes reclamado; aumentar o número da escravaria, pois não é possível que uma fábrica como esta possa laborar com um tão diminuto número [...].[47]

Após os problemas com os prussianos, o governo ainda investiu na mão-de-obra estrangeira para aumentar a produtividade da fábrica. O então diretor Major João Bloem contratou, em 1838, 227 trabalhadores provenientes da Alemanha. No entanto, a medida foi desastrosa, porque os operários abandonaram o estabelecimento um ano depois de sua chegada, devido aos mesmos motivos dos prussianos.

Na realidade, os conflitos entre os trabalhadores e a direção foram uma constante dentro do estabelecimento, seja através dos protestos dos operários livres estrangeiros, pela falta de pagamentos, ou dos escravos e africanos por meio das fugas. Embora Ipanema tenha contado com diversas categorias de trabalhadores, em toda a sua trajetória há reivindicações dos grupos, devido às condições de trabalho e o tratamento cotidiano oferecido.

Apesar das informações citadas acima, não existem documentos numerosos e relevantes acerca da mão-de-obra livre e pobre nas fontes

---

47 AESP, Fábrica de Ferro Ipanema, 11 de novembro de 1822. Relatório do diretor ao presidente da Província. Ordem CO 5213.

consultadas. Ademais, os operários estrangeiros praticamente desaparecem dos ofícios, correspondências e relatórios produzidos pela fábrica depois de 1838. A partir desta data prevalecem as informações correspondentes aos escravos da nação[48], africanos livres e escravos. Portanto, não pudemos analisar a participação das outras categorias de trabalhadores com mais detalhe.

Vale ressaltar que, a participação dos estrangeiros volta a aparecer nas fontes no início de 1870, por uma simples lógica: em 1864 ocorreu a emancipação definitiva dos africanos livres e só alguns grupos permaneceram na fábrica.[49] Por sua vez, os que ficaram eram em sua maioria os inválidos, velhos e doentes, que em conjunto com os escravos não detinham uma força de trabalho significativa. Desse modo, foi preciso novamente a contratação de um grande número de estrangeiros livres pelo governo, por isso, em virtude delas, eles foram mencionados novamente na documentação.

---

48 Os escravos da nação pertenciam ao Estado, recebendo tal denominação durante o Império. Antes, na época colonial eram chamados de "escravos do Real Fisco". Eles trabalharam em diversos estabelecimentos do governo e foram libertados pela Lei do Ventre Livre de 1871. Entretanto, a sua regulamentação os submeteu por cinco anos a condição escrava sob supervisão do governo. Para mais ver: ROCHA, Ilana P. *Escravos da Nação: o público e o privado na escravidão brasileira, 1760-1876*. Tese de Doutorado em História Econômica. São Paulo: Universidade de São Paulo, 2012. SOARES, Carlos E. L. "Clamores da escravidão: requerimentos dos escravos da nação ao imperador, 1828". In: *História Social*: Campinas-SP, n°4/5, 1997-1998, p. 223-228.

49 Outra possibilidade para o desaparecimento dos operários livres ou estrangeiros nas fontes seria o fato deles não necessitarem de extrema vigilância nas suas atividades e atuações. Portanto, a administração pode ter se preocupado muito mais em indicar o cotidiano dos africanos e escravizados, visto que a sua condição e participação no estabelecimento carecia de maiores informações, detalhes e cuidados.

Com relação aos africanos, após a aprovação da lei de 1831 houve a determinação assinada em 19 de novembro de 1835[50], para que todos os tutelados apreendidos fossem depositados na Casa de Correção da Corte-RJ, para em seguida serem destinados a seus concessionários particulares ou às instituições públicas. No mesmo ano de 1835 chegou o primeiro grupo proveniente da Corte na Real Fábrica de Ferro. Durante a entrega, o Presidente da Província de São Paulo lembrava as obrigações do diretor perante eles:

> Esperando por último este governo, que o sobredito senhor diretor terá da sua parte a maior vigilância não só sobre a conservação destes indivíduos, a fim de que não possam a vir a ser presa de algum ambicioso que os desencaminhe e os reduza a cativeiro, como mesmo sobre o seu bom tratamento e competente ensino.[51]

Fora a extrema vigilância salientada pelo presidente da Província, a rotina exercida na instituição era muito rígida, porque não existia permissão para os tutelados deixarem os estabelecimentos e escolherem as suas atividades. Além do mais, as condições de controle disciplinar e tempo de trabalho tornavam a jornada muito exaustiva, devido à própria natureza do empreendimento, como demonstra este documento: "Os trabalhos diários da oficina são de 5 horas da manhã até às 8 horas da noite, bem entendido no verão se terá meia hora para o almoço e uma

---

50 Coleção de Leis do Império do Brasil – 1835. http://www2.camara.leg.br/legin/fed/decret_sn/1824-1899/decreto-37084-19-novembro-1835-563013-publicacaooriginal-87123-pe.html Acesso em 08 de abril de 2013.

51 AESP. Fábrica de Ferro Ipanema. 28 de junho de 1835. Ofício do Presidente Francisco Antônio de Souza Queirós ao diretor da fábrica.

hora e meia para o jantar, no inverno meia hora para o almoço e uma hora para o jantar"[52]

Pode-se perceber como os trabalhos eram exaustivos, os trabalhadores tinham poucos momentos para fazer suas refeições. Ademais, os tutelados ocuparam diversas funções na fábrica: mestre de fundição, mestre moldador, mestre de refino, mestre fundidor, entre outras.[53] Vale lembrar que, todas as atividades relativas ao ferro e à metalurgia eram desempenhadas somente pelos homens adultos, por sua vez as mulheres, as crianças e os idosos eram os responsáveis pela criação de animais e a agricultura.[54]

Alguns estudos apontam que, os africanos já exerciam o ofício da metalurgia em seu continente, principalmente na região centro-ocidental. Aliás, o impacto proveniente de tal produção econômica fez com que estes profissionais detivessem uma posição social diferenciada na sociedade africana. Segundo a crença do povo, lidar com a metalurgia era também lidar com a transformação da natureza, do mundo vegetal e animal, através de regras e rituais associados a esferas não humanas. Em

---

52 AESP. Fábrica de Ferro Ipanema. 25 de maio de 1835. Contrato de trabalho com mestre ferreiro. Ordem CO 5214.

53 Quanto à especificidade de algumas funções, os ferreiros fundidores, extraíam o minério de ferro da terra e faziam a sua fundição; já os ferreiros forjadores transformavam o ferro já fundido em objeto como armas, caçarolas, ferramentas etc Tais informações não estão presentes na documentação referente à Fábrica de Ferro, mas foram extraídas do livro *Homens de ferro*. Infelizmente não há certeza se a técnica utilizada pelos escravos e africanos livres de Ipanema, era semelhante à empreendida na África Central durante o século XIX. Sobre os ofícios com o ferro ver: Silva, Juliana R. da. *Homens de ferro: os ferreiros na África Central no século XIX*. São Paulo: Alameda, 2011, p. 137.

54 A agricultura foi muito praticada na fábrica, as roças geralmente eram cultivadas pelas mulheres, crianças e idosos. Nelas havia plantações de milho e feijão, destinadas ao abastecimento interno, principalmente para a alimentação dos próprios africanos e escravos.

muitos locais, os ferreiros eram considerados reguladores da fertilidade por estarem associados aos espíritos da terra, desempenhando importantes funções de chefe.[55]

Embora haja toda uma mítica e conhecimento anterior associado aos africanos, enfatizamos que não fora por esses motivos que os mesmos trabalharam em Ipanema, na realidade isto foi apenas um ponto a favor. Todavia, o que prevaleceu foi a lógica do sistema escravista brasileiro desempenhado na fábrica, o qual utilizou a mão-de-obra passível de controle a fim de alcançar o seu desenvolvimento, como aponta Carlos Eduardo M. Araújo: "A distribuição dos africanos livres pelas obras públicas e a particulares evitava um gasto excessivo com o sustento dessas pessoas em depósitos e ainda possibilitaria ao Estado arrecadar com a exploração de sua mão-de-obra".[56]

O número de africanos livres presentes na fábrica de ferro nunca fora uma constante, a quantidade modificava ao longo dos anos, principalmente devido às fugas, transferências para outros estabelecimentos e

---

55 SILVA, Juliana R. da. *Homens de ferro: Os ferreiros na África Central no século XIX*. São Paulo: Alameda, 2011, p. 13. A autora aborda os vários significados que os ferreiros tinham para as sociedades centro-africanas, entre eles o social, o econômico, o político e, também, o religioso. O trabalho traz grandes contribuições, visto que a temática foi pouco estudada no Brasil até o momento. Ademais, Juliana salienta o interesse da atividade pelos portugueses no continente africano, o que pode ser demonstrado pela criação em 1765, da Fábrica de Ferro de Nova Oeiras, em Angola, a qual teve como mão-de-obra grupos diversos de trabalhadores. Pode ter sido proposital, acaso, ou coincidência da história, mas tanto a Fábrica de Ipanema, quanto a de Nova Oeiras foram criadas no mesmo ano, com um sistema de trabalho e mão-de-obra parecidas. Por sua vez, acerca do poder político há também os mitos sobre os reis ferreiros, associados à fundação dos estados africanos, bastante conhecido através de Joseph Miller. Sobre isto ver também p. 61-69.

56 ARAÚJO, Carlos E. M. "Arquitetando a liberdade: os africanos livres e as obras públicas no Rio de Janeiro imperial". In: *História Unisinos,* 14(3): 329-333 setembro/dezembro 2010, p.06.

mortes. Por exemplo, em 1841 havia 104 africanos, entretanto em 1846 a instituição contava com 240 (compostos por 196 homens, 23 mulheres e 21 crianças). Já, em 1854 existiam 131 africanos livres, dentre os quais 20 encontravam-se doentes e inválidos.[57]

Além disso, os africanos livres e os escravos residiam em taipas piladas e eram obrigados a realizar inúmeras atividades no plantel, como participar das missas, seguir os preceitos da fé cristã, sem esquecer da vigilância e opressão diária dos feitores. Nesse sentido, há um regulamento sobre as suas atividades: "Art.38: A escravatura e os gados ficarão sujeitos e a cargo de um ou mais feitores em tudo subordinados ao vice-diretor, a quem recorrerá para providências sobre o sustento, vestuário, e curativo deles".[58]

Apesar da vigilância realizada pelos feitores havia um medo e preocupação por parte das autoridades com relação aos tutelados, seja por decorrência das fugas, ou devido à possibilidade de uma corrupção dos costumes, de influenciarem os cativos em conflitos e revoltas. Em ofício acerca da mão-de-obra, o diretor do empreendimento, o Major João Bloem[59] dissertava sobre eles: "[...] Eles são relaxados, mostram sempre uma cara feia, e parece que são seduzidos por algum mal- intencionado, pois há entre eles alguns de 05 a 08 fugidas, e não servem correções".[60]

---

57 Nos capítulos seguintes será discutida mais detalhadamente a questão populacional dos africanos em Ipanema. Ademais, com o decorrer dos anos os números caem drasticamente, como por exemplo, em 1863; um ano antes da promulgação da lei da emancipação definitiva, havia na instituição apenas 15 africanos livres vivendo em profunda miséria.

58 AESP, Fábrica de Ferro Ipanema, 26 de maio de 1834. Regulamento provisório para a administração da fábrica. Ordem CO 5512, caixa nº 04.

59 O Major João Bloem era natural da Renânia (oeste da Alemanha) e ocupou a direção entre os anos de 1835 a 1842. Em seu lugar assumiu o tenente, Antonio Manoel de Mello, que permaneceu na administração de 1843 a 1845.

60 AESP, Fábrica de Ferro Ipanema, 28 de fevereiro de1842. Relatório do diretor ao presidente da Província de São Paulo. Ordem nº 5215.

Não obstante, depois da saída do Major João Bloem, a fábrica de ferro passou por grandes mudanças ao longo dos anos, porém nada agradáveis. O advento da cafeicultura e das pequenas fundições acarretou transformações do mercado consumidor, no interior da província. Também, a abolição efetiva do tráfico de escravos, em 1850, aliada a quedas significativas na quantidade de trabalhadores trouxeram como consequência a mais longa e elevada crise financeira do empreendimento, demonstrada no seguinte relatório:

> [...] Os principais consumidores da fábrica eram os fazendeiros da província de São Paulo e parte da de Minas, que a ela concorriam para o fabrico de peças de maquinismo de ferro dos seus engenhos; desde que estes foram montados, e também desde que os fazendeiros reconheceram, que lhes era de mais interesse a cultura do café, abandonando a da cana, deixaram de fazer novas encomendas e por conseguinte faltou à fábrica este pequeno recurso, e daí também proveio o decrescimento de sua receita.[61]

Devido aos déficits de Ipanema, ocorreram diversos debates na Assembleia Legislativa, e alguns deles foram citados nos relatórios do Ministério da Guerra. Entre as discussões foi sugerida a proposta de arrendar a fábrica, a fim de aliviar o encargo oneroso que ela originava ao Estado. Entretanto, o governo imperial recusou a sugestão e diante da crise optou-se por encerrar as atividades no estabelecimento, em 1860.

Mesmo com o fechamento da fábrica, o governo ainda precisou decidir sobre os destinos dos africanos livres presentes na instituição. A principal saída foi destiná-los a outros projetos do Império, princi-

---

61 Relatório do Ministério da Guerra apresentado à Assembleia Geral Legislativa, 1858, p.9. http://hemerotecadigital.bn.br/acervo-digital/relatorio-ministerio--guerra/720950 Acesso em: 10 de abril de 2013.

palmente para a Colônia Militar de Itapura no Mato Grosso, fundada em 1858. O local possuía uma ótima localização geográfica, pois fazia confluência com os rios Tietê e Paraná, sendo útil para as novas áreas de povoação do país. Itapura também fazia parte das estratégias militares do Estado, visto que era próxima ao Paraguai e a iminência de um conflito era latente naquele momento. Assim, a colônia poderia atender não só o povoamento e economia mato-grossense, mas principalmente o controle da fronteira brasileira.

Enquanto isso, Ipanema permanecia em completo abandono, existiam poucos trabalhadores, as máquinas estavam velhas, quebradas e sofrendo inclusive, a invasão de alguns sitiantes da região. Por outro lado, o projeto imperial de Itapura não havia atendido às expectativas do governo até aquele momento e, em meio à ameaça da Guerra do Paraguai (1864-1870), optou-se por restaurar a fábrica de ferro e reenviar alguns africanos ao empreendimento, a fim de que se produzissem os materiais bélicos necessários ao combate.

Alguns estudiosos de Ipanema alegam que o período da Guerra do Paraguai, na prática não reestruturou o empreendimento. Segundo Mário Danieli Neto[62], as tentativas de retomada da produção foram quase sempre infrutíferas, devido à falta de estrutura e trabalhadores. Já para Nilton Pereira dos Santos[63], tal situação gerou o abandono da tentativa de restauração pelo governo, pois um conflito daquela proporção exigia rapidez, eficiência e alta produtividade.

Assim, a solução estratégica do império foi instalar no Arsenal de Guerra da Corte uma fundição, a qual utilizava ferro importado e pro-

---

62 DANIELI Neto, Mario. *Escravidão e Indústria: um estudo sobre a Fábrica de Ferro São João do Ipanema- Sorocaba (SP)-1765-1895*, Dissertação de Doutorado em História, Universidade Estadual de Campinas: Instituto de Economia, 2006, p. 114.

63 SANTOS, Nilton P. de. *A Fábrica de Ferro São João de Ipanema: economia e política nas últimas décadas do Segundo Reinado (1860-1889)*. Dissertação de Mestrado em História. São Paulo: USP-FFLCH, 2009, p. 73-75.

duzia os mesmos materiais bélicos feitos na fábrica de ferro. Por sua vez, o fato analisado pelos historiadores pode ser complementado com um documento referente ao número dos africanos livres e escravos da fábrica encontrados por nós. Em 1863, a relação de trabalhadores da instituição aponta que o estabelecimento contava com apenas 15 africanos livres e 63 escravos (compostos em sua maioria por crianças, idosos e inválidos). Logo, era praticamente impossível realizar a produção dos materiais, se não existia uma quantidade suficiente de operários.

A crise financeira de Ipanema permaneceu ao longo dos anos. Mesmo sem estrutura adequada e elevada mão-de-obra, o governo continuou a financiar os gastos com o empreendimento, o que gerou diversas manifestações nos debates políticos e intelectuais. Além disso, em 1864 é decretada a lei a qual determinava a emancipação definitiva dos africanos livres espalhados pelo império. Nos capítulos seguintes veremos que a grande maioria dos tutelados, pertencentes ao estabelecimento ainda encontrava-se prestando serviços na Colônia Militar de Itapura, porém, a legislação possuía algumas brechas e muitos africanos não puderam gozar da sua liberdade "de fato".

Após essa iniciativa, o governo deparou-se com a necessidade de contratar novos operários, pois a maioria dos africanos livres não estava mais no empreendimento, e os escravos em sua maioria, encontravam-se inaptos para o trabalho. Diante de tal situação, a fábrica contratou novamente estrangeiros a fim de contribuir para o corpo de trabalhadores, entre finais de 1860 e começo da década de 1870. Assim, é a partir desse momento que os operários voltam a aparecer listados na documentação.

Nos anos seguintes com as construções ferroviárias pela província de São Paulo, as linhas férreas puderam proporcionar grandes escoamentos das produções espalhadas pelo interior. Em 1876, um ano após a criação do caminho férreo de São Paulo à Sorocaba os trilhos chegaram até às proximidades da fábrica. Todavia, segundo Nilton Pereira de Santos, a inauguração não levou a uma melhora efetiva do escoamento da produção. Certas dificuldades permaneceram no transporte dos objetos, como por exemplo, o encarecimento do frete, devido às baldeações da mercadoria.[64]

Em 1877, a fábrica foi transferida ao cargo do Ministério da Agricultura, Comércio e Obras Públicas, na tentativa de se dinamizar o empreendimento. A partir da década de 1880, os materiais produzidos eram destinados a abastecer o Exército e a Marinha. Com a iniciativa tomada pelo ministério, os déficits diminuíram, ao passo que os lucros não se tornaram elevados o suficiente para recuperar o estabelecimento.

Assim, em 1895, o presidente da República, Prudente de Morais decretou o fim do empreendimento, o qual permaneceu sem atividades relevantes até 1992. Nesse ano, Ipanema foi integrada às áreas de conservação ambiental do IBAMA, recebendo a denominação também de FLONA (Floresta Nacional de Ipanema). Já no ano de 1964, o estabelecimento foi tombado pelo IPHAN (Instituto do Patrimônio Histórico e Artístico Nacional). Atualmente, o local é uma atração turística, pertencente à região de Iperó (entre Sorocaba e Boituva) aberto para a visitação pública.

Durante toda a sua história, a fábrica de ferro foi algumas das maiores prioridades do império, pois mesmo com a primazia da agricultura de exportação, o governo não deixou de investir em projetos alternativos, relacionados ao desenvolvimento industrial e econômico. Sendo assim, um estudo sobre Ipanema traz à luz algumas das estratégias estatais do século XIX, entre elas as tentativas de modernização, em conjunto com a lógica escravista, a qual determinou as condições e trajetórias de vida dos africanos livres.

---

64 SANTOS, Nilton P. de, *op. cit.*, p. 87.

CAPÍTULO 2
VIDAS TUTELADAS: AS EXPERIÊNCIAS DOS AFRICANOS LIVRES NA FÁBRICA DE FERRO IPANEMA

A utilização da mão-de-obra dos africanos livres como trabalhadores no Brasil oitocentista foi distribuída em 82%[1] entre os locatários privados, (normalmente os senhores de escravos, considerados íntegros e de confiança do governo).[2] Já entre as instituições espalhadas pelo império, foram disseminados aproximadamente cerca dos 18%[3] dos recapturados.

Nesse sentido, não apenas a Fábrica de Ferro Ipanema contou com os serviços obrigatórios prestados por aquelas centenas de homens e mulheres, categorizados na lei de 7 de novembro de 1831. Na província de São Paulo estabelecimentos como a Colônia Militar de Itapura, o Hospício dos Alienados, o Jardim Público, entre outros contaram com a participação dos tutelados, enquanto que no Rio de Janeiro os mesmos

---

1 MAMIGONIAN, Beatriz G. *To be a liberated African in Brazil: labour and citizenship in the nineteenth century*. Tese de Doutorado em História. University of Waterloo, 2002, p. 66.

2 A medida foi estabelecida através da Instrução de 29 de outubro de 1834. In: Coleção das Leis do Império do Brasil, 1834, Biblioteca Nacional. Após disseminar os africanos pelas instituições, o Chefe de Polícia enviava os restantes aos particulares. O arrematante se comprometia em devolver o africano para o governo assim que fosse decidido sobre a sua sorte.

3 MAMIGONIAN, Beatriz G. *To be a liberated African in Brazil: labour and citizenship in the nineteenth century*. Tese de Doutorado em História. University of Waterloo, 2002, p. 66.

foram encontrados na Casa de Correção, Santa Casa de Misericórdia, Fábrica de Pólvora da Estrela etc.

Na Corte existia uma fiscalização não muito eficiente sobre os africanos livres, composta pelos Curadores de africanos[4], dos Juízes de Órfãos e alguns representantes do governo britânico. Segundo Elciene Azevedo[5], o uso dos serviços desses trabalhadores, acarretou em um trabalho compulsório muito próximo da escravidão, justamente quando se passou a permitir a sua distribuição também para outras localidades. Tal fato também é abordado por Jorge Luiz Prata de Souza, porém o autor o denomina de *"interiorização"*[6] a qual acarretava ao Império a perda do controle e abria a possibilidade da *"reescravização"*.

Se levarmos em consideração o aporte jurídico tão vasto, com normas, leis, decretos, portarias e avisos, correspondentes aos tutelados, tal reflexão pode ser interpretada sob ângulos mais específicos. Assim, acreditamos que na realidade, a repartição dos africanos para outras regiões foi uma estratégia do governo central a fim de dividir o ônus, o comando e a responsabilidade com as demais províncias. O trabalho compulsório muito próximo da escravidão, não foi uma consequência negativa aos olhos do Estado, pelo contrário esta era a sua intenção, valer-se de africanos com condição jurídica diversa para seu desenvolvimento durante os 14 anos de tutela.

---

4   O Curador e o Juiz de Órfão possuíam como função fiscalizar os africanos, tanto aqueles destinados aos locatários quanto às instituições. Entretanto, a existência de duas autoridades responsáveis por uma mesma tarefa acarretou disputas e conflitos entre ambas, como também casos de suspeitas públicas envolvendo corrupções e propinas.

5   AZEVEDO, Elciene. *O direito dos escravos: lutas jurídicas e abolicionismo na província de São Paulo*. Ed. Unicamp: Campinas, São Paulo, 2010, p. 104.

6   SOUZA, Jorge P. de. *Africano livre ficando livre: trabalho, cotidiano e luta*. Tese de Doutorado em História Social. São Paulo: Universidade de São Paulo, 1999, p. 45.

Não obstante, a política de distribuição dos africanos adotada pelo governo seguiu algumas premissas, por exemplo: a concessão aos privados atendeu uma demanda apresentada às autoridades, dependendo geralmente de alguma influência social e política. De forma diferente, com os custodiados às instituições prevaleceu a política dos fatores sexo e idade. Para Beatriz Galotti Mamigonian, tais medidas foram tendenciosas quanto ao gênero, pois as mulheres foram predominantemente destinadas aos locatários privados, enquanto os homens representaram 92% das pessoas servindo aos estabelecimentos.[7]

Acerca desses dados há na historiografia brasileira, referente aos africanos livres[8] e escravizados, certo consenso. Diversos autores fazem menção ao número majoritário do sexo masculino, seja nas fazendas, fábricas ou obras públicas. A escolha ocorria geralmente devido ao trabalho exaustivo realizado nestes locais, exigindo pessoas fortes e mais resistentes, o que segundo o pensamento da época era representado pelos homens. As mulheres, em número menor seguiam destinadas às roças, criações de animais e atividades domésticas, porque detinham uma baixa produtividade no trabalho braçal, principalmente quando grávidas.

As informações acima demonstram uma pequena parte do universo vivido pelos tutelados. Embora haja algumas semelhanças, não é possível realizar grandes conclusões generalizadas sobre as suas vivências, pois cada ambiente de trabalho, cada arrematante ou região possuíam singularidades. No presente capítulo, temos por objetivo analisar as experiências dos africanos livres de Ipanema, por meio dos fatos, das características encontradas na documentação compilada. A primeira parte é destinada a identificar quem eram esses tutelados. Para isso uti-

---

7   MAMIGONIAN, Beatriz G. *To be a liberated African in Brazil: labour and citizenship in the nineteenth century*. Tese de Doutorado em História. University of Waterloo, 2002, p. 108.

8   Compartilham dessas informações alguns autores estudados na pesquisa como: Jorge Luiz Prata de Souza, Alinnie Silvestre Moreira e Mário Danieli Neto.

Entre a fábrica e a senzala

lizaremos as listagens contendo os nomes, naturalidades, sexo e funções exercidas na fábrica, aliadas à rotina de trabalho.

A segunda parte é composta na tentativa de se compreender o minucioso cotidiano dos trabalhadores. Procuraremos no habitual, no dia- a- dia indícios do que significava ser um africano prestando serviços no empreendimento do século XIX, considerados livres no papel, porém tratados na maioria das vezes como os escravos. Já, a terceira parte trata das fugas, busca identificar as coerções, violências, estratégias, além das redes de sociabilidade entre os próprios africanos livres, como também entre os escravos, as autoridades da fábrica e os agentes externos repressivos, composto pelos chefes de polícia. Por fim, abordaremos as relações, as uniões consensuais, os laços de família, bem como os pedidos de casamento dos africanos aos diretores. Em suma, estratégias, negociações daquelas pessoas a fim de reconstruírem um universo menos amargo em meio à diáspora e ao trabalho compulsório.

Nomes, Funções, Locais de Procedência, Sexo e Rotina de Trabalho

Em 1835 foram deliberadas as instruções do Ministério da Justiça[9] para a chegada dos africanos livres em Ipanema.[10] Segundo elas, o diretor com a chegada dos tutelados deveria lavrar um ato contendo informações referentes aos nomes, sinais corporais de identificação e naturalidades[11].

---

9 Instrução nº 143 da Justiça, 06 de junho de 1835. In: *Coleção das Leis do Império. Dá providências sobre os africanos livres enviados para a Fábrica de Ferro.*

10 Segundo Mário Danieli Neto, os primeiros africanos livres que chegaram à Ipanema eram em número de 48. Todavia, não encontramos informações precisas sobre isto nas fontes compiladas. DANIELI Neto, Mario. *Escravidão e Indústria: um estudo sobre a Fábrica de Ferro São João do Ipanema- Sorocaba (SP)-1765-1895,* Dissertação de Doutorado em História, Universidade Estadual de Campinas, Instituto de Economia, 2006, p. 150.

11 Apesar da deliberação referente à transcrição dos sinais corporais de identificação, a mesma foi encontrada em poucos documentos.

O responsável pelo empreendimento naquele momento era o então, Major João Bloem, conhecido por sua gestão rigorosa, além das constantes queixas sobre a falta de mão-de-obra na fábrica.

No ano de 1837 trabalhavam no empreendimento 48 africanos livres (30 homens e 18 mulheres); 121 escravos (68 homens, 29 crioulos e 24 mulheres). Além disso, havia 12 escravos e um africano evadidos, contabilizando o total de 169 pessoas[12]. Durante a trajetória da instituição, a maioria dos operários era composta por cativos, exceto em algumas fases a quantidade de africanos foi superior, como analisaremos mais adiante.

Uma das exigências realizadas por Bloem ao governo imperial para assumir a direção estava baseada no aumento do contingente dos trabalhadores. De acordo com o major, o número de operários livres (nacionais, estrangeiros)[13], africanos e escravos da nação não davam conta de atender à produção. Assim, algum ano depois, percebendo a lentidão governamental a fim de fazer valer a reinvindicação, o mesmo queixou-se na correspondência destinada ao Ministério da Guerra:

> Se me fornecia 180 a 200 tantos africanos ou escravos de 15 a 30 anos de idade e debaixo destas condições me animei em aceitar o emprego de diretor, vejo eu que estava iludido [...]. Suplico novamente

---

12 AESP, Fábrica de Ferro Ipanema, 1 de maio de 1837. Mapa dos empregados, escravos e africanos que existem na Fábrica de Ferro de São João do Ipanema. Ordem n° 5214 (1835-1839).

13 Como o citado no Capítulo 1, foi durante a administração do Major Bloem que ocorreram os conflitos com os operários prussianos, tendo como consequência a baixa na quantidade de trabalhadores. Entretanto, sobre os operários nacionais livres não encontramos muitas informações, para Jorge Prata de Souza, o número de livres nunca ultrapassou os 25% do total dos empregados, incluindo-se os nacionais em funções burocráticas. SOUZA, Jorge P. de. *Africano livre ficando livre: trabalho, cotidiano e luta*. Tese de Doutorado em História Social. São Paulo: Universidade de São Paulo, 1999, p. 87.

a V. Exª. a remessa dos 180 africanos de 15 a 30 anos de idade, homens não mulheres.[14]

A preferência do diretor pelos africanos homens era porque eles exerciam as atividades mais especializadas, como os serviços de alto forno, refinaria e ferro. Como já dito anteriormente cabia às mulheres as tarefas relacionadas à agricultura de subsistência, corte, retirada e empilhamento do carvão, muitas vezes auxiliadas por menores e idosos.

Embora existam algumas listagens detalhadas acerca dos tutelados, infelizmente a documentação encontra-se esparsa, ou seja, não localizamos fontes com uma rígida sequência cronológica. Desta forma, encontramos mapas relativos aos anos de: 1835,1837, 1842, 1846, 1848 e 1849. Há ainda o período de 1854 a 1865, todavia ele será analisado no Capítulo n°4, pois abordaremos uma fase específica da fábrica, a qual realizou intenso intercâmbio de africanos com a Colônia Militar de Itapura, seguida pela emancipação definitiva dos mesmos.

Ademais, segundo Jorge Luiz Prata de Souza, no tempo de 1839 a companhia possuía 229 indivíduos.[15] Desse total, os africanos somavam 145. Por sua vez, Jaime Rodrigues aponta que no ano de 1841 havia 312 trabalhadores, sendo 104 africanos (e 5 crias)[16], porém não achamos os referidos documentos para transcrevê-los. Provavelmente

---

14   NA: IG 5-18. Fábrica de Ferro Ipanema. 1835-1840. Carta do Major do Corpo de Engenharia Major João Bloem ao Ministério da Guerra, em 18 de janeiro de 1839. *Apud*: SOUZA, Jorge P. de. *Africano livre ficando livre: trabalho, cotidiano e luta*. Tese de Doutorado em História Social. São Paulo: Universidade de São Paulo, 1999, p. 87.

15   SOUZA, Jorge P. de. *Africano livre ficando livre: trabalho, cotidiano e luta*. Tese de Doutorado em História Social. São Paulo: Universidade de São Paulo, 1999, p. 88.

16   RODRIGUES, Jaime. "Ferro, trabalho e conflito: os africanos livres na Fábrica de Ipanema". In: *História Social*. Campinas - SP, n°4/5, 1997-1998, p. 35. O autor também relata a presença de 45 livres (incluindo a direção), 09 guardas municipais, 88 escravos, 33 crioulos e 42 presos.

eles deveriam estar em tratamento técnico pelo Arquivo do Estado no momento da consulta.

O governo imperial atendeu uma parte da exigência do Major João Bloem, o número de tutelados enviados à Ipanema aumentou, mas o diretor encerrou a sua administração ainda lamentando a falta de operários. Aliás, a queixa permaneceu ao longo da trajetória da fábrica, estando presente nas correspondências e relatórios produzidos pelos gerenciadores subsequentes.

Em 1843, o então dirigente do empreendimento, Antonio Manoel de Mello[17] efetua novo pedido ao presidente da Província, a fim de que fossem admitidos mais africanos:

> […] Cumpri-me expor que acho necessários ao menos cem deles, que tenham a robustez conveniente, mas que qualquer número destes acima de quarenta, já irá dar notável aumento ao produto do ferro,

---

17 O tenente Antonio Manoel de Mello permaneceu à frente do empreendimento de 1843 a 1845, ele entrou no lugar do Major Bloem, porque o mesmo ao se envolver na Revolução Paulista de 1842, foi destituído do cargo pelo presidente da Província. A Revolta originou-se em decorrência das disputas políticas entre liberais e conservadores. O partido liberal havia fraudado as eleições para a Assembleia dos Deputados, mas os conservadores exigiram a anulação dos votos e conseguiram retomar ao poder. Todavia, os liberais não aceitaram tal fato e começaram a Revolução pela cidade de Sorocaba, liderados por Antônio Feijó, Brigadeiro Tobias Aguiar e Bloem. O conflito seguiu até a província de Minas Gerais, pois os revoltosos desejavam conquistar novamente o poder através da luta armada, porém logo foram derrotados pelo Barão de Caxias. Alguns elementos conseguiram escapar e refugiaram-se no Rio Grande do Sul, acolhidos pelos Revolucionários Farroupilhas. Por fim, com a retomada dos liberais no jogo político, em 1844, todos os seus pares envolvidos receberam a anistia.

Entre a fábrica e a senzala

por cortar grande parte das dificuldades, com que até agora tenho levado.[18]

A jornada de produção na fábrica demandava a presença de muitos indivíduos. Esta condição se agravou devido à saída dos operários livres estrangeiros na gestão Bloem. Outros acontecimentos como as doenças, mortes, além das fugas recorrentes dos africanos e escravos no estabelecimento agravavam o ritmo de trabalho no plantel. Por isso, Melo declarava a necessidade de ao menos cem deles, preferencialmente fortes, robustos, pois a natureza do trabalho exigia pessoal com condição física adequada, conforme demonstra a tabela abaixo:

Tabela 1: Lista das atividades realizadas pelos escravos da Nação e africanos livres existentes na Fábrica de Ferro São João do Ipanema (1835-1845)

Atividades
1 - Alto Forno
Mestre do cadinho e forno
Ajudante de cadinho e forno
Carregadores
Ajudante de carregadores
Ajudantes de misturas
Moldadores
Aprendizes de moldadores
2 - Refino:
Refinadores
Mestre do malho
Aprendiz de refino
3 - Ferraria
Contramestre
Oficiais

---

18 AESP, *Fábrica de Ferro São João do Ipanema*, 7 de novembro de 1843. Correspondência do diretor Antonio Manoel de Mello ao presidente da Província de São Paulo. Ordem n° CO 5215 (1840-1848).

Aprendizes
4 - Oficina de Carpintaria
Contramestres
Oficiais
Aprendizes
5 - Diversos
Serra d'água
Moinho
Pilões de Mineral
Arrieiros
Carreiros
Pedreiros
Serventes de pedreiros
Falquejadores
Criação Porcos/cavalos/bois
Enfermeiros
Cozinha
Peneirar, torrar o fubá
Corte de madeiras
Juntar e empilhar carvão
Tiradores de carvão
Instaladores linha para carvoaria
Queimadores de carvão
Mineiros
Costureiras
Feitor dos escravos
Servente na casa do diretor
Maquinista

Fonte: A. N: IG 5-18 Fábrica de Ferro São João de Ipanema. 1835-1840; IG 5-19 Fábrica de Ferro São João de Ipanema. 1840-1845. *Apud*: SOUZA, Jorge Prata de. *Africano livre ficando livre: trabalho, cotidiano e luta.* Tese de Doutorado em História Social. São Paulo: Universidade de São Paulo, 1999, p 89.

Apesar de a lista compreender dados até o ano de 1845, as referidas funções foram realizadas durante todo o funcionamento da instituição. A análise da tabela demonstra como a maioria dos postos compunha-se de afazeres exaustivos, principalmente os de refino, ferraria e alto forno. Para chegar à qualidade ideal do ferro, a temperatura nos fornos muitas vezes ultrapassavam os 1000°C, sendo extremamente perigoso para aqueles que trabalhavam nas proximidades deles.

Todavia, os cargos ocupados no item n°5 (exceto os pedreiros e queimadores de carvões) apresentavam menor grau de periculosidade, exercidos também por mulheres e crianças. Logo, é possível perceber o quanto a fábrica dependia dos africanos e escravos, seus serviços variavam desde a cozinha, costura, aos cargos mais técnicos, especializados.

Ainda acerca da falta de trabalhadores localizamos o relatório produzido na Repartição dos Negócios da Guerra, em 1843, apresentado à Assembleia Geral Legislativa, aonde o Ministro Salvador José Maciel faz uma abordagem realista sobre Ipanema:

> [...] Consta das queixas, cem vezes já d'antes repetidas, da falta de braços, e das promessas cem vezes repetidas de centenas de contos de réis de rendimento anual, no caso de por parte do Governo satisfazer-se a essa condição de braços. E como esses braços nunca hão de ficar à disposição do Diretor; porque os livres não se hão de ir entregar a trabalhos duros e penosos por salários minguados, e os cativos hão de ser sempre aleijados, doentes, e sobretudo fugitivos, como tem sido até agora todos quantos para ali se tem mandado, segue-se que nunca as promessas de rendimento se hão de realizar, e que a falta delas não se poderá imputar ao Diretor, que liga à elas uma condição justa e razoável.[19]

---

19 Relatório da Repartição dos Negócios da Guerra apresentado à Assembleia Geral Legislativa, 1843. http://memoria.bn.br//720950/per720950_1843_00017.pdf Acesso em 15 de maio de 2013.

Se os livres dificilmente aceitariam executar os trabalhos penosos, situação complexa era a dos cativos e africanos livres. Houve momentos em que o governo chegou a enviar alguns deles já debilitados, porém a maioria ficou doente, aleijada após a rotina de trabalho exaustiva. O ministro, seguindo a intenção governamental preocupava-se com a produção, custos e lucros oriundos da fábrica; concordava com a postura do diretor na exigência por mais braços; porém jamais com as condições de vida, de trabalho daquelas pessoas.

Inclusive, é de 1843 a relação dos trabalhadores existentes em Ipanema, contabilizando um total de 90 africanos. Na fonte há também referências dos escravos, mas optamos por transcrever apenas às relativas aos tutelados. O número de cativos nesta fase era de 120 (34 mulheres e 86 homens), fora as 20 crianças abaixo dos dez anos. A relação contém nomes, idades e observações, o último item preenchido com a palavra "pronto" significava apto ao trabalho.[20]

Tabela 2: Relação dos africanos e escravos existentes na Fábrica de Ferro São João do Ipanema em 1843

Africanos			
Número	**Nome**	**Idade**	**Observações**
01	Balbino	30 anos	Pronto
02	Daniel	24 anos	Idem
03	Vicente	26 anos	Idem
04	Rogério	26 anos	Idem
05	Martinho	26 anos	Idem
06	Silvério	20 anos	Idem
07	Juvêncio	34 anos	Idem
08	Romão	27 anos	Idem
09	Julião	22 anos	Idem
10	Francisco	30 anos	Idem

---

20 Nas listagens optamos por seguir a grafia original dos nomes escritos nas fontes. As demais informações foram transcritas de acordo com a norma culta atual.

Entre a fábrica e a senzala

11	Estevão	31 anos	Idem
12	Felipe	26 anos	Idem
13	Anastácio	40 anos	Asmático e quase cego.
14	Alípio	23 anos	Pronto
15	Braz	22 anos	Idem
16	Thadeo	36 anos	Idem
17	Damazio	26 anos	Idem
18	Athanazio	27 anos	Idem
19	Antão	40 anos	Idem
20	André	18 anos	Idem
21	Marcolino	24 anos	Idem
22	Lúcio	26 anos	Idem
23	Augusto	19 anos	Idem
24	Ilegível	17	Idem
25	Ilegível	19 anos	Idem
26	Laurentino	18 anos	Idem
27	Benedito	19 anos	Idem
28	Caio	21 anos	Idem
29	Luciano	26 anos	Idem
30	Bráz	36 anos	Idem
31	Gabriel	22 anos	Idem
32	Bazílio	23 anos	Idem
33	Inoccencio	24 anos	Idem
34	Crispiniano	22 anos	Idem
35	Bernardino	29 anos	Idem
36	Diogo	33 anos	Pronto
37	Raymundo	18 anos	Idem
38	Bertholdo	20 anos	Idem
39	Olegario	01 ano	Idem
40	Belmiro	18 anos	Idem
41	Rozendo	22 anos	Idem
42	Cyrilo	18 anos	Idem
43	Cassiano	23 anos	Idem

44	Braulio	28 anos	Idem
45	Silvestre	34 anos	Idem
46	Antonio	33 anos	Idem
47	Paulo	29 anos	Idem
48	Deziderio	18 anos	Idem
49	Guilherme	32 anos	Idem
50	Margarida	30 anos	Idem
51	Silvania	16 anos	Idem
52	Catharina	24 anos	Idem
53	Joaquina	31 anos	Idem
54	-	-	-
55	Apolianaria	33 anos	Idem
56	Theodora	27 anos	Idem
57	Felizberta	36 anos	Idem
58	Domingas	15 anos	Idem
59	Honorata	30 anos	Idem
60	Maria	30 anos	Idem
61	Luciana	28 anos	Idem
62	Ignacia	37 anos	Idem
63	Engracia	27 anos	Idem
64	Maria Joze	27 anos	Idem
65	Evaristo	25 anos	Idem
66	Ilegível	30 anos	Idem
67	Fulgêncio	26 anos	Idem
68	Horácio	28 anos	Idem
69	Marcolino	26 anos	Idem
70	Pedro	18 anos	Idem
71	Leao	25 anos	Idem
72	Hemergencio	28 anos	Idem
73	Eustaquio	32 anos	Idem
74	Lucio	22 anos	Idem
75	Florencio	26 anos	Idem
76	Herculano	28 anos	Idem

77	Lucas	28 anos	Idem
78	Honório	30 anos	Idem
79	Gregório	30 anos	Pronto
80	Caetano	32 anos	Idem
81	José	34 anos	Idem
82	Ignacio	03 anos	Menor
83	Joze	02 anos	Idem
84	Laureano	02 anos	Idem
85	Maria do Rozario	01 anos	Idem
86	Archanja	01 anos	Idem
87	Angelica	03 meses	Idem
88	Antonio	02 anos	Idem
89	Camillo	02 anos	Idem
90	Caetano	30 anos	Pronto
91	Manoel Sebastião	Recém-nascido	Menor
	Francisco	-	Idem, fugido em 1841
	Boaventura	-	Fugiu em tempo do diretor Major João Bloem
	Telésforo	-	Idem
	Juvenal	-	Idem

Fonte: AESP, Fábrica de Ferro Ipanema, 25 de outubro de 1843. *Relação dos africanos e escravos existentes, elaborada pelo escrivão Antonio Martins da Costa Passos.* Ordem n° CO 5215 (1840-1848).

O estudo da lista revela um total de 14 mulheres, sendo a mais nova, Domingas de 15 anos e a mais velha Ignacia de 37. Já as crianças eram compostas por 3 meninas, (duas com 1 ano, e outra de 3 meses). Por sua vez, existiam 67 homens, o mais novo, de nome ilegível com 17 anos e os mais velhos Antão e Anastácio, ambos com 40 anos, (este último asmático e quase cego, mas não sabemos se chegou assim ou adoeceu no empreendimento). Havia 6 meninos (o menor, Manoel Sebastião recém-nascido e Ignacio de 3 anos). Na tabela, além de serem citados os

04 homens evadidos, (Francisco, Boaventura, Telésforo, e Juvenal) não há menção de africanos idosos.

Com relação ao gênero, é possível comparar o número de homens e mulheres, africanos livres ou escravos da nação, referentes ao período de 1839 a 1858. Assim, de acordo com a fase 1839 a 1842 os escravos (as) constituíam a maioria dos trabalhadores. Por sua vez, os anos de 1855 a 1858 dizem respeito ao momento de intercâmbios com Itapura e as emancipações, ocasionando a brusca diminuição dos trabalhadores.

Tabela 3: Relação entre os sexos e os totais de escravos da Nação e africanos livres existentes no estabelecimento da Fábrica de Ferro de São João de Ipanema 1839-1858

Categoria	1839	1842	1846	1855	1857	1858
Escravos masculinos	61	117	57	27	52	58
Escravos femininos	25	58	52	41	60	60
Escravos menores	35	63	32	37	45	44
Total de escravos	**121**	**238**	**141**	**105**	**157**	**162**
Africanos Masculinos	25	46	146	85	91	78
Africanos femininos	17	31	15	15	29	16
Africanos menores	05	16	09	06	07	05
Total de africanos	**47**	**93**	**170**	**101**	**127**	**99**

Fonte: AN: IG 5-20. Fábrica de Ferro São João de Ipanema. 1846-1859. *Apud*: SOUZA, Jorge Prata de. *Africano livre ficando livre: trabalho, cotidiano e luta*. Tese de Doutorado em História Social. São Paulo: Universidade de São Paulo, 1999, p. 93.

Através da análise dos dados percebemos que, o total de africanos homens foi superior ao de escravos em 1846, 1855, 1857 e 1858. Porém, as taxas de mulheres africanas e menores estiveram abaixo das escravas se observamos todo o período da lista.[21] É notória a ideia acerca do número total de escravas ser menor, na comparação com os homens nos plantéis.

---

21 Não foi possível chegar a um número exato de africanos livres no estabeleci-mento durante o período estudado, devido algumas lacunas na documentação, e porque as listas produzidas não eram anuais. Todavia, lidamos com a hipótese de

Porém podemos dizer que, para as africanas a quantidade era ainda mais baixa, não apenas no concernente aos homens, mas, sobretudo, com relação às cativas. Possivelmente, tais percentuais ocorreram, porque as tuteladas permaneceram majoritariamente alocadas aos concessionários particulares.

A tabela acima foi transcrita na tese de doutorado de Jorge Luiz Prata de Souza, tendo como referência o Relatório do Ministério da Guerra, presente no Arquivo Nacional-RJ, todavia não o encontramos nos relatórios disponíveis no site da Biblioteca Nacional. No entanto, encontramos um resumo estatístico no Arquivo do Estado de São Paulo, elaborado pelo então diretor, o Barão de Itapicuru- Mirim datado de 08 de dezembro de 1846. Nele, os números são divergentes daqueles encontrados na classificação do Arquivo Nacional.

Ademais, temos outro impasse: ao conferirmos a soma dos índices de trabalhadores o resultado apresentado não é compatível com o produzido pelo diretor de Ipanema. O total de africanos menores de 50 anos citados na fonte a seguir é de 137, mas a soma correta é 141. Acerca do total de africanos (homens, mulheres e crianças) o número é de 240, porém o resultado correto seria 244.

Sobre o índice total dos pretos também existem problemas, porque com a taxa de 137 africanos incorretamente contabilizados, o total masculino é de 242. Contudo, se acrescentarmos a conta correta de 141 o total é de 246. Por fim, a soma adequada entre africanos e escravos apresenta 410 pessoas, enquanto no documento mostra 406.[22]

---

aproximadamente mais de 400 trabalhadores, entre homens, mulheres, crianças e idosos.

22 Para a soma consideramos todas as classificações presentes na fonte, logo não excluímos da verificação os enfermos, mortos ou fugidos.

Tabela 4: Resumo estatístico dos africanos livres e escravos da Fábrica de Ipanema em 1846

	Inválidos	Prontos		Resumo estatístico dos africanos livres e escravos consignados à repartição da Nacional Fábrica de Ferro São João do Ipanema designados com as casualidades nas respectivas relações			
Africanos Livres							
		Maiores de 50 anos	Menores de 50 anos	Enfermos	Ausentes	Mortos	Total
Homens	0		115	01	24	60	196*fonte 200 certo
Mulheres	0		15	0	02	6	23
Crianças	0		11	0	01	9	21
Soma dos Africanos livres			141 137*fonte	01	27	75	240* 244 certo
Cativos							
Homens	02	12	21	17	19	0	71
Mulheres	02	02	48	01	06	0	59
Crianças	0	0	36	0	0	0	36
Soma dos Cativos	04	14	105	18	25	0	166
Soma dos pretos de ambas as condições	04	14	246*	19	52	75	406* 410certo

Fonte: AESP, Fábrica de Ferro Ipanema, 08 de dezembro de 1846. *Resumo estatístico dos africanos livres e escravos do empreendimento elaborado pelo diretor, o Barão de Itapicuru- Mirim.* Ordem n° CO 5215 (1840-1848).

As trocas de informações entre os órgãos públicos podem ter acarretado alguns dados não completos. Logo, não podemos chegar a um número exato do total dos africanos da fábrica em 1846. As taxas assim variam tanto para mais, quanto para menos, visto que muitas vezes os diretores do estabelecimento enviavam relatórios até certa data, e logo em seguida poderia chegar nova remessa de trabalhadores ou mesmo ocorrer acentuadas perdas.[23]

Porém, um outro elemento pode ter engendrado as alterações na soma total dos negros do estabelecimento. Após a primeira visita da Real Majestade, Dom Pedro II no local, em 1842, o mesmo esporadicamente criou o hábito de conceder cartas de liberdade aos filhos das escravas, conforme demonstra o item "observações" da fonte estudada acima:

> A criança Petronilha vai mencionada no caso dos cativos, por ainda não ter sido remetida a esta Diretoria o aviso respectivo de sua liberdade concedida por S. M. Imperial na sua visita a este estabelecimento.[24]

No ano seguinte, 1847 o Imperador estabeleceu outra alforria como relata o diretor ao presidente da Província:

> Tenho a honra de remeter a V. Exa. a inclusa carta de liberdade da escrava desta Fábrica de nome Antonia, filha da escrava Joana. Deus guarde a Imperial Fábrica de Ferro Ipanema, 16 de setembro de 1847.[25].

Os índices também poderiam variar durante um curto espaço de tempo, por exemplo, no mês de junho de 1848 a diretoria de Ipanema apontava os seguintes dados:

---

23   Sobre os enfermos e os mortos, as estatísticas do quadro serão analisadas em outros tópicos da dissertação.

24   AESP, Fábrica de Ferro Ipanema, 08 de dezembro de 1846. *Resumo estatístico dos africanos livres e escravos do empreendimento elaborado pelo diretor, o Barão de Itapicuru- Mirim*. Ordem nº CO 5215 (1840-1848).

25   AESP, Fábrica de Ferro Ipanema, 16 de setembro de 1847. *Ofício do diretor ao presidente da Província de São Paulo*. Ordem nº CO 5215 (1840-1848).

> Recebi como existente no serviço da Fábrica 119 escravos e escravas, e 129 africanos e africanas livres, maiores de 07 anos, além de 31 escravos e 15 africanos de ambos os sexos menores de 07 anos; 101 bestas e cavalos, 1 jumento e 13 éguas, 99 bois e 13 vacas.[26]

Todavia, no mês de novembro do referido ano, o mapa dos africanos e escravos contabilizava outros números. Nele, há o relato da presença de 115 africanos adultos, e 6 meninos menores de 7 anos. Já as mulheres africanas totalizavam 16, sendo 8 meninas menores de 7 anos. Sobre os escravos, a taxa aponta 55 homens e 12 menores; além de 53 escravas mulheres e 20 menores.[27]Além disso, há outro ofício do mesmo dia, aonde o diretor relata a rotina de trabalho:

> [...] No tocante aos mestres e operários livres não passam de sete, devo mencionar que muitos dos escravos e africanos vão se aperfeiçoando nos ofícios de moldador, ferreiro, carpinteiro e que alguns outros têm adquirido bastante prática do serviço dos fornos altos [...]. O produto do trabalho dos escravos no cultivo das terras, contou de mil trezentos e oitenta e oito alqueires de milho, trinta e três e meio alqueires de feijão e vinte e meio alqueires de arroz.[28]

O ofício demonstra a escassa quantidade de operários livres, os quais praticamente desaparecem dos documentos após a entrada dos

---

26   AESP, Fábrica de Ferro Ipanema, 02 de junho de 1848. *Ofício do diretor ao presidente da Província de São Paulo*. Ordem nº CO 5215 (1840-1848).

27   AESP, Fábrica de Ferro Ipanema, 15 de novembro de 1848. *Ofício do diretor ao presidente da Província de São Paulo*. Ordem nº CO 5215 (1840-1848).

28   AESP, Fábrica de Ferro Ipanema, 15 de novembro de 1848. *Ofício do diretor ao presidente da Província de São Paulo*. Ordem nº CO 5215 (1840-1848).

tutelados, bem como a colheita dos cativos (e africanos) nas roças de subsistência, pois os alimentos eram consumidos dentro do plantel, inclusive na manutenção dos animais.

Embora nosso foco seja a identificação do número dos africanos livres da fábrica, não pudemos aqui desmembrá-los dos escravos, porque se assim o fizéssemos analisaríamos apenas uma parte dos documentos, e também poderíamos chegar a conclusões simplistas referentes à mão-de-obra.

A lista nominal dos africanos livres para 1849 declara as funções exercidas por eles, a data de chegada ao estabelecimento e suas naturalidades. As informações referentes às origens, na realidade dizem respeito aos portos em que foram embarcados, e não aos locais exatos de nascimento daquelas pessoas. Ademais, a presença desses elementos nas fontes encontram-se esparsas. Aparecem somente em algumas listagens, ou nos ofícios das fugas, juntamente com a descrição física dos evadidos.

Tabela 5: Relação nominal dos africanos livres maiores e menores, extraída do livro de matrícula dos mesmos, organizada em julho de 1849, declarando os que atualmente existem nesta Fábrica, os que tiveram desterros e os que faleceram

Africanos livres maiores de 20 anos

Nome	Naturalidade	Aplicação	Observações
1-Francisco	Angola	Trabalha nas fundições de forno alto e refino	Veio para esta Fábrica acompanhado da Portaria do Exmo. Governo da Província, de 28 de junho de 1835.
2-Bras	Benguela	Ferreiro	Idem
3-Lúcio	Cassange	Carreiro	Idem
4- Rogério	Congo	Carpinteiro	Idem
5- Balbino	Benguela	Ferreiro	Idem
6- Vicente	Congo	No serviço do mato	Idem
7-Gabriel	Benguela	Idem	Idem
8-Martinho	Congo	Ferreiro	Idem
9-Paulo	Angola	Idem	Idem

10-Basílio	Congo	Ferreiro	Idem
11-Inocêncio	Benguela	Ferreiro	Idem
12-Daniel	Idem	Moldador	Idem
13-Chrispiniano	Bié	Carreiro	Idem
14-Luciano	Benguela	Ferreiro	Idem
15-Marcelino	Idem	Idem	Idem
16-Estevão	Angola	No serviço do mato	Idem, 06 de abril de 1836.
17-Bernardino	Rebolo	Servente	Idem
18- Diogo	Cassange	No serviço do mato	Idem
19-Antonio 1°	Rebolo	Servente	Idem
20- Thaddéo	Tumbe	Idem	Idem
21-Juvencio	Rebolo	Trabalha nas fundições dos fornos altos	Veio para esta Fábrica acompanhado da portaria do Exmo. Governo da Província, de 06 de abril de 1836.
22- Anastácio 1°	Goguin	Servente	Idem em 06 de agosto de 1839.
23- Felis	Congo	No serviço do mato	Idem
24- Romão	Macúa	Idem	Idem
25- Braz 2°	Mogange	Idem	Idem
26- Raymundo	Idem	Carreiro	Idem
27- Augusto	Mucena	No serviço do mato	Idem
28- Bertholdo	Idem	Carreiro	Idem
29- Deziderio	Mogange	Soldador	Idem
30- Benedicto	Mucena	No serviço do mato	Idem
31- Aleixo	Macúa	Carreiro	Idem
32- Silvério	Mogange	Servente	Idem
33- Laurentino	Mogange	No serviço do mato	Idem
34- Jovito	Ilegível	Idem	Idem
35-Ollegario	Macúa	Idem	Idem
36- Belmiro	Mucena	Carreiro	Idem
37- Julião	Guintiqui	Nas fundições dos fornos altos	Idem
38- Rozendo	Congo	No serviço do mato	Idem
39- Cyrilo 1°	Cabinda	Servente	Idem
40- Guilherme	Moçambique	Nas fundições dos fornos altos	Idem, 30 de janeiro de 1840.
41- André 1°	Ozamba	Carreiro	Idem, 12 de março de 1840.
42- Braulio 1°	Chificta	Tropeiro	Idem

Entre a fábrica e a senzala

43- Alippio	Mucena	Tropeiro	Veio para esta Fábrica acompanhado da portaria do Exmo. Governo da Província, de 12 de março de 1840.
44- Evaristo 1°	Quilimane	Ilegível	Idem, 07 de maio de 1841.
45- Pelaio	Moçambique	No serviço do mato	Idem
46- Fulgencio	Quilimane	Tropeiro	Idem
47- Marcolino 2°	Moçambique	Carreiro	Idem
48- Pedro	Quilimane	Moldador	Idem
49- Hermogenio	Idem	No serviço do Mato	Idem
50- Eustáquio 1°	Idem	Tropeiro	Idem
51- Lucio 2°	Idem	Nas fundições dos fornos altos	Idem
52- Herculano	Moçambique	Idem	Idem
53- Lucas	Quilimane	No serviço do mato	Idem
54- Gregorio	Idem	Idem	Idem
55- Caetano	Moçambique	Nos pilões	Idem, em janeiro de 1843. Não consta a data da portaria.
56- Abrahão	Ilegível	No serviço do mato	Idem, de 09 de agosto de 1845.
57- Angelo	Noambo	Idem	Idem
58- Arnaldo	Utinanda	Nas fundições dos fornos altos	Idem
59- Bento	Barundo	Torneiro	Idem
60- Balbino 2°	Mgarangue	Nas fundições dos fornos altos	Idem
61- Carlos 1°	Ilegível	No serviço do mato	Idem
62- Vencesláu	Congo	Servente	Idem
63- Antonio 2°	Benguela	No serviço do mato	Idem
64- Antero	Cassambo	No serviço do mato	Veio para esta Fábrica, acompanhado da portaria do Exmo. Governo da Província, de 09 de agosto de 1845.
65- Appolinario	Ilegível	Idem	Idem
66- André 2°	Ilegível	Idem	Idem
67- Agostinho	Benguela	Idem	Idem
68- Amadéo	Barundo	Idem	Idem

69- Andronico	Ilegível	Nas fundições dos fornos altos	Idem
70- Braz 3°	Cucera	Pedreiro	Idem
71- Bonifácio	Cacondo	No serviço do mato	Idem
72- Bazílio 2°	Ilegível	Idem	Idem
73- Braulio 2°	Ilegível	Idem	Idem
74- Ilegível	Ilegível	Idem	Idem
75- Canuto	Cabia	Idem	Idem
76- Claudiano	Cacondo	Ferreiro	Idem
77- Cyrilo 2°	Cabia	No serviço do mato	Idem
78- Carlos 2°	Ilegível	Moldador	Idem
79- Cantidio	Ilegível	No serviço do mato	Idem
80- Cantidiano	Ilegível	Idem	Idem
81- Chrispim	Calunda	Idem	Idem
82- Domingos	Ilegível	Idem	Idem
83- Damião	Cacondo	Idem	Idem
84- Deolindo	Ilegível	Idem	Idem
85- Damazio	Ilegível	Carpinteiro	Veio para esta Fábrica, acompanhado da portaria do Exmo. Governo da Província, de 09 de agosto de 1845.
86- Ilegível	Ilegível	No serviço do mato	Idem
87- Diógenes	Cabinda	Idem	Idem
88- Esequiel	Idem	Idem	Idem
89- Ilegível	Cacondo	Idem	Idem
90- Eustachio 2°	Ilegível	Moldador	Idem
91- Thomas	Ilegível	Ilegível	Idem
92- Libanio	Mogange	No serviço do mato	Idem
93- Antenôr	Barundo	Idem	Idem, de 19 de novembro de 1846.
94- Athanazio 2°	Cassange	Idem	Idem
95- Alberto	Idem	Idem	Idem
96- Cosme	Cocauete	Idem	Idem
97- Casimiro	Calunda	Idem	Idem
98- Dario	Ilegível	Servente	Idem
99- Evaristo 2°	Ilegível	Idem	Idem
100- João 1°	Macúa	Ilegível	Idem, de 15 de setembro de 1847.

101- José 1°	Idem	No serviço do mato	Idem
102-Francisco 2°	Moange	Idem	Nada consta
103- Alexandre 2°	Mina	Idem	Veio para esta Fábrica, acompanhado da portaria do Exmo. Governo da Província, de 18 de janeiro de 1849.
104- Amancio	Idem	Idem	Idem
105- Ambrozio	Idem	Idem	Idem
106- Adriano	Idem	Idem	Idem
107- Anastácio 2°	Mina	No serviço do mato	Idem
108- Clemente	Idem	Tropeiro	Idem
109- Carlos	Idem	Torneiro	Idem
110- Calisto	Idem	No serviço do mato	Idem
111- Claudio	Idem	Ilegível	Idem
112- Cyro	Idem	Carreiro	Idem
113- Gregório	Idem	No serviço do mato	Idem
114- Eusebio	Idem	Idem	Idem
115- Manoel d'Assumpção	Idem	Idem	Idem
116- Manoel	Idem	Idem	Idem
117- Simplicio	Idem	Idem	Idem

Fonte: AESP, Fábrica de Ferro Ipanema, julho de 1849. *Relação nominal dos africanos livres, extraída do livro de matrícula dos mesmos, declarando os que atualmente existem na Fábrica, os que tiveram desterros e os que faleceram.* Ordem n° CO 5216 (1849-1870). A lista contém apenas informações dos africanos livres maiores de 20 anos

A análise da lista demonstra as funções dos africanos para o ano de 1849, desta forma contabilizamos as seguintes ocupações: no forno alto e refino (9), carreiros, (9), ferreiros (9), serventes (9), carpinteiros (2), torneiros (2), no serviço do mato (61), moldadores (4), tropeiros (5), soldador (1), nos pilões (1), pedreiro (1) e (4) com ocupações ilegíveis. O interessante é que para a referida data, a maioria dos tutelados realizava atividades pouco especializadas, como o serviço do mato, contrariando assim a noção de que eles executavam grande parte da produção do ferro, pois os postos referentes à metalurgia (forno alto/refino, ferreiros, moldadores) continham apenas 22 indivíduos, ou seja, 18,80% do total. Apesar dos dados acima levantados fica claro que, mesmo sem as ocupações específicas os africanos fizeram parte de toda a rotina de trabalho em Ipanema.

O maior grupo de tutelados (para o período) chegou ao empreendimento em 1845 e continha 37 pessoas, enquanto o menor entrou em 1847 e possuía 02 pessoas, não obstante, há também a presença de mais 02 indivíduos, os quais não constam informações. Deste modo, optamos por apresentar a tabela abaixo a fim de que haja melhor compreensão dos elementos expostos na fonte.

Tabela 6: Número de africanos e as respectivas datas de chegada na Fábrica de Ferro Ipanema (1835-1849)

Data	Número de africanos
1835	15
1836	06
1839	18
1840	04
1841	11
1845	37
1846	07
1847	02
1849	15
Não consta	02

Fonte: AESP, Fábrica de Ferro Ipanema, julho de 1849. *Relação nominal dos africanos livres, extraída do livro de matrícula dos mesmos, declarando os que atualmente existem na Fábrica, os que tiveram desterros e os que faleceram.* Ordem nº CO 5216 (1849-1870). A lista contém apenas informações dos africanos livres maiores de 20 anos.

Ainda sobre o referido documento escolhemos também criar mais uma tabela a fim de exemplificar as procedências dos trabalhadores. Na relação, o maior número é composto de africanos minas (15 indivíduos), seguido pelos de Benguela (9), Quilimane [29](8), Congo (7), Mogange (6), Moçambique, Mucena e Macúa (5); além dos grupos menores, os ilegíveis e não identificados. As denominações na relação na maioria das vezes apontaram as regiões, ou os portos de onde os africanos foram capturados. Por sua vez, os nãos identificados provavelmente deveriam corresponder a locais, grupos ou portos que foram extintos ao longo do tempo. Nesse sentido, Reginaldo Prandi faz uma reflexão crucial:

> A identidade da origem podia simplesmente estar referida ao porto de embarque. Embora cada porto concentrasse preferencialmente as presas das vizinhanças, a necessidade de manter portos de embarque afastados, para driblar a vigilância quando o tráfico começou a ficar ilegal, primeiro em certos segmentos da costa africana, mais tarde em todo o litoral, fez com que partidas de escravos alcançassem os portos depois de percorrer a pé, pelo interior, longos trajetos. Isso complicava a identificação do escravo, pois sua origem através do porto de embarque podia não mais corresponder a sua origem verdadeira.[30]

Afim de melhor demonstrar os índices de africanos quanto aos locais de procedência, realizamos a tabela abaixo com as porcentagens de cada grupo:

---

29 Atualmente corresponde a região de Moçambique.

30 PRANDI, Reginaldo. "De africano a afro-brasileiro: etnia, identidade, religião". In: *Revista USP*, São Paulo, nº 46, p. 52-65, junho/agosto 2000, p. 56.

Tabela 7: Relação do número de africanos e os locais de procedência.[31]

Procedência	Número de africanos	Porcentagem %
Angola	3	2,5%
Benguela	9	7,6%
Cassange	4	3,4%
Congo	7	5,9%
Bié	1	0,85%
Rebolo	3	2,5%
Macúa	5	4,2%
Mucena	5	4,2%
Cabinda	3	2,5%
Moçambique	5	4,2%
Quilimane	8	6,8%
Barundo	3	2,5%
Mguarangue	1	0,85%
Cassambo	1	0,85%
Cacondo	4	3,4%
Cabiá	2	1,7%
Calunda	2	1,7%
Cucera	1	0,85%
Cocauete	1	0,85%
Mina	15	12,8%
Mogange	6	5,1%
Moange	1	0,85%
Não Identificados	7	5,9%
Ilegível	20	17%

Fonte: AESP, Fábrica de Ferro Ipanema, julho de 1849. *Relação nominal dos africanos livres, extraída do livro de matrícula dos mesmos, declarando os que atualmente existem na Fábrica, os que tiveram desterros e os que faleceram.* Ordem nº CO 5216 (1849-1870). A lista contém apenas informações dos africanos livres maiores de 20 anos.

---

31   PRANDI, Reginaldo, *op. cit.*, p. 56.

Entre a fábrica e a senzala

Os estudos consolidados sobre o tráfico[32] já demonstraram que os africanos vieram de três grandes regiões: Costa Oriental[33], Costa Ocidental da África (Costa da Mina)[34] e da África Centro-Ocidental[35]. Todavia, as fontes podem apresentar registros genéricos como "Angola", "Luanda", "Cassange", conhecidos como os mercados de escravos. Um trabalho interessante é o de Mariza Soares[36], o qual buscou compreender as

---

32 FLORENTINO, Manolo. *Em Costas Negras: uma história do tráfico de escravos entre a África e o Rio de Janeiro.* São Paulo: Companhia das Letras, 1997. KARASCH, Mary C. *A vida dos escravos no Rio de Janeiro, 1808-1850.* São Paulo: Companhia das Letras, 2000. MAMIGONIAN, Beatriz G. "Do que 'o preto mina' é capaz: etnia e resistência entre africanos livres." In: *Afro-Asia*, 24 (2000), p. 71-95. OLIVEIRA, Maria I. C. de. "Viver e Morrer no Meio dos Seus: Nações e Comunidades Africanas na Bahia do Século XIX", in *Revista USP*, n° 28, p. 174-93, 1996. OLIVEIRA, Maria I. C. de. "Quem Eram os 'Negros da Guiné'? A Origem dos Africanos da Bahia", In: *Afro-Ásia*, no 19-20, 1997 (1999). SLENES, Robert W. " 'Malungu, ngomavem!': África coberta e descoberta do Brasil". In: *Revista da USP* n°12. (1991/1992). p. 48-67. SLENES, Robert W. *Na Senzala, uma Flor: esperanças e recordações na formação da família rscrava - Brasil Sudeste, século XIX.* Rio de Janeiro: Nova Fronteira, 1999. SOARES, Mariza de C. "Os Mina em Minas: Tráfico Atlântico, Redes de Comércio e Etnicidade". In: *Anais do XX Simpósio Nacional da ANPUH - História*: São Paulo: Humanitas/Anpuh, 1999, p. 689-685. SOARES, Mariza de C. "Mina, Angola e Guiné: Nomes d' África no Rio de Janeiro Setecentista". In: *Tempo*, n°. 3 (1998). p. 73-93. VERGER, Pierre. *Fluxo e refluxo do tráfico de escravos entre o Golfo do Benin e a Bahia de todos os santos: dos séculos XVII a XIX.* Brasília: Ministério da Cultura, 1987.

33 A Costa Oriental do continente africano é banhada pelo Oceano Índico e compreende as regiões de Moçambique, Sudão, Egito, Etiópia etc

34 Também é conhecida como costa dos escravos, ilustrada pelas culturas dos povos ioruba ou nagô. Atualmente, compreende os territórios da Nigéria, Benim, Togo, Gana e Costa do Marfim.

35 Formada pelas regiões de Congo, Angola, Cabo Verde, Camarões, São Tomé e Príncipe etc

36 SOARES, Mariza de C. *Devotos da cor: identidade étnica, religiosidade e escravidão no Rio de Janeiro, século XVIII.* Rio de Janeiro: Civilização Brasileira, 2000.

variações da identidade "Mina", pois apresentava aspectos diferentes no Sudeste e na Bahia. Nesta, eles possuíam identidades separadas por serem proporcionalmente mais numerosos, já no Sudeste, a autora concluiu que, os "Mina" foram identificados como todos os africanos da Costa Ocidental. Ademais, segundo Mary C. Karasch[37], embora a etnia incluísse também os iorubas, aussás, tapas e outros grupos, eles compuseram menos de 7% da população de escravos e africanos no Rio de Janeiro oitocentista. Já os congos eram considerados habilidosos na arte, agricultura, ofícios e trabalho doméstico.

Tendo em vista os aspectos observados, os africanos livres enviados à fábrica de ferro, entre o período 1835 a 1849, eram em grandes partes provenientes das regiões da África Central e Centro- Ocidental, prevalecendo o grupo *mina*. Mais adiante veremos que a etnia ficara conhecida como a mais rebelde e perigosa aos olhos da direção do estabelecimento, preocupando inclusive as autoridades provinciais.

Acerca das origens étnicas, Robert Slenes identificou que os africanos da Costa Ocidental eram falantes da língua Bantu e compuseram a maior parte dos escravizados presentes no Sudeste. Assim, o autor analisou inclusive o sentido do termo malungo, o qual significava "companheiro de travessia". Em umbundu, o termo representava "companheiros de sofrimento", mas quando Slenes observou a expressão do termo de acordo com a *kalunga* (que em Umbundu, Kikongo e Kimbundu significam mar), o historiador concluiu que, no Sudeste Brasileiro, a palavra designava "companheiro de travessia" e "companheiro de travessia para uma nova vida", associado ao tráfico transatlântico. [38]

Com tais reflexões, Slenes pôde perceber as semelhanças linguísticas-culturais dos africanos desembarcados no Sudeste brasileiro.

---

37 KARASCH, Mary C. A *vida dos escravos no Rio de Janeiro, 1808-1850*. São Paulo: Companhia das Letras, 2000, p. 15.

38 SLENES, Robert W. " 'Malungu, ngomavem!': África coberta e descoberta do Brasil". In: *Revista da USP*, n°12. (1991/1992), p. 48-67.

Ademais, ele considerou a experiência do cativeiro aliada às permanências culturais e às formações familiares, como fatores preponderantes no contexto da diáspora. Logo, consideramos que os trabalhadores tutelados de Ipanema também tenham tentado reconstruir suas estruturas culturais e heranças africanas no local.

Por conseguinte, viajantes, artistas reconhecidos como Rugendas ilustraram os detalhes etnográficos nos negros exemplificados por tatuagens, características físicas e até mesmo as marcas que os traficantes imprimiam a ferro e fogo sobre a pele dos africanos, conforme demonstra as representações abaixo:

Figura 2 - "Negros de diferentes nações". Johann Moritz Rugendas

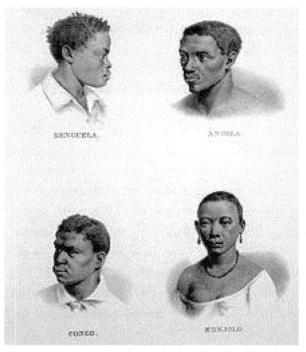

Disponível em: http://objdigital.bn.br/acervo_digital/div_iconografia/icon94994_item1/P133.html Acesso em: 28/07/2013. Da esquerda para direita: Benguela, Angola, Congo, Monjolo.

Figura 3 - "Negros Moçambiques", Johann Moritz Rugendas

Disponível em: http://objdigital.bnbr/acervo_digital/div_iconografia/icon94994_item1/P132.html Acesso em: 28/07/2013.

Moradia, Vestimenta e Alimentação

Após a renovação dos estudos sobre a escravidão, a partir da década de 1980, a cultura material escrava também foi incluída nas análises historiográficas. O debate iniciou em torno da discussão da autonomia escrava e do controle senhorial nesses espaços. As vertentes de análises variaram entre os modelos arquitetônicos das moradias, ou seja, técnicas construtivas e tipologias, além dos usos e apropriações escravas nesses espaços. Ademais, grande parte das reflexões apontaram as possíveis configurações dos escravos sob suas habitações, baseadas nas culturas e técnicas africanas.

Com relação ao assunto, o historiador, Robert Slenes, na obra: "Na senzala, uma flor"[39] analisou as experiências, os lares negros, as formações de famílias e as heranças africanas no Sudeste brasileiro, principalmente a região de Campinas- SP. Para tal, ele pesquisou, avaliou as visões, as interpretações do olhar estrangeiro sobre o negro, contrapondo-os à demografia, aos dados estatísticos, excluindo assim, a noção deturpada acerca da ausência de laços e promiscuidade na diáspora.

Segundo Slenes, a palavra senzala tem origem bantu, mais especificamente do idioma *kimbundu* (língua proveniente de uma extensa área de Angola, na época do tráfico de escravos). O termo significa "residência de serviçais em propriedade agrícola", ou "moradia de gente separada da casa principal".[40] Elas eram projetadas não muito distantes da residência senhorial, de modo a manter a escravaria ao alcance da vista.

Em alguns casos existiam barracões específicos para homens, mulheres, mas também havia os compartilhados por ambos os sexos, ou as choupanas[41] utilizadas na maioria das vezes por casais com filhos. Para o autor, a formação de famílias pelos escravos e os seus espaços de moradia, inseriam-se na luta por maior autonomia dentro do cativeiro, enquanto que para o senhor isso poderia significar um meio de exercer maior controle sobre os cativos.

Nos engenhos, minas ou fazendas de café as habitações dos africanos eram bastante precárias. Durante o século XIX, existiam modelos diversificados de moradas, entre eles o estilo barracão (regular, alongado), as choças, as de compartimento e as cabanas, (construídas através de paredes de barro batido, e cobertas de sapê, ou telhas de cerâmica).

Outro trabalho pioneiro, o qual aborda a moradia dos cativos é a obra da estadunidense Mary C. Karasch, *A vida dos escravos no Rio de*

---

39 SLENES, Robert W. Na senzala, uma flor: esperanças e recordações na formação da família escrava, Brasil, Sudeste, século XIX. Nova Fronteira: Rio de Janeiro, 1999.

40 SLENES, Robert W, *op. cit.*, p. 155.

41 Para Slenes, as choupanas não divergiam muito dos padrões africanos, p. 170.

Janeiro: 1808-1850, publicada nos anos 2000. A autora utilizou diversificado corpus documental, como correspondências entre os órgãos governamentais, relatos de viajantes, dados estatísticos e censos populacionais, a fim de compreender os significados de ser escravo na Corte carioca.

Segundo Karasch, os escravos que trabalhavam nas ruas geralmente eram trancados à noite para dormir, amontoados no chão, às vezes acorrentados nos próprios locais de trabalho.[42] Ela constatou também a sua precária moradia, pois muitos dormiam em esteiras, sob o chão úmido, entre mercadorias armazenadas.[43] Tal reflexão vai de encontro com o documento referente à Ipanema, produzido em 1842, transcrito mais adiante.

Ainda sobre as moradias, o artigo de Rafel Marquese[44] publicado em 2005 aborda a relação entre dois tipos de habitações, as quais apareceram após o segundo quartel do século XIX: o barracão de pátio do cinturão açucareiro cubano (na região de Matanzas-Cárdenas-Cienfuegos) e a senzala em quadra do Vale do Paraíba cafeeiro (no Centro-Sul do Império do Brasil). De acordo com o autor, houve uma articulação histórica estreita entre esses dois arranjos arquitetônicos, passando pela apropriação de certas práticas do tráfico de escravos.[45]

Para Marquese, as senzalas em quadra foram construídas isoladas, detinham a disposição regular com muros altos, ou cercas de balaústres, ausentes de janelas e com uma entrada única fechada com portão. Tal disposição arquitetônica teria sido característica específica do Vale do Paraíba cafeeiro entre as décadas de 1840 e 1850, tendo

---

42 KARASCH, Mary C. *A vida dos escravos no Rio de Janeiro, 1808-1850.* São Paulo: Companhia das Letras, 2000, p. 104.

43 KARASCH, Mary C, *op. cit.,* p. 188.

44 MARQUESE, Rafael de B. "Moradia escrava na era do tráfico ilegal: senzalas rurais no Brasil e em Cuba 1830-1860". In: *Anais do Museu Paulista.* São Paulo. v. 13. nº 2. p. 165-188 jul.- dez. 2005.

45 MARQUESE, Rafael de B, *op. cit.,* p. 165.

Entre a fábrica e a senzala

sido encontrada com exceção apenas em algumas fazendas cafeeiras do Centro- Oeste paulista.[46]

Ademais, ao comparar os sistemas construtivos de Cuba e do Brasil, o historiador aponta que os barracões cubanos eram de alvenaria, enquanto as senzalas brasileiras utilizavam a técnica da taipa de mão.[47] Os pontos em comum aos dois arranjos de moradia compunham-se por: a entrada única com portão, os cubículos sem janelas, as trancas noturnas, as frestas gradeadas e as portas voltadas ao terreiro ou ao pátio. Assim, os aspectos sugeriam a formação de matriz arquitetônica semelhante para os dois países, tratando-se, *de* "uma solução espacial que cercava brutalmente a autonomia escrava".[48]

No artigo Marquese aponta também, o fato de os barracões serem regra na costa africana. Mas, as senzalas em quadra e os barracões de pátio encontraram pouca difusão nos países estudados. Apenas os grandes engenhos, ou fazendas com mais de cem escravos, como no Vale do Paraíba adotaram a construção. Porém, ambas as edificações pressupunham a existência de uma comunidade com relações familiares estabelecidas e principalmente, passíveis de controle senhorial, conforme reflete o autor:

> O impulso básico para a adoção de um modelo arquitetônico do tráfico transatlântico nas plantations cafeeiras e açucareiras do Brasil e de Cuba foi a militarização da moradia escrava, vista como um meio

---

46 *Ibidem*, p. 175.

47 Também conhecida como taipa de sopapo ou taipa de pau-a-pique. A técnica é utilizada no Brasil desde o período colonial, as paredes eram armadas com madeira ou bambu, preenchidas com barro e fibra. A simplicidade, o baixo custo e resistência fez com que a taipa fosse aplicada até os dias atuais em diversos tipos de edificações do Brasil, principalmente nas regiões de climas quentes e secos.

48 MARQUESE, Rafael de B. "Moradia escrava na era do tráfico ilegal: senzalas rurais no Brasil e em Cuba 1830-1860". In: *Anais do Museu Paulista*. São Paulo, v. 13. nº 2. p. 165-188 jul.- dez. 2005, p. 181.

> capaz de ajudar a conter a escravaria em um contexto externo e interno profundamente tenso.[49]

Tratamos até o momento basicamente, as questões relacionadas às moradias das propriedades rurais. No entanto, existem também os estudos relativos à habitação escrava urbana.[50] Deste modo, há para a historiografia duas tipologias básicas de habitações escravas: a primeira procura compreender os cativos que residiam na casa de seus senhores; a segunda analisa os escravos que conseguiram habitar longe da vista senhorial ou o *morar sobre si,* que poderia envolver a reconstrução de laços de afeto, além da solidariedade entre os cativos e africanos.

Uma avaliação preliminar enquadra a fábrica de ferro em mais uma dessas grandes propriedades estabelecidas no interior da província, composta em propriedade rural. Quanto a isso não existem dúvidas, todavia mais uma vez os estudos referentes a Ipanema nos revelam outra característica singular do estabelecimento: durante a sua trajetória houve dois tipos de habitação escrava, a primeira de taipa, extensa, com os atri-

---

49 MARQUESE, Rafael de B, *op. cit.*, p. 185.

50 Para mais ver: ALGRANTI, Leila M. *O feitor ausente: estudo sobre a escravidão urbana no Rio de Janeiro 1808-1821.* Petrópolis: Editora Vozes, 1988. CHALHOUB, S. *Visões da Liberdade: uma história das últimas décadas da escravidão na corte.* São Paulo: Cia. Das Letras, 1990. CHALHOUB, S. *Cidade Febril: cortiços e epidemias na Corte imperial.* São Paulo: Cia. Das Letras, 1996. GOMES, Flávio. *História de quilombolas: mocambos e comunidades de senzalas no Rio de Janeiro- Século XIX.* Rio de Janeiro: Arquivo Nacional, 1995. GRAHAM, Sandra L. *Proteção e obediência: criadas e seus patrões no Rio de Janeiro 1860-1910.* São Paulo: Cia. Das Letras, 1992. SANTOS, Ynaê L. *Além da senzala: arranjos escravos de moradia no Rio de Janeiro (1808-1850).* Dissertação de Mestrado em História Social. São Paulo: USP-FFLCH, 2006. SILVA, R. N. *O negro na rua. A nova face da escravidão.* São Paulo: Ed. Hucitec, 1988. WISSENBACH, Maria Cristina C. *Sonhos africanos, vivências ladinas: escravos e forros em São Paulo (1850-1888).* São Paulo: Ed. Hucitec, 1998.

butos típicos das moradias rurais. Já a segunda a partir da década de 1850 foi constituída por choças.

Sendo assim, os primeiros dados acerca das senzalas do empreendimento foram relatados pelos viajantes estrangeiros em suas visitas. Alguns deles como Debret, Spix, Martius produziram reflexões ou pinturas sobre o local. Durante a administração de Francisco Adolfo Varnhagen (1815-1821), o botânico francês Saint- Hilaire descrevia da seguinte forma a casa dos escravos que estava em construção:

> Em distância de 130 braças se acha a casa que há se servir por morada dos escravos, toda de paredes de taipa coberta de telhas, sem portas com 06 repartimentos também de taipa, tendo de frente 250 palmos e de fundo 70; depois de concluídas as obras que lhe faltam, tem toda a suficiência para nelas morar a escravatura da Fábrica.[51]

Pelo relato de Hilaire, a morada dos cativos parecia ser grande, extensa, com capacidade para acomodar muitas pessoas. Um fato interessante é que para o período salientado, Nilton Pereira dos Santos reproduz em sua dissertação uma planta dos edifícios de Ipanema, porém a senzala estava construída afastada da maioria dos outros prédios, exceto da vila operária, correio, depósito de carvão e refinação. Talvez, ela pôde ter sido elaborada assim, devido às suas dimensões, mas de acordo com a planta, a morada daquelas pessoas, as quais eram extremamente vigiadas, encontrava-se distante do núcleo produtivo.

---

51 SAINT- HILAIRE, Auguste de. *Viagem à província de São Paulo.* São Paulo: Livraria Martins, 1940, p. 256.

Figura 4 - Planta dos edifícios da Fábrica de Ferro São João do Ipanema durante a administração Varnhagen

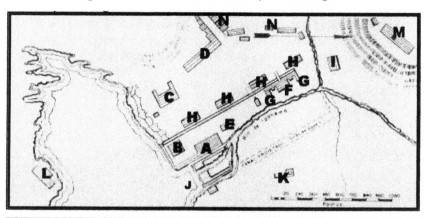

PRÉDIOS CONSTRUÍDOS ENTRE 1810-1814	PRÉDIOS CONSTRUÍDOS ENTRE 1815-1820
A. Usina siderúrgica construída pelos suecos	D. Carpintaria
B. Depósito de minério de ferro	E. Oficina mecânica
C. Casa do administrador	F. Nova siderúrgica com dois fornos altos
H. Depósito de carvão	G. Refinação e martelo
J. Barragem e canal	I. Correio
K. Forno de cal	L. Olaria
M. Moradia dos escravos	N. Vila operária

Fonte: SANTOS, Nilton Pereira de. *A Fábrica de Ferro São João de Ipanema: economia e política nas últimas décadas do Segundo Reinado (1860-1889)*. Dissertação de Mestrado em História. São Paulo: USP-FFLCH, 2009, p. 35. O autor demonstra a planta presente na obra de: FELICÍSSIMO JÚNIOR, J. História da siderurgia de São Paulo, Seus personagens, seus feitos. São Paulo: ABM, 1969, p. 75.

Outro francês, o pintor, Lemaître executou um desenho a pedido do Major João Bloem em 1821. O intrigante é o fato de na representação a senzala e a vila operária não aparecerem, apenas a casa ocupada pela direção do estabelecimento.

Entre a fábrica e a senzala

Figura 5 - Pintura da Fábrica de Ferro Ipanema 1821

Disponível em: http://revistapesquisa.Fapesp.br/wp-content/uploads/2012/12/07079_ siderurgica_202.pdf Acesso em: 29/07/2013.

Não obstante, Saint-Hilaire expunha a suficiência do lugar a fim de abrigar os trabalhadores. Entretanto, encontramos um relatório do diretor, Antonio Manoel de Mello, produzido aproximadamente vinte anos após a visita do viajante, declarando a situação da habitação dos escravos e africanos livres:

> [...] A senzala construída sobre duas antigas casas de guardar carvão e cavacos, não serve para o fim a que é destinado, porque além de não estar acabado, ela não oferece comodidade alguma aos desgraça- dos africanos e escravos que nela são obrigados a dormir, visto que sendo feita no sobrado do edifício, não podem eles ter fogo, que ao menos os aqueça quando voltam molhados do serviço: esta falta se torna ainda mais sensível quando é certo que estes

desgraçados só tem a roupa do corpo, sem ter outra para mudar.[52]

Infelizmente, não sabemos se a moradia descrita pelo botânico não foi acabada até a data de 1842, ou se ela havia passado por reformas e não estava concluída até então.[53] No entanto, é possível perceber as condições precárias do abrigo dos africanos livres, ou seja, um local improvisado, sem conforto e insalubre. Segundo o historiador Genovese, nos Estados Unidos até o século XVIII era prática alojar os escravos nos sótãos de celeiros, estábulos e barracões improvisados. Porém, no século XIX as habitações dos escravos sofreram melhorias, cedendo lugar às unidades familiares individuais através das cabanas[54]. A interpretação de Genovese vai de encontro à situação encontrada em Ipanema. Em um primeiro momento até 1842 os escravos e africanos livres ocupavam locais improvisados, mas após 1850 foi possível identificar também a presença de moradias individuais como as choças.

No período entre 1820 até finais de 1840, as edificações de Ipanema foram compostas por locais improvisados, conforme salientamos no documento acima, ou em grandes construções de taipa segundo os relatos dos viajantes. Sobre tais dados não encontramos maiores informações na documentação, oriunda do estabelecimento, no Arquivo Público do Estado de São Paulo. Todavia, ao analisarmos os

---

52 AESP, Fábrica de Ferro Ipanema, 27 de outubro de 1842. *Relatório da direção da fábrica*. Ordem n° CO 5215 (1840-1848).

53 No Inventário Geral da Fábrica de Ferro Ipanema, produzido em 1838 há descrições de oito senzalas dispersas, a maior parte arruinadas, e quatro delas cobertas de palha. Porém, não há menção sobre o relato em outros documentos. É provável que as mesmas estivessem desabilitadas em decorrência do estado de conservação exposto no inventário. AESP, Fábrica de Ferro Ipanema, *Cópia do Inventário Geral da Fábrica para o ano de 1838*. Ordem n° CO 5214, Folder n° 4. (1835-1839).

54 GENOVESE, Eugene D. A *terra prometida: o mundo que os escravos criaram*. Rio de Janeiro: Paz e Terra; Brasília: CNPq, 1988, p. 524-526.

relatórios do Ministério da Guerra, referentes aos anos de 1842 a 1874, localizamos elementos reveladores acerca dos alojamentos para a data de 1850. Trata-se de um relatório anual, o qual aborda a situação da fábrica, bem como as possíveis melhorias nos edifícios:

> [...] Uma meia água assobrada em seguimento à carpintaria, e paralelamente ao canal, com 426 palmos de frente, e 50 de fundo, construída sobre alicerces de pedra e cal, e sobre pilares de tijolos. Este sobrado, tendo sido destinado (à exceção de uma pequena parte) para senzala dos escravos, era dividido em duas salas para separação dos sexos, ambas com tarimbas em todo seu comprimento. Não foi possível acostumarem-se os escravos a viver deste modo, e sem fogo durante a noite: a sala maior acha-se reduzida a uma varanda, e a uma série de cubículos ocupados por alguns casais; outros moram em pequenos quartos por baixo. Separados, porém, assim os escravos, não podia a senzala acomodar a todos, e daí resultou que foram com o tempo obtendo licença dos Diretores para tornarem a levantar suas choças, e nelas viverem sobre si; o que além de facilitar os pequenos furtos, que ordinariamente fazem, impossibilita toda a vigilância e disciplina, principalmente sendo a Fábrica atravessada por uma estrada antiga, e por um atalho de outra, modernamente tolerado. Na impossibilidade pois de murar-se o extenso recinto da Fábrica, julgo necessário uma senzala térrea espaçosa, semelhante a um quartel, em que os escravos possam pernoitar fechados.[55]

---

55 O respectivo documento também faz menção às habitações dos operários livres, porém sem maiores informações. O mesmo relata a presença de 12 casas térreas, provavelmente ausentes de problemas com a insalubridade e espaço. Relatório do estado atual da Fábrica de Ferro de S. João, de Ipanema, e das obras e providên-

Provavelmente, o relatório do Ministério da Guerra tenha se referido à senzala improvisada no sobrado de guardar carvão transcrito anteriormente. O mais interessante no documento é o fato da descrição apontada coincidir com muitos relatos de viajantes, os quais estiveram no Sudeste brasileiro durante o século XIX. O espaço destinado à moradia dos escravos e africanos na fábrica continha a separação entre os sexos, entre os solteiros e os casais, os quais ocupavam quartos pequenos na parte de baixo. Há inclusive, a presença das tarimbas espalhadas por todos os recintos, denominação destinada geralmente a estrados de madeira, ou seja, uma espécie de cama rudimentar, dura e desconfortável.

Além disso, os cativos e tutelados deveriam ser trancados ao anoitecer, devido à própria natureza do estabelecimento, a fim de evitar as invasões e indisciplinas no local.[56] A fonte nos traz pistas acerca da preocupação das autoridades diante da vigilância dos trabalhadores, pois o empreendimento era atravessado por uma estrada, favorecendo assim os pequenos furtos ou fugas. Por sua vez, não descartamos a possibilidade de não existirem janelas no sobrado, pelo fato de ter sido característica predominante nas habitações dos escravos no país, ao contrário das do Sul dos Estados Unidos, formadas por chaminés, janelas e ausentes da prática do enclausuramento noturno. Nesse sentido, Alinnie Silvestre Moreira aponta que a organização da morada das fábricas paulista e carioca eram semelhantes:

---

cias mais necessárias, não só para seu melhoramento como para sua conservação. In: *Relatório da Repartição dos Negócios da Guerra apresentado à Assembleia Geral Legislativa, na 2ª Sessão da 8ª Legislatura, pelo respectivo Ministro e Secretário de Estado, Manoel Felizardo de Souza e Mello.* Rio de Janeiro, 1850. Disponível em:http://hemerotecadigital.bn.br/acervo-digital/relatorio-ministerio-guerra/720950 e http://memoria.bnbr//720950/per720950_1850_00001.pdf Acesso em: 10/04/2013

56 No Brasil o trancamento das portas das senzalas não foi muito eficaz, visto que são abundantes os casos de escravos que fugiam de suas moradias durante a noite.

Em um relatório de 1850 sobre a Fábrica de Ferro S. João de Ipanema, em São Paulo, também militar, localizamos as mesmas disposições das senzalas dos escravos, que ficavam próximas à residência do diretor. A descrição da fábrica de ferro demonstra, ainda, que as senzalas localizavam-se em seguimento à oficina de carpintaria, como acontecia na fábrica de pólvora.[57]

Ademais, seria equivocado da nossa parte classificar as moradias de Ipanema em senzalas-pavilhão, senzalas-barracão, quadra etc conforme a historiografia conseguiu delimitar em alguns estudos, porque não há plantas específicas revelando a arquitetura desses ambientes no plantel. Desta forma, trabalhamos com a noção geral de grandes espaços, semelhantes aos das propriedades rurais e, principalmente, edifícios improvisados.

A análise do documento nos surpreende também pela menção das choças[58], em conjunto com a expressão do redator *"viverem sobre si"*. Termo proposto com a renovação das abordagens acerca da escravidão, das experiências na diáspora e da cultura material escrava. Nesse sentido, novamente a obra de Robert Slenes torna-se essencial para a presente pesquisa, porque o autor ao estudar as interpretações referentes ao lares negros, sob a ótica de diversos viajantes nos proporciona subsídios fundamentais perante tais questões.

---

57 MOREIRA, Alinnie S. *Os africanos livres e as relações de trabalho na Fábrica de Pólvora da Estrela, Serrada Estrela- RJ (1831-1870)*. Dissertação de Mestrado em História. Campinas: Unicamp, 2005, p. 59.

58 Segundo Slenes, as habitações dos escravos brasileiros, especialmente as choupanas não divergiam muito de padrões africanos. As casas na África Ocidental normalmente eram baixas, e tinham o teto coberto de palha, sapé, ou outro material vegetal entrelaçado e não possuíam janelas. SLENES, Robert W. *Na senzala, uma flor: esperanças e recordações na formação da família escrava, Brasil, Sudeste, século XIX*. Nova Fronteira: Rio de Janeiro, 1999, p. 170.

As choças eram formadas de feixes de palhas e construídas de pau a pique. Além disso, Slenes salienta as observações do viajante irlandês Robert Walsh: "as choças eram muito toscas, feitas com paus e cobertas com folhas de palmeira, e seu teto era tão baixo que só no centro dela uma pessoa conseguia manter-se perfeitamente ereta".[59] O historiador cita ainda a opinião da francesa Adèle Toussaint- Samson: "Tratava-se de uma habitação triste, onde a água penetra quando chove, e onde o vento sopra de toda parte".[60] O autor aborda inclusive, o estudo de Julius F. Gluck,[61] sobre a arquitetura tradicional africana. Assim, a choça na realidade, constituía-se em espaço apenas para dormir e, quando necessário, destinada a abrigo contra os efeitos climáticos; o que era confirmado pela completa ausência de janelas. Como a mesma não comportava a pessoa de pé, Julius utilizou o dimensionamento espacial da arquitetura, a fim de justificar o conceito de quarto de dormir.

De acordo com as situações precárias dos trabalhadores da fábrica, sua exaustiva jornada de trabalho, é provável que as habitações possuíssem funções e condições semelhantes àquelas descritas nos olhares estrangeiros. Todavia, não encontramos as requisições dos operários aos diretores para a construção das choças, talvez os pedidos realizados oralmente não fizessem parte dos ofícios expedidos pela direção. Vale salientar a probabilidade das choças terem sido ocupadas pelos escravos e africanos casados, em substituição aos cubículos destinados a eles no sobrado.

---

59 Walsh esteve no Brasil no final de 1820, tendo publicado os registros da viagem em 1830. WALSH, Robert. *Notícias do Brasil*. São Paulo: Edusp, 1985, p. 172. *Apud*: SLENES, Robert W. *Na senzala, uma flor: esperanças e recordações na formação da família escrava,* Brasil, Sudeste, século XIX. Nova Fronteira: Rio de Janeiro, 1999, p. 168.

60 SAMSON, Adèle T. *Une Parisienne au Brésil.* Paris: Paull Ollendorff, Éditeur, 1883, p. 103. *Apud: op, cit*, p. 168.

61 GLUCK, Julius F. "African architecture". In: Douglas Fraser. *The Many Faces of primitive art: a critical anthology.* Englewood Cliffs: Prentice Hall, 1966, p. 225. *Apud: op, cit*, p. 177.

Outro item extremamente importante citado na fonte é a ausência dos fogos nas moradias. O elemento compôs prática fundamental da cultura material escrava, representando certa autonomia na habitação dos escravizados. Segundo Robert Slenes, nas fazendas o escravo ao casar-se ganhava fogo próprio, o que significava um pouco mais de tempo para si, longe do olhar branco.[62]

O fogo era o termo utilizado nos registros censitários do século XIX para designar a unidade domiciliar, social e produtiva, no contexto da sociedade pré-industrial. Assim, obviamente, as condições nas propriedades rurais não eram adequadas, mas muitas proporcionavam o fogo para os trabalhadores. Logo, tal questão comprova a precariedade vivenciada pelos africanos livres e escravos de Ipanema, pois na maioria das vezes, não compartilhavam desse componente.

Por sua vez, a informação desencadeia reflexões centrais sobre alguns males dos tutelados: a falta de fogo próprio impossibilitava a autonomia dos indivíduos, a alimentação era e escassa, eles se alimentavam no final do expediente, ou recebiam apenas rações, farinhas etc constituindo refeições carentes de nutrientes.

Com o dado, podemos concluir que a situação de Ipanema era extremamente dura e a morte de tantos africanos não foi por acaso, conforme avaliaremos no capítulo seguinte. Além do mais, a requisição no documento é justamente por uma senzala maior, térrea. As autoridades preocupavam-se com o sobrado e as choças, porque poderiam facilitar as evasões ou outros conflitos. Infelizmente, permaneceremos sem a informação relativa à presença de fogos nas choças, porém comprovamos o fato de os trabalhadores terem reivindicado, negociado por melhores condições de vida dentro do plantel, embora as tentativas constantes do empreendimento estivessem voltadas para ceifar qualquer tipo de autonomia.

---

62 SLENES, Robert W. *Na senzala, uma flor: esperanças e recordações na formação da família escrava, Brasil, Sudeste, século XIX*. Nova Fronteira: Rio de Janeiro, 1999. p. 193.

Por conseguinte, os estudos realizados pela historiografia a respeito das senzalas, têm proporcionado compreensões mais profundas relativas ao sistema escravista no mundo rural e urbano, uma vez que as moradas não podem ser interpretadas sem associações com as diferentes maneiras de interação e ocupações exercidas pelos escravos, africanos e libertos.

Figura 6 - Senzala-barraco "Habitação de negros", 1835

Fonte: Litografia de I. L. Deroi com base em um desenho de Rugendas. In: SLENES, Robert W. *Na senzala, uma flor: esperanças e recordações na formação da família escrava, Brasil, Sudeste, século XIX.* Nova Fronteira: Rio de Janeiro, 1999, p. 164. Fonte: Biblioteca do Instituto de Estudos Brasileiros da USP.

Figura 7 - Senzala- pavilhão "Antes da partida para roça", 1861

Fonte: Litografia de Ph. Benoist a partir de fotografia de Victor Frond. In: SLENES, Robert W. *Na senzala, uma flor: esperanças e recordações na formação da família escrava, Brasil, Sudeste, século XIX*. Nova Fronteira: Rio de Janeiro, 1999, p. 162. Fonte: Biblioteca do Instituto de Estudos Brasileiros da USP.

A alimentação

A análise da alimentação fornecida aos africanos livres da fábrica faz parte também da nossa tentativa de compreender detalhadamente a experiência do grupo no estabelecimento. Embora não haja extensas quantidades documentais acerca do assunto, identificamos a fonte que permite revelar informações perante o tema. Desta forma, o exame sobre os alimentos fornecidos por Ipanema auxilia-nos a recuperar uma parcela das práticas cotidianas dos tutelados, bem como a rotina do local.

Nas primeiras décadas do século XX, a Escola dos Annales na França dá início a novas perspectivas no âmbito da história, representados por Marc Bloch e Lucian Febvre, assim surgia a *Nova História*, a qual se aproximou das demais ciências humanas e permitiu aos historiadores analisarem as estruturas particulares.

Nesse sentido, a obra do historiador Fernand Braudel, denominada "Civilização material, economia e capitalismo"[63], engendrou contribuições importantes nos estudos de História da Cultura Material. Nela, o francês dedicou um capítulo inteiro aos gêneros alimentícios, como o trigo, o arroz, o milho, enquanto produtos representantes da vida cotidiana na Europa, Ásia e América do século XV ao XVIII. Tal obra influenciou demasiadamente a historiografia moderna ao analisar os temas que até então passavam despercebidos como as roupas, alimentação e moradias.

Atualmente, o objeto abrange diversas áreas do conhecimento e os estudos incitam diálogos multidisciplinares. As pesquisas acadêmicas abrangem processos históricos, mas com enfoque cultural, antropológico, nutricional, social, entre outros. Assim, os historiadores têm identificado através das fontes, os hábitos alimentares do passado, sejam nas escritas (livros da época), documentos e outros registros materiais.

Acerca da alimentação no Brasil há o trabalho de Luís da Câmara Cascudo[64], estudioso das tradições populares brasileiras. O folclorista investigou os caminhos percorridos pela dieta africana, indígena e portuguesa. Segundo o autor, com a diáspora dos africanos, novos ingredientes, formas de preparo foram trazidos, como por exemplo, o milho, as pimentas, o dendê etc sendo incorporada a cozinha dos colonizadores europeus. Embora Cascudo tenha realizado abordagens relevantes, ele não se debruçou nos alimentos dados aos africanos através dos senhores, nem as relações, os conflitos ocasionados por meio de tal prática.

Existem também outros estudos, os quais percorrem o mesmo viés de Cascudo, porém nos importa aqui avaliar o modo como esses

---

63 BRAUDEL, Fernand. *Civilização material e capitalismo. Séculos XV-XVIII.* Rio de Janeiro: Edições Cosmos, 1970.

64 CASCUDO, Luís da C. *História da alimentação no Brasil.* Belo Horizonte: Itatiaia, 1983.

hábitos foram vividos pelos africanos. [65] O artigo de Francisco Vidal Luna e Herbert S. Klein[66] aponta a utilização de seus trabalhos, não apenas para a agricultura de exportação, mas inclusive nos mercados locais e lavouras de subsistência, na Província de São Paulo, durante o século XIX. Basicamente os alimentos mais plantados eram o milho, arroz, feijão, seguido pela criação de animais, especialmente os porcos. Muitos trabalhadores conquistaram o direito de plantar alguns deles para si, contribuindo para a sua alimentação e, principalmente, na vida econômica da província.

Outro artigo é o da Julita Escarano[67], o qual busca compreender a alimentação do homem de cor, no século XVIII em Minas Gerais. A autora analisa os itens alimentares mais recorrentes na dieta dos africanos. Assim, mesmo com recorte temporal e locais diferentes, as reflexões de Escarano,[68] Luna e Klein apontam interpretações semelhantes sobre o uso do milho nos plantéis. Segundo os três autores, o milho era o alimento polivalente da época, pois alimentava não só a população livre, os africanos, mas também grande parte dos animais de carga e os porcos.[69]

---

65 Para mais ver: CARNEIRO, H. S. "Comida e sociedade: significados sociais na história da alimentação". In: *História: Questões & Debates*, Curitiba, nº 42, 2005, p. 71-80. SANTOS, Carlos R. A. dos. "A alimentação e o seu lugar na história: os tempos da memória gustativa". In: *História: Questões & Debates*, Curitiba, nº 42, 2005, p. 11-31.

66 LUNA, Francisco V; KLEIN, Herbert S. "Escravidão africana na produção de alimentos. São Paulo no século XIX". In: *Estudos Econômicos*, São Paulo, 40(2): abr.-jun 2010, p. 295-317.

67 ESCARANO, Julita. "Algumas considerações sobre o alimento do homem de cor no século XVIII". In: *Revista História*, São Paulo, nº 123-124, ago./jul., 1990/1991, p. 71-79.

68 ESCARANO, Julita, *op. cit.*, p. 75.

69 LUNA, Francisco Vidal; KLEIN, Herbert S. "Escravidão africana na produção de alimentos. São Paulo no século XIX". In: *Estudos Econômicos*, São Paulo, 40(2): abr.-jun. 2010, p. 295-317.

A compreensão da dieta no mundo escravocrata está inserida, por vezes, no interior do desenvolvimento das relações de produção.[70] Logo, os alimentos fornecidos aos africanos e escravizados era característica do tipo de trabalho realizado por eles e, principalmente da capacidade financeira dos senhores.

Independente da época, do lugar existiu determinados padrões acerca das práticas alimentares. O oficial alemão Carl Seidler, descreveu estes hábitos no período de Dom Pedro I:

> A alimentação habitual dos escravos na capital consiste em farinha de mandioca, feijão, arroz, toucinho e bananas; no interior do país, mormente nas casas mais pobres, às vezes têm que se contentar durante meses com laranja e farinha. Não se acreditaria que com semelhante alimento pudesse um homem conservar sua força e saúde, mormente tendo trabalhado pesado, entretanto esses negros são tão fortes e sadios como se tivessem a melhor alimentação. Por aí se vê como o africano exige pouco para sua manutenção, pois um alemão, ou de modo geral um europeu, alimentado exclusivamente de laranja e farinha, dificilmente atingiria idade avançada, com saúde, como acontece com os negros no Brasil.[71]

---

70 FILHO, Santos João do. "A opressão aos escravos africanos sinaliza a base alimentar do povo brasileiro". In: *Revista Espaço Acadêmico*, n°70, março de 2007. http://www.espacoacademico.com.br/070/70jsf.htm Acesso em: 10/07/2013.

71 SEIDLER, Carl. *Dez anos no Brasil*. Belo Horizonte: Itatiaia; São Paulo: Edusp, 1980, p. 253-254. *Apud*: FILHO, Santos João do. "A opressão aos escravos africanos sinaliza a base alimentar do povo brasileiro". In: *Revista Espaço Acadêmico*, n°70, março de 2007. Disponível em: http://www.espacoacademico.com. br/070/70jsf.htm. Acesso em: 10/07/2013.

O relato de Seidler aponta a visão preconizada na sociedade imperial, associada à lógica escravista, ou seja, a de que os trabalhadores careciam de poucos elementos para a sua manutenção. Todavia, os estudos historiográficos já comprovaram o contrário, pois constantemente os senhores, as instituições do Estado, mantiveram precariamente os africanos até exaurirem. Ademais, a afirmação de que eles eram *tão fortes e tão sadios* esbarra nos dados levantados pelos estudiosos sobre a mortalidade, as doenças, bem como a falta de tratamento adequado para o grupo. A presente linha de raciocínio nos induz para a questão: Teria pensamento semelhante as autoridades de Ipanema?

Já relatamos anteriormente a presença no interior do estabelecimento das roças, cultivadas por mulheres, crianças, idosos e alguns homens adultos. Os principais itens plantados pelos grupos eram o feijão e o milho, utilizados para o consumo dos animais e o abastecimento dos trabalhadores (informação compatível com os estudos de Luna, Klein e Escarano). Entretanto, não há fontes relatando a quantidade dos alimentos destinadas às pessoas da lavoura.

A distribuição dos mantimentos aos demais trabalhadores era responsabilidade dos guardas dos armazéns e dos feitores de escravos.[72] Ambos deveriam cuidar para que "fossem bem alimentados com os gêneros que recebessem, sendo uma das providências administrarem-lhes o comer bem feito e à hora competente".[73]

Além disso, existe uma tabela referente ao ano de 1848 relatando os gêneros, bem como as rações designadas aos cativos e africanos:

---

72 Veremos mais adiante as outras funções dos feitores, as quais não se resumiam somente à distribuição dos alimentos.

73 AESP, Fábrica de Ferro Ipanema, 26 de maio de 1844. *Regulamento provisório para a administração da fábrica- Da administração da fábrica e sua organização.* Ordem nº CO 5215 (1840-1848).

> Feijão: 4/13 do décimo para cada um, ou 04 décimos para 13 indivíduos, Toicinho: ¼ para cada um, Fubá e milho: 6/7 décimos para cada um, ou 06 décimos para 07, Sal: 01 décimo para 47, 48 indivíduos por dia.[74]

Através da descrição dos gêneros na tabela pode-se perceber que os grupos alimentavam-se basicamente de feijão, toicinho, fubá, milho e sal. As parcas quantidades discriminadas impossibilitava uma nutrição adequada de nutrientes, tendo em vista a dura rotina de trabalho. Além desses dados, há algumas observações no documento:

> [...] Nos domingos e quartas-feiras de toda semana, por via de regra, o jantar é de carne fresca, regulando-se uma libra para cada indivíduo. Para os doentes do hospital e alguns escravos mais velhos, a ração de fubá é substituída por farinha de milho. Na falta de fubá o que às vezes acontece, por não poder trabalhar o moinho, dá-se a cada um no princípio da semana a porção correspondente de milho para fazerem a sua vontade farinha ou canjica. Ordinariamente, para os doentes do hospital, e para os demais escravos segundo as circunstâncias substitui-se um décimo de feijão, por um décimo de arroz pelado ou com casca. No caso de simultânea falta de feijão e arroz, o almoço dos escravos constará de angu de fubá, e o jantar de carne-fresca, regulando-se as rações para os do serviço do mato e os que trabalham dentro da fábrica, assim tem nesses casos canjica para a ceia.

---

74 AESP, Fábrica de Ferro Ipanema, 30 de dezembro de 1848. *Tabela dos gêneros e quantidades que atualmente compõem as rações diárias para o sustento dos escravos e africanos ao serviço desta Fábrica, conforme aqui foi determinado pelo diretor nas Portarias de 1º de julho último ao 1º de dezembro.* Ordem nº CO 5215 (1840-1848).

> Os escravos doentes no hospital, que não se acham
> em vista são fornecidos as mesmas rações que tem
> quando estão nos serviços.[75]

Sabe-se que os africanos tinham o costume de acrescentar ao angu um pedaço de toucinho, elemento de subsistência muito valorizado com o desenvolvimento da criação de suínos. Por sua vez, o sal era o gênero menos abundante distribuído aos indivíduos, devido ao custo relativamente alto. De acordo com Slenes, no século XIX, os estrangeiros se impressionavam com a falta dele na comida da população. O autor sinaliza inclusive, o fato de o sal ser pouco usado em boa parte da África Central.[76].

Não obstante, a análise da fonte nos leva a algumas indagações: Será que os africanos e escravos recebiam carne fresca constantemente? Qual seria a sua qualidade? Geralmente este item quando fornecido nas fazendas constituía-se da mais baixa qualidade, impregnado de sal, composto por partes dos animais não consumidas pelos senhores. Quanto à substituição do milho, na ausência do fubá, como os trabalhadores poderiam *fazer à sua vontade farinha ou canjica* se eles não possuíam fogo nas moradias e não existe menção a qualquer ambiente designado à feitura dos alimentos?

---

75 AESP, Fábrica de Ferro Ipanema, 30 de dezembro de 1848. *Tabela dos gêneros e quantidades que atualmente compõem as rações diárias para o sustento dos escravos e africanos ao serviço desta Fábrica, conforme aqui foi determinado pelo diretor nas Portarias de 1º de julho último ao 1º de dezembro.* Ordem nº CO 5215 (1840-1848).

76 Segundo o autor, os africanos de origem congolesa acreditavam que a abstenção do sal conferia poderes especiais iguais aos dos espíritos, possibilitando-os assim, de voar de volta à África. SLENES, Robert W. *Na senzala, uma flor: esperanças e recordações na formação da família escrava, Brasil, Sudeste, século XIX.* Nova Fronteira: Rio de Janeiro, 1999. p. 197.

O termo *"no caso de simultânea falta"* revela a lacuna constante de alguns gêneros. Em trabalho anterior localizamos nos ofícios dos diretores menções às queixas dos escravos sobre a falta de alimentação adequada na fábrica. Pudemos comprovar o fato de eles terem reivindicado e lutado por melhores condições de vida no estabelecimento[77]. Todavia, podemos perceber através da fonte que mesmo anos depois, em outro período a precariedade da dieta permanecia.

Infelizmente, a má qualidade alimentar não fora exclusividade dos africanos livres pertencentes à Ipanema. Jorge Prata de Souza localizou as reclamações dos tutelados da Casa de Correção da Corte, no Rio de Janeiro. Segundo o historiador, os indivíduos denunciavam a péssima qualidade da comida, a pouca roupa oferecida anualmente e os maus tratos físicos[78].

Souza encontrou uma tabela de alimentos fornecidos a cada africano, muito parecida com a identificada por nós, exceto pela presença de galinha. As quantidades descritas na tabela detêm dados relativamente próximos, se comparados aos da fábrica de ferro:

> Tabela de alimentos fornecidos: dias de serviço para cada indivíduo: ¾ de carne seca; 1/10 de farinha; 1/40 de feijão; 1/75 de arroz; 1/10 de toucinho. Dieta para doente: Almoço galinha ou uma dieta

---

77 RIBEIRO, Mariana A. P. S. "Na senzala, o escravo operário: um estudo sobre a escravidão, fugas e conflitos na Fábrica de Ferro São João do Ipanema- Sorocaba-SP (1835-1838)". *Relatório final de pesquisa apresentado à Fundação de Amparo à Pesquisa do Estado de São Paulo, 2010*. O historiador Afonso Bandeira Florence também realizou análises sobre a alimentação dos escravos de Ipanema, porém referente ao ano de 1828. Para mais ver: FLORENCE, Afonso B. "Resistência escrava em São Paulo: a luta dos escravos da fábrica de ferro São João de Ipanema, 1828-1842". In: *Afro-Ásia,* n°18, 1996, p. 07-32.

78 SOUZA, Jorge P. de. *Africano livre ficando livre: trabalho, cotidiano e luta*. Tese de Doutorado em História Social. São Paulo: Universidade de São Paulo, 1999, p. 188.

Entre a fábrica e a senzala

de 1kg de carne verde acompanha 1/10 de farinha, 1/75 de arroz e 1/10 de toucinho.[79]

Alinnie Silvestre Moreira também analisou questões relativas à alimentação, em estudo sobre as experiências dos africanos livres na Fábrica de Pólvora da Estrela-RJ. Ela observou o fato de a manutenção da roça ocorrer a fim de tirar proveito econômico dos escravos e tutelados com força física insuficiente para os trabalhos fabris, como os velhos e algumas mulheres. Além disso, os gastos com gêneros alimentícios, informado anualmente aos ministros demonstraram que a produção agrícola e a dieta nunca foram bastante para a alimentação do numeroso quadro de trabalhadores.[80]

Não obstante, os africanos livres também foram enviados a alguns aldeamentos indígenas, como na província do Paraná. Segundo o exame de Danúsia Miranda Von Zuben[81], para a realização dos serviços eles recebiam sustento e alguns cuidados precários, faltando-lhes, alimentação adequada. Em vista disso, em diversas ocasiões padeceram pela fome e por doenças, combinação essa que podia levá-los à morte.[82]

---

79 Casa de Correção. Em 28 de outubro de 1845. Tomé Joaquim Torres. IJ 7-22. *Apud*: SOUZA, Jorge Prata de. *Africano livre ficando livre: trabalho, cotidiano e luta*. Tese de Doutorado em História Social. São Paulo: Universidade de São Paulo, 1999, p. 192.

80 MOREIRA, Alinnie S. *Os africanos livres e as relações de trabalho na Fábrica de Pólvora da Estrela, Serra da Estrela- RJ (1831-1870)*. Dissertação de Mestrado em História. Campinas: Unicamp, 2005, p. 95.

81 VON ZUBEN, Danúsia M. *Os africanos livres nos aldeamentos indígenas do Paraná provincial. (1853-1862)*. Monografia apresentada à disciplina de Estágio Supervisionado em Pesquisa Histórica como requisito parcial à conclusão do Curso de História, Setor de Ciências Humanas, Letras e Artes da Universidade Federal do Paraná, Curitiba, 2010.

82 VON ZUBEN, Danúsia M, *op. cit.*, p. 70.

É clara a noção de que a dieta alimentar no século XIX não era a ideal para a população livre, tão pouco para os africanos. Os episódios da Casa de Correção, da Fábrica de Pólvora, dos aldeamentos no Paraná e, principalmente de Ipanema esclarecem o descaso vivido pelos tutelados nas mais variadas instituições espalhadas pelo império.

O estudo acerca da alimentação comprova novamente a nossa hipótese de que não havia diferenciações entre escravos e africanos livres na rotina da fábrica, pois compartilhavam da mesma moradia, gêneros alimentícios etc Ambos os grupos lutaram por melhorias no cotidiano através da negociação, resistência e reinvindicações, seja por sua liberdade, alimentação, moradia ou vestimenta.

Sendo assim, a diferença entre africanos e cativos era a perspectiva da liberdade pesar contra os primeiros; ao contrário dos escravos, os quais não possuíam tal expectativa a curto prazo. Logo, o status jurídico de livre não era compatível com a realidade social vivida em Ipanema e nos demais empreendimentos, mascarando assim, com o aval do Estado, os interesses escravistas mantidos na tutela.

As vestimentas

Componente social, cultural, fundamental nas sociedades são as vestimentas. Para os negros, porém os elementos não possuíam luxos, ou adereços distintos. O abastecimento das roupas deveria apenas suprir a necessidade para cobrir o corpo, de acordo com a natureza do trabalho realizado. Ademais, raramente um africano escravo utilizava sapatos, privilégio apenas dos que eram propriedade dos senhores mais ricos e/ou benevolentes. Desta forma, o trabalhador detentor do item, gozava de imagem diferenciada perante os demais.[83]

---

83 Para mais ver: SCARANO, Julita. "Roupas de escravos e forros". In: *Resgate-Revista Interdisciplinar de Cultura*. Centro de Memória/Unicamp, n°4, 1992, p. 51-61.

Além do mais, existia diferença na vestimenta dos escravos urbanos, rurais e os domésticos. Nos campos, principalmente no verão, eles eram cobertos por trapos que se deterioravam rapidamente pela ação do esforço realizado e das intempéries. Sol excessivo, chuva, não implicava motivos para a interrupção do trabalho. Alguns cativos domésticos raramente poderiam receber roupas limpas, inteiras e às vezes até luxuosas, como era o caso de certas mucamas.[84]

Os senhores de engenho costumavam distribuir roupas prontas e tecidos duas vezes ao ano, no início e no fim do período de corte e moagem da cana. No século XVIII, fornecia-se um par de camisas e calças para os homens e saias de algodão cru para as mulheres. No século XIX, nas plantações de café do Sudeste, os escravos recebiam em geral três camisas, três pares de calça e os respectivos casacos, um chapéu e dois cobertores por ano. As mulheres recebiam saias e xales de algodão grosseiro.[85]

Na fábrica de ferro, bem como nos outros estabelecimentos imperiais já citados, a vestimenta dos tutelados fora tão escassa quanto à alimentação, sendo constantes as reclamações por maiores quantidades de roupas. Para o uso dos escravos, encontramos dados que descrevem os materiais fornecidos de acordo com o sexo. Os homens recebiam duas calças e camisas de algodão grosso, dois chapéus, dois lenços, dois cobertores e mantas de algodão. Às mulheres eram destinadas as mesmas peças, acrescidas de duas saias para cada. Por sua vez, as crianças ganhavam material semelhante, porém apenas uma peça de cada.[86] Vale ressaltar, o fato de a distribuição ocorrer somente

---

84 PINSKY, Jaime. *A escravidão no Brasil*. São Paulo: Contexto, 2009, p. 38.

85 ALBUQUERQUE, Wlamyra R. de. *Uma história do negro no Brasil*. Salvador: Centro de Estudos Afro-Orientais; Brasília: Fundação Cultural Palmares, 2006, p. 80.

86 AESP, Fábrica de Ipanema, 30 de dezembro de 1848. *Demonstração das peças de roupas que está em prática dar anualmente aos escravos desta fábrica*. Ordem nº CO 5215 (1840-1848).

uma vez, logo os cativos recebiam as vestimentas a fim de serem utilizadas durante o ano todo.

A relação dita acima não inclui os africanos para as roupas fornecidas a eles há menção de objetos remetidos do Arsenal de Guerra, no Rio de Janeiro contendo: 650 fardas de pano, 25 capotes, 122 calças e 300 fardas.[87] O documento é referente ao ano de 1842, data da Revolução Liberal Paulista, evento marcante na história de Ipanema. Como dito anteriormente, o Major João Bloem, diretor na época esteve envolvido no embate e, por conta disso, foi afastado da administração. Todavia, não existem relatos acerca da participação dos escravos e africanos livres nas fontes consultadas, nem nos estudos sobre a insurreição.

Desta forma, cogitamos a possibilidade das vestimentas terem sido enviadas do Arsenal à fábrica, devido à ineficiência do plantel em assistir aos trajes de todos os trabalhadores. É provável que as vestes expedidas fossem materiais precários, com defeitos, e em desuso. A historiadora Enidelce Bertin ao analisar a participação dos tutelados na província de São Paulo salienta o "exíguo número de trocas de roupas que cada africano livre recebia anualmente".[88]

Nos aldeamentos indígenas do Paraná[89], a falta de roupas para os africanos era recorrente. O diretor Frei Timotheo cansado da situação emitiu inúmeras solicitações aos presidentes da Província, alegando que os africanos não recebiam tecidos, andavam nus e sujos. Cansado com o descaso do governo, em fevereiro de 1858 desabafou

---

87 AESP, Fábrica de Ipanema, 06 de julho de 1842. *Conta dos objetos remetidos do Arsenal de Guerra do Rio de Janeiro para esta fábrica para vestuário dos escravos e africanos.* Ordem nº CO 5215 (1840-1848).

88 BERTIN, Enidelce. *Os meia cara. Os africanos livres em São Paulo no século XIX.* Tese de Doutorado, Departamento de História, Universidade de São Paulo, 2006, p. 59.

89 Os aldeamentos também fizeram parte dos projetos de colonização, expansão econômica e segurança nas fronteiras do país. Nesses locais foram enviados não apenas indígenas, como também africanos livres para povoar e trabalhar na região.

em carta ao presidente diante do "tão pouco cuidado" do governo que mesmo após tantas solicitações, não lhes dava "nem um corte de calça e camisa, e baeta por cada ano".[90]

O caso do aldeamento apontado por Frei Timotheo revela novamente a ausência de cuidados do governo perante os africanos. Embora os tutelados de Ipanema possuíssem parcas roupas distribuídas anualmente, talvez não tenham chegado a andar praticamente nus. Mas, se levarmos em consideração, as problemáticas condições vividas no plantel e em outras instituições até o momento abordadas, torna-se nítido os fatores responsáveis pelas doenças e mortalidades dos trabalhadores, conforme examinaremos no capítulo seguinte.

Fugas e Conflitos

A historiografia acerca do tema ganhou ênfase a partir da renovação dos estudos da escravidão na década de 1980, sob inspiração das concepções teóricas de Edward P. Thompson[91]. Enquanto a fase anterior de 1960 a 1970[92] tornou-se reconhecida por reflexões centradas no enfoque

---

90 Correspondência de Timotheo de Castelnovo ao presidente da província, Francisco Liberato de Mattos, de 20 de julho-27 de setembro de 1858; AP63. 11.405. Correspondência de Frei Timotheo ao presidente da província do Paraná, Francisco Liberato de Mattos, de 10 de outubro de 1858. *Apud*: VON ZUBEN, Danúsia M. Os africanos livres nos aldeamentos indígenas do Paraná provincial. (1853-1862). Monografia apresentada à disciplina de Estágio Supervisionado em Pesquisa Histórica como requisito parcial à conclusão do Curso de História, Setor de Ciências Humanas, Letras e Artes da Universidade Federal do Paraná, Curitiba, 2010, p. 58.

91 THOMPSON, Edward P. A formação da classe operária inglesa, v. 1. Rio de Janeiro: Ed. Paz e Terra, 1987.

92 Os estudos científicos desta época ocorreram principalmente na Universidade de São Paulo, através das publicações de Florestan Fernandes, Roger Bastide, Fernando Henrique Cardoso e Octavio Ianni. Em outros centros universitários destacaram-se os trabalhos de Ciro Flamarion Santana Cardoso, Jacob Gorender e Fernando A. Novais.

sociológico e a natureza do sistema capitalista na economia escravista, os trabalhos a partir de 1980 influenciados pela História Social privilegiaram o escravo, analisando-o como um sujeito histórico específico, ativo e não mais como mercadoria.

As publicações referentes à temática são muito vastas, logo se optou por destacar as mais fundamentais para a compreensão do objeto. Dessa forma, uma das primeiras pesquisas foi a de Maria Helena P. S. Machado[93], a qual procurou compreender a crescente penetração da justiça no século XIX em São Paulo, enquanto mediadora dos conflitos entre senhores e escravos. Para Machado houve um gradativo aumento da consciência escrava ao longo do século XIX, que deu motivação para ações mais ampliadas de resistência, sendo assim, as fugas são vistas pela autora como a negação máxima da escravidão.

A questão da resistência escrava também foi tema de pesquisa em artigo do historiador Ademir Gebara. Gebara apontou que as fugas, maus-tratos, suicídios permaneceram durante a escravidão e que o controle social necessitou ser constante com os escravos. Para ele, as fugas particularmente se distinguiam de outras possibilidades de resistência, ou em suas palavras: "Fugir é um ato isolado de protesto, que pode se transformar em um ato político com consequências complexas".[94]

Outro estudo importante é a tese de doutorado de Sílvia Hunold Lara, que analisou as vivências de senhores e escravos em Campos dos Goitacazes, no período 1750-1808. Nele, a autora demonstrou a violência como inerente ao sistema escravista para atingir a sua manutenção e o controle social. Lara preocupou-se também em explorar o termo "castigo" nas mais variadas expressões como: correção, emenda ou disciplina. Assim, atitudes como as fugas careciam ser reprimidas, exigiam

---

93 MACHADO, Maria H. P. T. *Crime e escravidão: lavradores pobres na crise do trabalho escravo 1830-1888*. São Paulo: Ed. Brasiliense, 1987.

94 GEBARA, Ademir. *"Escravos: fugas e fugas"*. In: *Revista Brasileira de História*, v. 6, nº 12, março/agosto 1986, p. 91.

os açoites, o tronco como forma institucionalizada de punição. O estudo buscou entender não só o paternalismo, mas as especificidades do cotidiano das relações senhor-escravos, os conflitos, as resistências e acomodações, no final do século XVIII e início do XIX.

Ainda sobre os castigos, a historiadora Leila M. Algranti[95] em sua obra referente à escravidão urbana no Rio de Janeiro entre 1808 a 1822 salienta o fato de os escravos nas fazendas serem punidos pelas mãos do senhor, ou feitor; enquanto na cidade os trabalhadores poderiam ser castigados pela polícia mediante o pagamento por seus proprietários. De acordo com Algranti: "entre o cativo e o senhor interpunha-se então uma nova figura: o Estado e seus agentes".[96]. Segundo a historiadora inclusive, o ambiente urbano facilitava as fugas devido à menor fiscalização sobre a população negra.

No ano seguinte, João José Reis e Eduardo Silva produziram "Negociação e Conflitos"[97], eles estudaram a luta do escravo por melhores condições de vida e abordaram os conceitos de submissão e resistência, mostrando a negociação como sendo um fator presente na vida dos cativos. Na obra, a escravidão é discutida como um sistema absolutamente rígido, porém influenciado pelas fugas reivindicatórias, constituídas por escapadas dos escravos pelos mais vastos motivos como abusos físicos, condições precárias, separação de entes por venda etc

O trabalho de Maria Cristina Wissenbach[98] analisa os aspectos sociais da escravidão paulista. Nele a autora trata da escravidão abordando a especialização do agente cativo no mercado de trabalho e a cri-

---

95 ALGRANTI, Leila M. *O feitor ausente: estudo sobre a escravidão urbana no Rio de Janeiro*. Petrópolis-RJ: Ed. Vozes, 1988.

96 ALGRANTI, Leila M, *op. cit.*, p. 51.

97 REIS, João J. e SILVA, Eduardo. *Negociação e conflito:* a resistência negra no Brasil escravista. São Paulo: Companhia das Letras, 1989.

98 WISSENBACH, Maria C. C. *Sonhos Africanos, vivências ladinas: escravos e forros em São Paulo (1850-1888)*. São Paulo: Editora Hucitec, 1998.

minalidade entre escravos e a população livre. Wissenbach discorre as relações entre os escravos e senhores, os comportamentos de cada lado, submissão, revoltas e as relações de trabalho nas primeiras fábricas do século XIX, onde se discute a presença de reclamações e reivindicações por parte dos escravos nos documentos da Fábrica de Ferro Ipanema.

Juntamente com as questões de resistência houve também debates na elite brasileira relacionados aos possíveis males e corrupções dos costumes, gerada pelos negros, ideia acentuada nas décadas de 1830 e 1840. Nesse sentido, Jaime Rodrigues[99] utilizou diversas fontes documentais como as do Arquivo Nacional, Arquivo Geral da Marinha, Anais do Senado etc a fim de compor tal reflexão. No capítulo n°1: "Diagnóstico dos males" avaliou o discurso moralizador, regulamentador dos parlamentares com relação aos africanos e cativos, além da criação de um conjunto de medidas que permitisse manter o controle social sobre eles. Para Rodrigues, a preocupação dos proprietários de escravos justificava-se pela seguinte maneira:

> O medo da africanização no Brasil já era uma preocupação da segunda metade do século XVIII, mas foi no XIX que ganhou uma dimensão mais abrangente. Os escravos africanos começaram a ser temidos não apenas como indivíduos, mas também como sujeito coletivo, um tipo de medo agravado pelos acontecimentos no Haiti, em 1794.[100]

A Revolução Haitiana (1791-1804) baseada nos ideais da Revolução Francesa obteve como consequências a independência do país e a eliminação da escravidão. O evento é o único reconhecido nas

---

99 RODRIGUES, Jaime. *O infame comércio: propostas e experiências no final do tráfico de africanos para o Brasil (1800-1850)*. Campinas-SP: Ed. da Unicamp, CECULT, 2000.

100 RODRIGUES, Jaime, *op. cit.*, p. 50.

Américas com a efetiva participação dos escravos, os quais conseguiram se emancipar ocasionando uma luta sangrenta contra seus proprietários. Posteriormente, influenciados pela revolta do Haiti, houve na Bahia a Revolta dos Malês, em 1835, lideradas por cativos de origem mulçumana contra o sistema escravista brasileiro. Tal levante tornou-se uma das principais causas da insegurança das elites, pois receavam que a insurreição pudesse tomar conta do país inteiro. Por outro lado, o medo da africanização gerou elevada repressão e o Governo Regencial deu prioridade ao controle dos escravos, através da Lei de 10 de junho de 1835.[101]

Acerca do episódio Flávio dos Santos Gomes[102], em artigo publicado na Revista Tempo procurou compreender os significados políticos e sociais do levante baiano. Para o historiador:

> [...] Mais do que o planejamento de uma grande revolta cativos, libertos, africanos, crioulos e homens negros livres podiam compartilhar significados do Haiti com algo que amedrontava os brancos e mobilizava receios, reconhecimento da mobilização política e- fundamentalmente - da possibilidade de protesto com retumbante vitória [...].[103]

O assunto foi tratado de forma extremamente rica também na pesquisa de João José Reis[104], que discutiu os modos de organização dos

---

101 Determinava as punições dos escravos contra os seus senhores. Os cativos que matassem ou ferissem seus donos, esposas, ou família seriam condenados à pena de morte. In: http://presrepublica.jusbrasil.com.br/legislacao/104059/lei-4-35 Acesso em 19/12/2013.

102 GOMES, Flávio S. "Experiências transatlânticas e significados locais: ideias, temores e narrativas em torno do Haiti no Brasil Escravista". In: *Revista Tempo,* Rio de Janeiro, n°13, p. 209-246, v. 7- Jul. 2002.

103 GOMES, Flávio S, *op. cit.*, p. 215.

104 REIS, João J. *A rebelião escrava no Brasil: a história do Levante do Malês (1835).* São Paulo: Ed. Companhia das Letras, 2006.

Malês, traçando o cenário de crise e tensão. Através de vasta riqueza documental, Reis tenta demonstrar a experiência cotidiana dos negros participantes da insurreição, além das consequências sociais e políticas. Segundo o autor: "Além de disseminar o medo e provocar o aumento do controle escravo em todo o Brasil, os rebeldes também reavivaram os debates sobre a escravidão e o tráfico de escravos da África, agora vistos com olhos mais críticos".[105]

Apesar de o tráfico ter sido visto com olhos mais críticos como enfatiza Reis, na prática não existiram medidas eficazes contra ele, o qual permaneceu ativo até 1850. O receio da revolta haitiana e baiana continuou assombrando o Estado, gerando assim demasiada repressão perante a população negra nas Províncias.

Nesse sentido, o estudo de Célia M. Azevedo[106] analisou o medo no imaginário das elites acerca dos escravos e africanos. Assim, além do tráfico transatlântico outra questão discutida no século XIX se baseou no dilema sobre o que fazer com o negro livre num futuro. Ao observar as questões como fugas e revoltas, a autora concluiu que a inserção da imigração europeia teria sido uma das alternativas do governo a fim de acalmar o medo branco, pois o negro era visto como incapaz e perigoso pelas elites.

Não obstante, através dos estudos no trabalho anterior[107], chegou-se à conclusão de que o controle exacerbado foi vivenciado pelos escravos de Ipanema, principalmente por pertencerem a um estabelecimento imperial. Todavia, os cativos da fábrica continuaram a resistir, fazer reclamações, ou negar aquela situação através das fugas. Mas e os

---

105 REIS, João J, *op. cit.*, p. 10.

106 AZEVEDO, Célia M. de. *Onda negra, medo branco: o negro no imaginário das elites século XIX*. São Paulo: Annablume, 2004.

107 RIBEIRO, Mariana A. P. S. *Na senzala, o escravo operário: um estudo sobre a escravidão, fugas e conflitos na Fábrica de Ferro São João do Ipanema- Sorocaba-SP (1835-1838)*. Relatório final de pesquisa apresentado à Fundação de Amparo à Pesquisa do Estado de São Paulo, 2010.

africanos livres?[108] Teriam sido mais reprimidos e controlados na fábrica após o medo da africanização no Brasil? O motivo das escapadas era semelhante ao dos crioulos do plantel? Qual era a natureza dos conflitos entre tutelados, administradores e feitores? Eles fugiam mais em grupo ou isoladamente? Homens ou mulheres? Os escravos ditos crioulos também participavam das evasões? Os trabalhadores sofreram violência e castigos como os cativos dos engenhos e fazendas?

Antes de tentar responder às indagações, é necessário entender um pouco da rotina dos africanos no estabelecimento. Assim, no livro *Ferro e Independência*, Osny Duarte Pereira cita os deveres de feitores, escravos e africanos, baseado nas fontes de Ipanema:

> Deverão levar os escravos aos diferentes trabalhos que lhes forem destinados pelo diretor ou inspetor, achando-se com eles no lugar do serviço todos os dias de trabalho ao nascer do sol, onde se devem demorar até a hora do almoço, que será pelas 08h00min até 08h30min, e depois continuar no trabalho até o meio-dia, hora em que devem jantar, voltando ao mesmo serviço; no tempo de verão, pela 1h e meia da tarde e no inverno pela 1h até o sol posto, na inteligência que por tempo de verão deve entender-se desde 22/07 até 22/03 e por inverno o resto do ano, pondo todo o cuidado que o serviço se faça com regularidade e atividade, e que cada um trabalhe conforme suas forças e préstimos.[109]

---

108 O olhar sobre a produção historiográfica citada pautou-se pela bibliografia elementar do tema, a qual ainda não detém muitas pesquisas específicas das fugas dos tutelados, mas são norteadoras para a pesquisa. Desta forma, as publicações exclusivas sobre eles serão tratadas juntamente com a análise das fontes ao longo do capítulo.

109 PEREIRA, Osny D. *Ferro e Independência, Um desafio à dignidade nacional*. São Paulo: Ed. Civilização Brasileira, 1967, p. 96-97.

Nota-se no documento a intensa vigilância dos feitores, os quais deveriam permanecer com os operários durante toda a jornada de trabalho. Apesar de a fonte explicitar o horário de início das funções com o nascer do sol, bem como os horários de almoço, não há menção sobre o encerramento do mesmo. Todavia, é conhecido o fato de os trabalhadores executarem exaustivamente as suas ocupações até o por do sol, quando não raro, a noite toda.

Osny Duarte Pereira salienta as obrigações dos feitores na necessidade de haver punições ou castigos, devido aos conflitos ou possíveis fugas:

> Ao feitor dos escravos pertence a correção imediata dos mesmos, por culpas leves e pelas graves, dar parte ao diretor, depois de ter posto em segurança o escravo delinquente, havendo receita de fuga para aquele determinar o castigo correspondente, entregando-o à justiça, se for verdadeiro delinquente; o mesmo no castigo das culpas leves, deverá seguir as ordens do diretor, quando dê algumas [110]

Embora haja a menção dos castigos aplicados pelos feitores, sempre comunicados e ordenados pelo diretor, não existe detalhes acerca das formas de castigo aplicadas tanto para escravos, quanto para africanos. No caso dos últimos, não seria de bom tom um empreendimento imperial constar na documentação a presença das punições, visto que os tutelados possuíam o status jurídico de livre. Entretanto, tal status não correspondia à realidade daquelas pessoas, logo a possibilidade de aplicação dos castigos físicos violentos não pode ser descartada. Por sua vez, quando o trabalhador fosse considerado como delinquente pela direção, imediatamente os chefes de polícia, juízes e presidente da província eram comu-

---

110 PEREIRA, Osny D. Ferro e Independência, Um desafio à dignidade nacional. São Paulo: Ed. Civilização Brasileira, 1967, p. 96-97.

Entre a fábrica e a senzala

nicados e os indivíduos retirados da fábrica, a fim de não influenciarem os outros trabalhadores.

Em julho de 1841 ocorreu um conflito entre africanos fugitivos e policiais e tal fonte apresenta detalhes ricos acerca do fato. Deste modo, embora extensa, preferiu-se transcrevê-la na íntegra para melhor compreensão do episódio.

> Em consequência da portaria de V. Exa. datada de 25 de junho passado, na qual me ordena que informe os castigos aplicáveis aos africanos que fugissem ou cometessem outros crimes, conforme consulta ao Juiz de Órfãos da Vila de Sorocaba, cumpre-me responder a V. Exa. que nenhuma ordem me tem sido dirigida a este respeito, e como diretor que me interesso pelo bem estar do Estabelecimento, tenho lhes feito aplicar aqueles castigos que conforme as circunstâncias do crime a exigem, e ainda com a moderação necessária, pois seria de desejar que não fossem precisos castigo algum, por ser este o maior interesse do Estabelecimento e tranquilidade do diretor. De outro lado, é conhecido por todos que necessitam trabalhar com essa gente que é impossível deixar de castigar aqueles que por suas mãos (ilegível) a merecem.
>
> Acontece que dos últimos que vieram, fugiram logo no seguinte dia, sete e mandei os perseguir pelos Policiais, foram encontrados e esparramados no mato, um deles arranjou-se a um dos policiais, tirou-lhe a faca, e este vendo-se obrigado a fazer com que desarmasse o negro, agarrou na faca e ficou ferido.

Foram dois deles presos perto de Porto Feliz, e mandei castigar todos eles que fugiram com 3 dúzias de *ilegível. E isto a minha vista para não se abusar. Destes mesmo, dois já fugiram outra vez, e há três dias passado fugiu outro, de cujos remeto a V. Exa. a Relação, número e sinais, a fim de V. Exa. mandar passar Circular às autoridades competentes para serem capturados. Os feitores devem por ordem do diretor de dar-lhes, uma, duas, até três recaídas. Quando eles por palavras e (ilegível) não queiram trabalhar. É de notar que o Juiz de Órfãos da Vila de Sorocaba há 5 para 6 anos passados, veio fazer pessoalmente exame aos africanos e achou-os bem tratados em tudo, conforme o mesmo Presidente da Província participou-me lembrando-se agora de pedir instruções a respeito do castigo deles [...] O diretor sabe cumprir com o seu dever, que isso é só dele aplicar os castigos policiais, conforme as circunstâncias que ocorrem.

Não será bom que as autoridades judiciárias tenham intervenção na polícia interna de um Estabelecimento Nacional, para os quais são somente nomeados os nomes que derem provas evidentes de sua capacidade [...].[111]

A fonte esclarece alguns pontos: a direção não detinha o livre arbítrio na aplicação dos castigos, pois estava submetida às indicações das autoridades como o Juiz de Órfãos da Vila de Sorocaba e o presidente da Província. Assim, o administrador tinha a obrigação de informar quais correções deveriam ser aplicadas. Portanto, existia uma hierarquia acerca

---

111 AESP, Fábrica de Ferro Ipanema, 03 de julho de 1841. *Correspondência do Major João Bloem, diretor da fábrica ao presidente da Província, Coronel Rafael Tobias de Aguiar.* Ordem nº CO 5215 (1840-1848).

da execução das penalidades: chefes governamentais, direção e feitores. Fato peculiar este, se comparado aos engenhos e fazendas, pois embora existissem algumas regras de "boa conduta" na execução dos castigos, eles poderiam variar de acordo com a postura dos senhores.

Não obstante, o comentário do diretor, Major João Bloem: "tenho lhes feito aplicar aqueles castigos que conforme as circunstâncias do crime a exigem." *112* abre um campo de interpretação: talvez quanto maior fosse o crime ou insubordinação cometida pelos africanos, mais intensa seria a correção designada. Todavia, que tipos de penalidades? Punições exemplificadas por ausência de alimentação, isolamento, maior jornada de trabalho, ou violência física? Infelizmente, o documento não esclarece as indagações, mas o comentário do Major sobre aplicação na sua frente e com necessária moderação leva a crer na possibilidade de algo relacionado aos açoites.

Acerca das punições, a historiadora Enidelce Bertin afirma que os africanos livres empregados na Colônia de Itapura eram castigados no tronco, a fim de evitar o quanto pudesse o uso do chicote.[113] Já na estrada de Santos a autora cita o comentário do administrador: "os laços dobrados nas costas dos africanos desapareceram, só tem palmatoriadas por castigo". *114* Enquanto isso, em 1855, na Casa de Correção paulista, o diretor lamentava a proibição das chibatadas, pois teria influenciado

---

112 AESP, Fábrica de Ferro Ipanema, 03 de julho de 1841. *Correspondência do Major João Bloem, diretor da fábrica ao presidente da Província, Coronel Rafael Tobias de Aguiar.* Ordem nº CO 5215 (1840-1848).

113 BERTIN, Enidelce. Os meia cara. Os africanos livres em São Paulo no século XIX. Tese de Doutorado, Departamento de História, Universidade de São Paulo, 2006, p. 153.

114 Defesa do diretor Antonio Mariano de Azevedo, 30.06.1860. BERTIN, Enidelce. *Os meia cara. Os africanos livres em São Paulo no século XIX.* Tese de Doutorado, Departamento de História, Universidade de São Paulo, 2006, p. 153. *Apud:* SILVA, M. A. *Itapura: estabelecimento naval e colônia militar (1858-1870).* Tese de Doutorado em História. FFLCH- USP, 1972, p. 108.

a indisciplina dos sentenciados. Logo, pode-se concluir que não existia uma única forma de aplicações dos castigos, os quais poderiam variar de acordo com a instituição e a intensidade do ocorrido.

Ademais, os africanos mal haviam chegado à Ipanema e já procuraram fugir, provavelmente porque possuíam a consciência de sua condição ou da natureza do estabelecimento. Esta foi a única fonte compilada, a qual há o relato sobre o enfrentamento dos tutelados à polícia. Mas, eles não se sentiram temerosos com as correções e fugiram novamente como forma de negação das situações vividas. Por fim, nota-se também a preocupação do diretor com a possibilidade da intervenção das autoridades provincianas na rotina e polícia interna do local.

Meses depois outros dois africanos, Jorge e Paulo fugiram[115], contudo, foram recapturados pela polícia e ficaram livres dos castigos no plantel por terem confessado a atitude, escapando assim das regulamentações punitivas. Muitas vezes quando escravos e tutelados fugiam, contavam com o auxílio das populações vizinhas, pessoas livres, pobres, pequenos fazendeiros, os quais em documento de 1842, o diretor os denomina de "inimigos do estabelecimento".[116] Nos arredores de Ipanema e de vários plantéis espalhados pela Província, era comum os negros obterem abrigo. Na época, Bloem escreveu para o presidente da Província, solicitando ações a fim de interromper tais "desgostos".[117]

---

115 AESP, Fábrica de Ferro Ipanema, 24 de novembro de 1841. *Correspondência do Major João Bloem, diretor da fábrica ao presidente da Província, Almirante Miguel de Souza Mello e Alvim*. Ordem nº CO 5215 (1840-1848).

116 AESP, Fábrica de Ferro Ipanema, 27 de janeiro de 1842. *Correspondência do Major João Bloem, diretor da fábrica ao presidente da Província, Barão de Monte Alegre*. Ordem nº CO 5215 (1840-1848).

117 AESP, Fábrica de Ferro Ipanema, 27 de janeiro de 1842. *Correspondência do Major João Bloem, diretor da fábrica ao presidente da Província, Barão de Monte Alegre*. Ordem nº CO 5215 (1840-1848).

Infelizmente, não foi possível esclarecer se existiram medidas contra a ajuda da vizinhança, pois nenhuma fonte apresenta maiores elucidações. Já, durante os anos seguintes, de 1844 a 1845[118], os ofícios pertencentes às fugas são baseados em relações de africanos fugidos contendo as suas descrições físicas detalhadas. No mês de abril de 1844, escaparam juntos do empreendimento cinco escravos e um africano livre, que provavelmente conseguiram sucesso, pois o caso permaneceu ausente nas documentações posteriores. O tutelado detinha o nome de Marcolino e possuía:

> [...] vinte e quatro anos de idade, marca A no braço esquerdo, cara redonda, orelhas pequenas, beiçudo, nariz regular, olhos avermelhados, estatura baixa, vesgo do olho esquerdo, mãos e pés regulares[...].[119]

Ainda em abril, porém individualmente escapa o africano livre Caetano:

> [...] de mais ou menos 30 anos de idade, magro, estatura mediana, preto retinto, e de rosto bexigoso; sendo o mesmo que por já se achar na cadeia de São Paulo, em castigo de outra fugida, me fora remetido pelo Juiz Municipal e Delegado da mesma cidade [...].[120]

Em maio de 1845, foi a vez de outro tutelado, de nome ilegível e nação Quilimane, tendo os seguintes sinais: "[...] idade provável de 29 anos, estatura mediana, rosto redondo, dentes grandes e abertos; pare-

---

118 Não existem fontes relevantes acerca das fugas para o ano de 1843.

119 AESP, Fábrica de Ferro Ipanema, 17 de abril de 1844. Ordem nº CO 5215 (1840-1848).

120 AESP, Fábrica de Ferro Ipanema, 1 de maio de 1844. Ordem nº CO 5215 (1840-1848). Nota-se também que o africano livre na ocasião estava doente de bexigas.

cendo que o motivo da fuga foi por se conhecer que fizera um considerá-vel furto de milho da roça [...]".[121] Enquanto alguns africanos obtinham sucesso nas suas escapadas, a maioria retornava capturada, por conta da excessiva vigilância das autoridades. Aliás, em alguns casos os trabalhadores seguiam para a Corte, segundo a correspondência abaixo:

> Cumpro-me a participar a V. Exa. que ficam en-tregues a esta Fábrica oito africanos livres, dos dez mencionados no ofício do dia 16 corrente, havendo ficado pelo que mostra o comandante da Escolta, dois doentes em São Roque. Cumpre-me, igual-mente, levar ao conhecimento de V. Exa. que tendo dado as providências possíveis a respeito da captura de 4 africanos livres e bucais, que se evadiram des-ta Fábrica, já um deles se acha preso na cadeia de Sorocaba, constando que os outros três Ambrósio, Abraão (ambos com marcas desenhadas pelo corpo, no ofício pelo diretor), seguirão a caminho dessa ci-dade com destino à Corte[...].[122]

Normalmente o destino dos tutelados considerados delinquen-tes poderia variar entre a cadeia na Vila de Sorocaba, a cadeia de São Paulo, ou à capital imperial a fim de lá serem rearranjados para outras instituições ou ocupações. Por sua vez, os conflituosos pertencentes aos consignatários particulares eram enviados à Casa de Correção da Corte para receberem medidas punitivas. Era raro os trabalhadores seguirem destino imediato para outros estabelecimentos na Província paulista, pois primeiro aguardavam no local, ou no Rio de Janeiro o futuro de seus

---

121 AESP, Fábrica de Ferro Ipanema, 12 de maio de 1845. Ofício enviado ao presi-dente da Província. Ordem nº CO 5215 (1840-1848).

122 AESP, Fábrica de Ferro Ipanema, 23 de setembro de 1845. *Correspondência do diretor ao chefe da polícia, Manoel da Fonseca Lima*. Ordem nº CO 5215 (1840-1848).

destinos. Acerca de tais práticas, o historiador Sidney Chalhoub apresenta uma reflexão considerável referente à tensão das autoridades policiais:

> [...] O que preocupava a polícia era a intensa comunicação e troca de informações entre escravos africanos de diversas procedências, libertos, crioulos e africanos de diversas etnias, que iam e vinham entre a Corte e diversas províncias, envolvidos nas lides habituais do comércio e abastecimento, mas engajados numa rede intensa de negócios ilegais, fazendo circular quem sabe ideais de insubordinação e resistência.[123]

No ano subsequente, 1846 evadiram quatro africanos, Henrique, Francisco e Joaquim,[124] os quais foram recapturados; já o quarto, de nome José, talvez tenha obtido sucesso na escapada, porque não existem maiores informações sobre ele. Além disso, é conhecido o fato de muitos negros alterarem o nome de batismo dado no Brasil[125], na intenção de atingirem sucesso nas fugas, e com alguns tutelados de Ipanema não fora diferente, como aponta o ofício abaixo:

> Acuso a recepção da portaria a entrada de 10 do corrente, que acabo de receber, acompanhando um africano livre, o qual fica entregue a esta fábrica: tendo eu a participar a V. Exa., que o dito africano pertencia já a este estabelecimento donde se tinha evadido, e

---

123 CHALHOUB, Sidney. *A força da escravidão: ilegalidade e costume no Brasil oitocentista*. São Paulo: Ed. Companhia das Letras, 2012, p. 156.

124 AESP, Fábrica de Ferro Ipanema, 18 de abril de 1846. *Ofício enviado ao presidente da Província*. Ordem nº CO 5215 (1840-1848).

125 Além de mudar de nome alguns africanos tentavam disfarçar aparência e até passar por escravos boçais.

se chama Bonifácio e não João, havendo trocado o nome seguramente para melhor realizar a fuga.[126]

No episódio, o africano Bonifácio não conseguiu fugir, mesmo após a troca do nome. Talvez, em alguns casos citados anteriormente, de possíveis fugas concretizadas, há a possibilidade de os tutelados terem alcançado o êxito através desta prática. Os eventos abordados acima esclarecem que os africanos detinham o hábito de fugir isoladamente, mas também em grupo e, com os escravos crioulos da fábrica.

Não obstante, é parco o apontamento da participação das mulheres nas evasões. O registro de 1847 assinalou a condição de Jacintha, presente na cadeia de São Paulo, aonde o presidente da Província, Marechal Conselheiro Manoel da Fonseca Lima e Silva, ordenava que a referida não fosse enviada para o Jardim Público (devido ao diminuto trabalho), mas que curiosamente permanecesse em Ipanema, de acordo com o destino, ou função mencionada por ordem do diretor. Pela primeira e única vez, encontrou-se na documentação a atitude do presidente da Província em deixar a escolha nas mãos da direção, o caso de trabalhadores (as) com demasiados conflitos:

> Tenho a honra de informar a V. Exa. que a preta Jacintha; que se acha na cadeia desta cidade, não convém ser empregada no Jardim Público, não só porque dá muito diminuto serviço; como também anda constantemente fugida, e tem vício de embriaguez, sendo totalmente incorrigível, por estes motivos já oficiei à respeitável pessoa de V. Exa. para lhe dar o destino conveniente, afim de não

---

126 AESP, Fábrica de Ferro Ipanema, 17 de junho de 1847. *Ofício enviado ao presidente da Província*. Ordem nº CO 5215 (1840-1848).

viciar os outros africanos livres, empregados neste estabelecimento.[127]

Qual destino "conveniente" o diretor, Joaquim José de Oliveira deveria dar à africana? Se a preocupação do presidente da Província era de a mesma viciar os outros africanos livres do empreendimento? Isolamento? Reclusão? Ou, até mesmo, na pior das hipóteses, uma sentença de morte? Ao lidar com fontes, o historiador às vezes fica sem respostas. Novamente a lacuna se faz presente, e não existem informações subsequentes do destino de Jacintha, a única tutelada "insubordinada" do local. É provável que se comparado aos homens, às mulheres (tanto escravas, quanto africanas) fugiam em menor número, por conta das jornadas de trabalho mais brandas, ou criação dos filhos (ainda que contassem com a possibilidade de serem separados pelas autoridades e senhores a qualquer momento).

Além das escapadas, os administradores lidavam com outro problema: a participação de traficantes nos roubos de africanos livres e escravos. O historiador, Jaime Rodrigues aponta para o fato de "a corrupção na polícia e na justiça, ser vista, por vezes, como fruto da ação dos traficantes".[128] Além dos interesses dos mercadores transatlânticos nos africanos existiam também, aqueles destinados à captura de escravos e tutelados, formando assim uma emaranhada teia de interesses representados por: policiais, justiça, disputas locais, população livre pobre e capturadores.[129]

---

127 AESP, Fábrica de Ferro Ipanema, 20 de agosto de 1847. *Correspondência do presidente da Província, Marechal Manoel da Fonseca Lima e Silva ao diretor de Ipanema, Doutor Joaquim José de Oliveira.* Ordem n° CO 5215 (1840-1848).

128 RODRIGUES, Jaime. "Os traficantes de africanos e seu 'infame comércio' ". In: *Revista Brasileira de História,* São Paulo, v. 15, n°29, 1995, p. 145.

129 RODRIGUES, Jaime. *O infame comércio: propostas e experiências no final do tráfico de africanos para o Brasil.* Campinas-SP: Ed. da Unicamp, CECULT, 2000.

Durante junho de 1848, o diretor, Ricardo Gomes Jardim havia solicitado ao presidente da Província maiores destacamentos e guardas do empreendimento, pois naquele momento contava com apenas três soldados e um cabo. Assim, "queria evitar fugas e negócios estranhos nos arredores de Sorocaba entre traficantes, escravos, população e estrangeiros".[130]

Meses após, em outubro, o administrador relata na correspondência para o presidente da Província, Vicente Pires da Motta, sua solicitação ao delegado de polícia de Araraquara, José Joaquim de Sampaio e ao delegado de Limeira, Joaquim da Silva Diniz atenção para o caso dos africanos livres fugidos e furtados por traficantes também nas imediações de Limeira e Rio Claro, afirmando: "[...] Nada, porém se poderá conseguir a este respeito, sem que as autoridades locais deixem de patrocinar, como costumam, com raras exceções aos que praticam o crime de roubo de escravos e africanos livres [...]".[131]

As fontes relativas ao assunto são escassas. por mais que sejam citados tais eventos, não existe a possibilidade de verificar com precisão o número exato de africanos furtados, no período estudado. Logo, se trabalha com a hipótese de aproximadamente 10 pessoas, podendo variar para maior ou menor quantidade. Ademais, existem ausências nos dados acerca da chegada de novos destacamentos.

Embora a gestão da fábrica exercesse demasiado controle perante os trabalhadores, houve momentos confusos sobre a origem deles. Na

---

Para mais detalhes ver o Capítulo n°4: "Grandes e pequenos no final do tráfico", p. 127-152.

130 AESP, Fábrica de Ferro Ipanema, 18 de junho de 1848. *Correspondência do diretor de Ipanema, Ricardo Gomes Jardim ao presidente da Província, Vicente Pires da Motta*. Ordem n° CO 5215 (1840-1848).

131 AESP, Fábrica de Ferro Ipanema, *25 de outubro de 1848. Correspondência do diretor de Ipanema, Ricardo Gomes Jardim ao presidente da Província, Vicente Pires da Motta*. Ordem n° CO 5215 (1840-1848).

correspondência a seguir, o diretor solicita ao presidente da Província o retorno do preto Damião: "[...] porque se não foi reconhecido como escravo, ou africano livre pertencente a este estabelecimento, poderia ficar aqui servindo, como outros que por ordem de V. Exa. tem tido idêntico destino. [...]".[132]

O documento revela que a fábrica contava com outro grupo de indivíduos, de categoria, origem, ou propriedade não identificada. Apesar da lacuna, o plantel fez uso da mão-de-obra, porém não se sabe a quantidade de pessoas enquadradas nesta categoria, nem o destino dado a elas. Portanto, podemos dizer que permaneciam no local os seguintes agrupamentos: escravos crioulos, escravos da nação, estrangeiros, população livre pobre, africanos livres e um grupo de negros heterogêneo, sem a possibilidade de classificação. Logo, o número correto de tutelados não poderá ser mensurado, visto as fugas, as mortes e a categorização duvidosa de alguns.

Não obstante, em 1849, segundo as palavras de Beatriz Mamigonian[133] ocorreu "o caso mais extraordinário de resistência coletiva por parte de africanos livres já documentado". O evento fora abordado por outros historiadores como: Jaime Rodrigues[134], Afonso Bandeira Florence[135] e Mário Danieli Neto[136]. Todos os autores concordam acerca

---

132 AESP, Fábrica de Ferro Ipanema, 23 de fevereiro de 1848. *Correspondência do diretor de Ipanema, ao presidente da Província.* Ordem nº CO 5215 (1840-1848).

133 MAMIGONIAN, Beatriz G. "Do que 'o preto mina' é capaz: etnia e resistência entre africanos livres". In: *Afro-Asia,* 24 (2000), pág. 71-95.

134 RODRIGUES, Jaime. "Ferro, trabalho e conflito: os africanos livres na Fábrica de Ipanema". In: *História Social,* Unicamp, Campinas, nº 4/5, 1997.

135 FLORENCE, Afonso B. *Entre o cativeiro e a emancipação: a liberdade dos africanos livres no Brasil (1818-1864).* Dissertação de Mestrado- Salvador, Universidade Federal da Bahia, 2002.

136 DANIELI, Mario N *Escravidão e indústria: um estudo sobre a Fábrica de Ferro São João do Ipanema-Sorocaba (SP)-1765-1895.* Dissertação de Doutorado em

da peculiaridade do fato. Assim, um grupo de africanos pertencentes à Ipanema, através do pretexto de comprarem palha para os chapéus seguiram até o juiz municipal de Sorocaba e entregaram uma petição.

No requerimento, os trabalhadores alegavam que foram capturados na Bahia, no Engenho Cabrito, aonde já teriam cumprido o tempo de serviço, posteriormente foram enviados do Arsenal de Marinha da Bahia para o Rio de Janeiro e, em seguida para a Fábrica de Ferro Ipanema. Espantado, o juiz de órfãos da comarca de Sorocaba, Vicente Eufrásio da Silva e Abreu ordenou que os tutelados retornassem imediatamente para a fábrica com medo de uma insurreição. A atitude dos solicitantes preocupou o administrador, Ricardo Gomes Jardim em correspondência ao presidente da Província:

> [...] os africanos livres remetidos para o serviço desta fábrica (que segundo consta já serviram muito tempo na Bahia), dificilmente se poderiam ajeitar e acomodar com os trabalhos deste estabelecimento, por serem quase todos marinheiros, exigentes e mal acostumados. Agora tenho de representar a V. Exa. que tais africanos, além de pouco úteis à Fábrica são perigosíssimos, e que ao menos três ou quatro dos mais influentes dentre eles devem ser quanto antes daqui afastados para evitar-se a tempo funestas consequências, fáceis de prever, em vista do que já se tem passado, e da circunstância de haverem no Estabelecimento muitos outros africanos com mais de 10 anos de serviço.[137]

História, Universidade Estadual de Campinas, Instituto de Economia, 2006.

137 AESP, Fábrica de Ferro Ipanema, 21 de março de 1849. *Correspondência do diretor, Ricardo Gomes Jardim ao presidente da Província de São Paulo.* Ordem n° CO 5216 (1849-1870).

Após o fato, pelo menos sete africanos livres, considerados muito perigosos seguiram escoltados para a capital, e em seguida para a Corte: Félix, Desidério, Damião, Agostinho, João, Luiz e Silvério. Vale lembrar que, os referidos trabalhadores pertenciam à etnia mina, considerados os mais valentes, orgulhos, e inteligentes. O caso acima aponta o modo como os africanos conheciam a sua condição jurídica, além da tentativa de lutarem por liberdade. Beatriz Mamigonian[138] encontrou nos arquivos do Ministério da Justiça, uma petição do mesmo africano Félix, de Ipanema. O tutelado tentou durante anos obter a emancipação definitiva. Em 1861, saiu a decisão para que ele fosse reexportado para a África, porém até 1862 ainda trabalhava no Arsenal de Guerra da Corte e pediu o cancelamento à reexportação, aceito pelo império.

O conhecimento sobre o destino destes africanos encerra-se neste momento, infelizmente não há mais dados sobre a sua trajetória. Todavia, o episódio de 1849 comprovou a resistência e reinvindicações de liberdade dos tutelados, mas, principalmente, o temor vivenciado pelas autoridades da possibilidade de um levante, seja devido à Revolta dos Malês, ao temor da africanização, ou emancipação definitiva. Para Afonso Bandeira Florence: "[...] aqueles africanos mina que foram da Bahia para a Corte e tanto perseveraram na luta legal por sua liberdade [...] oportunamente definiam sua experiência de africanos livres como muito próxima do cativeiro".[139]

As fontes abordadas até aqui não são as únicas a relatar as fugas dos africanos, entretanto são relevantes. Existem ainda, ofícios e corres-

---

138 MAMIGONIAN, Beatriz G. "Do que 'o preto mina' é capaz: etnia e resistência entre africanos livres.". In: *Afro-Asia,* 24 (2000), pág. 71-95.

139 FLORENCE, Afonso B. *Entre o cativeiro e a emancipação: a liberdade dos africanos livres no Brasil (1818-1864).* Dissertação de Mestrado- Salvador, Universidade Federal da Bahia, 2002, p. 98.

pondências que citam tais fatos, mas sem grandes informações.[140] Logo, optou-se por transcrever as mais importantes na tentativa de compreender o tema. A reflexão de Afonso Bandeira Florence é pertinente, porém ela se estende aos tutelados de várias etnias. Obviamente, não foram todos os africanos livres que fugiram do estabelecimento, porém as evasões ocorriam com frequência, seja em conjunto, isoladamente ou em parceria com os cativos (prevalecendo a primeira, com outros africanos).

Vimos também que a participação das mulheres nas escapadas era praticamente nula, exceto o caso da preta Jacintha. Além disso, não identificamos relatos de conflitos envolvendo cativos e tutelados. No item a seguir será possível, pelo contrário, analisar a formação de casamentos entre os indivíduos.

Não obstante, para o Estado era necessário manter a escravidão, lutar contra as resistências e, principalmente, impedir a todo custo as insubordinações, pois permaneciam temorosos com a probabilidade de um levante de africanos, assim como o da Bahia e do Haiti. Assim, de um lado, os tutelados através dos meios que dispunham queriam lutar por melhores condições e até mesmo futura liberdade; do outro, o império brasileiro estava preocupado com a manutenção da disciplina, sublevações, africanização e corrupção dos costumes. Nesse sentido, vimos que os trabalhadores eram destemidos, seja porque entraram em luta corporal com policiais, ou porque se dirigiram até o juiz a fim de reivindicar o tempo de serviço esgotado.

As fugas aconteciam em vários estabelecimentos paulistas, como o Jardim Público, o Hospício dos Alienados, a Santa Casa de Misericórdia etc Segundo Enidelce Bertin, acerca da Casa de Correção ocorreram aproximadamente dezoito episódios de escapadas nos anos de

---

140 A análise das fontes apontou a fuga de aproximadamente 150 tutelados para o período estudado.

1852, 1854, 1856, 1861, 1862 e 1863.[141] No entanto, a reflexão de Alinnie Silvestre Moreira, chama a atenção quando trata da Fábrica de Pólvora da Estrela-RJ: "[...] Tal como apontamos no tópico anterior, os africanos livres não costumavam usar a fuga como estratégia para a liberdade. À estrita vigilância sobre eles poderiam se somar suas reais esperanças em gozar da plena liberdade.[...]".[142]

Seria a Fábrica de Pólvora uma exceção? Talvez, mas é sabido o fato de acontecerem transferências de trabalhadores entre as instituições, principalmente dos negros mais conflituosos ou fujões. Desta forma, nenhum "insubordinado" fora enviado para o local? Ou aqueles africanos preferiram realmente aguardar a liberdade, pacientemente, receosos das fugas prejudicarem todo o processo? A autora não fornece informações complementares, todavia acerca dos empreendimentos paulistas, principalmente Ipanema, os africanos fugiam pelos mesmos motivos dos escravos: trabalho excessivo, cotidiano exaustivo e precário. A diferença é que muitos conheciam o seu status jurídico, embora o significado da liberdade fosse divergente para os cativos, administradores, tutelados e o Estado.

Para os cativos o horizonte da liberdade era muito distante, para os administradores e o Estado tal conquista deveria ser adiada o máximo possível, já para os tutelados, prestadores de serviço, a esperança poderia chegar brevemente, devido as suas condições legais. Desta forma, eles foram extremamente mais vigiados, controlados do que os cativos, haja vista o temor da africanização e a própria documentação produzida na fábrica, extremamente mais numerosa e detalhada. Por conseguinte, o status jurídico de livre pesava contra aquelas pessoas, porque de fato era

---

141 BERTIN, Enidelce. *Os meia cara. Os africanos livres em São Paulo no século XIX*. Tese de Doutorado, Departamento de História, Universidade de São Paulo, 2006, p. 151.

142 MOREIRA, Alinnie S. *Os africanos livres e as relações de trabalho na Fábrica de Pólvora da Estrela, Serrada Estrela- RJ (1831-1870)*. Dissertação de Mestrado em História. Campinas: Unicamp, 2005, p. 164.

incompatível com a realidade social vivida. Logo, eles não se tornaram passivos e reagiram através dos meios que dispunham, principalmente por meio das fugas.

Formações familiares

Até a década de 1970, a historiografia brasileira abordou os casamentos e interpretou o escravo como indivíduo ausente de nexos sociais. Assim, sua atuação fora caracterizada como patológica, promíscua e incivilizada. Um dos primeiros trabalhos a estudar a questão foi o de Gilberto Freyre[143], que analisou a vida nos engenhos pernambucanos e as relações senhor-escravo. Desta forma, o autor destacou a animalidade dos negros como fator responsável pela falta de noções familiares.

Para Caio Prado Jr.[144] o trabalho cativo possuiu apenas característica física, forçada, a fim de atender a economia brasileira, dependente das exigências do mercado europeu. Assim, a escravidão não educou o indivíduo, nem lhe acrescentou elementos morais. Influenciados por ele, ressaltamos o grupo denominado de "Escola Paulista de Sociologia", o qual alavancou nomes como Florestan Fernandes, Fernando Henrique Cardoso, Roger Batide, entre outros.

De acordo com Florestan Fernandes[145], o cativeiro deixou os escravizados sem regras e famílias nucleares ancoradas no tempo, estabilizadas, formadas através da figura de pai, mãe e filhos. No ano seguinte, 1966, Emília Viotti da Costa, apesar de refletir acerca da possível continuidade das normas morais africanas e a constituição de famílias, destacou a "silenciosidade das senzalas".[146]

---

143 FREYRE, Gilberto. *Casa- grande & senzala*. Rio de Janeiro: José Olympio, 1980.

144 JUNIOR,Caio P. *Formação do Brasil contemporâneo. Colônia*. São Paulo: Brasiliense, 1983.

145 FERNANDES, Florestan *A integração do negro na sociedade de classes*. São Paulo: Dominus, Edusp, 1965.

146 COSTA, Emília V. *Da Senzala à Colônia*. Ed. DIFEL: São Paulo, 1966.

Não obstante, o estudo de Genovese[147], publicado nos Estados Unidos em 1974, deu início à mudança deste paradigma e influenciou os historiadores brasileiros. Utilizando-se de registros demográficos, entre outras fontes, o autor argumentou que a família era uma instituição valorizada pelos africanos, sendo elemento fundamental nas lutas e resistências em meio ao cativeiro.

Já, em 1979, outro estudioso americano, Richard Graham[148] observou os dados dos escravos da Fazenda Santa Cruz no ano de 1791, e verificou que boa parcela dos cativos do plantel era casada, constituída de famílias regulares, influenciando as pesquisas posteriores acerca do tema. Além disso, segundo ele, embora os plantéis maiores fossem constituídos majoritariamente pelos homens, existiam mais chances de se encontrar um companheiro (a).[149]

Desta forma, os estudos a partir de 1980, envoltos pelo cenário de redemocratização do país e centenário da abolição (já citados anteriormente na dissertação), propuseram alternativas opostas às reflexões dantes publicadas. Mais uma vez inclusive, a historiografia inglesa se fez presente, principalmente com Edward. P. Thompson e a Formação da Classe Operária[150], a qual possibilitou para os intelectuais brasileiros a noção de experiência, aplicada também perante os escravizados e africanos.

Assim, ancorados nas fontes acerca de demografia, inventários, testamentos, matrícula de escravos, processos-crime, registros paroquiais etc os pesquisadores revelaram a família escrava no Brasil, contestando os estereótipos ressaltados décadas antes na historiografia tra-

---

147 GENOVESE, Eugene D. *A terra prometida: o mundo que os escravos criaram*. Rio de Janeiro: Paz e Terra; Brasília: CNPq, 1988.

148 GRAHAM, Richard. "A família escrava no Brasil Colonial". In: *Escravidão, Reforma e Imperialismo*. São Paulo: Perspectiva, 1979.

149 GRAHAM, Richard, *op. cit.*, p. 57.

150 THOMPSON, Edward P. *A formação da classe operária inglesa*, v. 1. Ed. Paz e Terra: Rio de Janeiro, 1987.

dicional. Nesse momento, grande parte das reflexões se concentrou nas plantations de café do Sudeste oitocentista.

Embora a maioria dos estudos tenham se concentrado nas plantations de café, o trabalho de Stuart Schwartz[151], sobre o engenho jesuítico de Santana, na Bahia do século XVIII, também influenciou relevantes observações. Desse modo, o historiador apontou que: "A maioria dos escravos vivia em unidades que incluíam um homem e uma mulher declarados como parceiros sexuais ou com idades que tornavam tal relacionamento provável".[152] Assim, a prática salientada pelo autor fora identificada igualmente para alguns locais do Sudeste, logo tais hábitos não ocorreram somente em uma região.

No ano de 1987, a revista *Estudos Econômicos*[153] publicou uma série de artigos referente à família escrava que possibilitaram posteriormente variadas dissertações e teses. O número contou com produ-

---

151 SCHWARTZ, Stuart. *Segredos internos: engenhos e escravos na sociedade colonial.* São Paulo, Cia das Letras/CNPq, 1988.

152 SCHWARTZ, Stuart, *op. cit.*, p. 323.

153 Quase vinte anos depois, os mesmos artigos, acrescidos de outros foram reeditados e publicados pela Imprensa Oficial: LUNA, Francisco V; COSTA, Iraci del N. da; Klein, Herbert S. *Escravismo em São Paulo e Minas Gerais.* São Paulo: Edusp: Imprensa Oficial do Estado de São Paulo, 2009. O livro também conta com uma série de pesquisas de Francisco Luna Vidal, referente à família escrava como: LUNA, Francisco V. "Características demográficas dos escravos de São Paulo (1777-1829)"; LUNA, Francisco V. "Estrutura da posse de escravos em Minas Gerais (1804 e 1829)"; LUNA, Francisco V. "Casamentos de escravos em São Paulo: 1776, 1804, 1829".

ções de Robert Slenes[154], Iraci del Nero da Costa[155], Herbert S. Klein[156], entre outros. Os autores de modo geral buscaram compreender por meio de dados demográficos as estruturas de posse de escravos, casamentos, composição, formação familiar em São Paulo, Lorena, Campinas, Itu etc Muitos destes estudos comprovaram a união de laços matrimoniais entre os cativos, além disso, os maiores plantéis (destinados à exportação) possuíam elevado número de escravos casados, enquanto os destinados à subsistência o percentual se tornou menor.

As produções permaneceram intensas e na década de 90 outros trabalhos avançaram na compreensão do tema. Em 1997, baseados na demografia histórica e inventários post-mortem os autores Manolo Florentino e José Roberto Góes[157] constataram que apesar do tráfico ter separado os entes, era comum a noção dos africanos de pertencer a uma família nuclear. Portanto, as relações de casamento ou parentesco, além de contribuir na sobrevivência perante o cativeiro, também interessava aos senhores na tentativa de manter a paz nas senzalas.

Apesar de estudiosos como Peter Fry e Carlos Vogt, Hebe Maria Mattos,[158] e Robert Slenes possuírem trabalhos bem específicos, com diferentes análises na historiografia da escravidão, todos eles elucidaram o fato de os senhores não permitirem a comunhão entre escravos de dife-

---

154 SLENES, Robert W. "Escravidão e família: padrões de casamento e estabilidade familiar numa comunidade escrava (Campinas, século XIX)". In: *Estudos Econômicos,* v. 17, n°02, p. 217-227, maio-ago. 1987.

155 COSTA, Irani del N. da. "A família escrava em Lorena (1801)". In: *Estudos Econômicos,* v. 17, n°02, p. 249-295, maio-ago. 1987.

156 KLEIN, Herbert S. "Demografia do tráfico atlântico de escravos no Brasil" In: *Estudos Econômicos,* v. 17, n°02, p. 129-149, maio-ago. 1987.

157 FLORENTINO, Manolo; GÓES, José R. A *paz das senzalas: famílias escravas e tráfico atlântico, Rio de Janeiro (1790-1850).* Rio de Janeiro: Civilização Brasileira, 1997.

158 MATTOS, Hebe M. *Das cores do silêncio: os significados da liberdade no Sudeste escravista, Brasil século XIX.* Rio de Janeiro: Nova Fronteira, 1998, p. 125.

rentes plantéis. Por sua vez, alguns preferiam que as uniões fossem sancionadas pela Igreja católica. Em Sorocaba, a maioria dos proprietários levavam os casais à instituição, assim como em Campinas.[159]

Segundo Robert Slenes, os batismos e casamentos eram celebrados na cidade, e não nas propriedades rurais. Normalmente, os grandes fazendeiros aguardavam até ter uma quantidade considerável para serem celebrados todos juntos; estratégia também a fim de tornar o uso do tempo mais eficiente e impressionar a escravatura.[160] Sobre as práticas, o autor identifica possível explicação:

> [...] A relação peculiar entre Estado, Igreja e sociedade em São Paulo não apenas teria incidido diretamente nas taxas de nupcialidade, mas também teria mantido ou fortalecido no seio da elite, favorável à ideia de casamento religioso como instituição benéfica e moralizadora para todas as classes sociais. Como resultado, os senhores de São Paulo, imbuídos dessa ideologia, teriam continuado a buscar o aval da Igreja para as uniões entre seus escravos ao longo do século XIX [...].[161]

Opostamente para os senhores das plantations fluminenses havia um compromisso menor com a formalização dos casamentos, pois "estes estavam menos ligados aos motivos ideológicos, a uma imagem do ca-

---

159 VOGT, Carlos; FRY, Peter. *A África no Brasil: linguagem e sociedade*. São Paulo: Cia das Letras, 1996, p. 76.

160 SLENES, Robert W. *Na senzala uma flor: esperanças e recordações na formação da família escrava, Brasil Sudeste, século XIX*. Nova Fronteira: Rio de Janeiro, 1999, p. 102.

161 SLENES, Robert W, *op. cit.*, p. 99.

ráter moral do escravo padrão, mas sim atrelados a interesses pontuais, imediatistas".[162]

A referida obra norteia assuntos diversificados ao longo desta dissertação, e já foi explicada a sua relevância. Assim, optou-se por estudá-la na medida em que iremos abordar as fontes sobre casamentos na fábrica, a fim de não tornar repetitiva a análise do leitor. Vale lembrar inclusive, a existência de uma bibliografia consolidada e extremamente numerosa do assunto, porém privilegiou-se ressaltar as mais influentes para a pesquisa.

Ademais, Mary C. Karasch em estudo sobre a escravidão no Rio de Janeiro, apontou que nem os padres estimulavam os escravos a casarem. De acordo com ela, os senhores eram contra as uniões, porque era mais fácil desfazer uma família de cativos se eles não fossem casados na Igreja.[163] Além do mais:

> [...] Este seria o aspecto mais duro da escravidão na Corte, já que os trabalhadores tinham dificuldade de estabelecer o que mais valorizavam na África: uma grande família extensa, com raízes profundas nos ancestrais e perspectiva de muitos descendentes no futuro. A maioria fracassava e tinha que buscar a vida em família de outras maneiras.[164]

E quanto aos africanos livres? Até o momento não há trabalhos exclusivos acerca dos casamentos como ocorreu com os escravos, porém as principais pesquisas sobre eles identificam os matrimônios como prática presente de suas experiências no período da tutela.

---

162 *Idem*, p. 100.

163 KARASCH, Mary, C. *A vida dos escravos no Rio de Janeiro, 1808-1850*. Ed. Companhia das Letras: São Paulo, 2000, p. 379.

164 KARASCH, Mary, C, *op. cit.*, p. 396.

Ademais, para a maioria dos autores, entre eles Beatriz Mamigonian[165] e Afonso Bandeira Florence[166], a constituição dos laços seria não só uma estratégia de sobrevivência, mas também um recurso para a emancipação. Isto, porque o Aviso do Ministério dos Negócios da Justiça de 14 de novembro de 1859 passou a determinar a emancipação dos tutelados cujos parceiros já fossem emancipados, caso comprovassem o tempo de serviço. Desse modo, Mamigonian estudou as fontes do Ministério da Justiça concluindo que, as petições se tornaram mais numerosas a partir de 1850, e, embora não houvesse uma lógica exata na garantia de liberdade, os tutelados portadores de uniões formais detinham mais chances de serem atendidos.

Segundo Jorge Luís Prata de Souza, as africanas que possuíam filhos solicitavam a emancipação com muito mais frequência e obtinham maior sucesso, se comparadas às sem prole. Para ele, tais atitudes demonstravam: "uma nítida atitude de reivindicação a favor de sua liberdade".[167] Já Enidelce Bertin ao estudar a participação dos africanos livres nas variadas instituições na Província de São Paulo, como a Casa de Correção, Estrada de Santos, Santa Casa etc salientou o fato de, inicialmente o aviso de 1859 ter sido interpretado pelos administradores dos empreendimentos como forma de disciplina, pois entendiam que a vida em família poderia contê-los evitando possíveis fugas ou revoltas.[168] Entretanto, no decorrer dos anos, a medida

---

165 MAMIGONIAN, Beatriz G. *To be a liberated african in Brazil: labour and citzenship in the ninetenth century*. PhD, History. Waterloo: University of Waterloo, 2002.

166 FLORENCE, Afonso B. *Entre o cativeiro e a emancipação: a liberdade dos africanos livres no Brasil (1818-1864)*. Dissertação de Mestrado- Salvador, Universidade Federal da Bahia, 2002.

167 SOUZA, Jorge Luís P. *Africano livre ficando livre: trabalho, cotidiano e luta*. Tese de Doutorado em História Social. São Paulo: Universidade de São Paulo, 1999, p. 05.

168 BERTIN, Enidelce. *Os meia cara. Os africanos livres em São Paulo no século XIX*. Tese de Doutorado, Departamento de História, Universidade de São Paulo, 2006, p. 202.

de controle do ponto de vista governamental, acabou se transformando no hábito mais valorizado dos tutelados a fim de abreviar o tempo para a emancipação.[169]

Para Alinnie Silvestre Moreira, em análise sobre os africanos presentes na Fábrica de Pólvora da Estrela-RJ, eles preferiam constituir união formal com os membros do próprio grupo, rejeitando os escravos, embora vivessem juntos nas senzalas e locais de trabalho. De acordo com a historiadora, tal atitude preservava a identidade jurídica do grupo e a futura liberdade da sua prole. Além disso, o casamento reconhecido seria a única forma dos casais serem transferidos juntos para outras instituições, como também poderiam ter fogos próprios no espaço fabril e alcançar posição social melhor para si e seus filhos.[170]

Não obstante, as reflexões executadas pelos estudiosos citados acima podem ser aplicadas em Ipanema? Quais foram as vivências dos tutelados no estabelecimento? As taxas de nupcialidade e prole? As africanas constituíram matrimônio apenas com seus semelhantes? Qual era a postura dos administradores? Os casais permaneceram unidos durante o período estudado? Haveria um interesse por parte dos africanos no uso das uniões a fim de atingir a emancipação mais brevemente?

---

169 BERTIN, Enidelce, *op. cit.*, p. 171.

170 MOREIRA, Alinnie S. "Os africanos livres, sua prole e as discussões emancipacionistas: as famílias e a administração dos descendentes de africanos livres na Fábrica de Pólvora da Estrela. (Rio de Janeiro, 1830-1860)". In: *Estudos Afro-Asiáticos*, Ano 29, n 1/2/3, Jan-Dez-2007, p. 161-200, p. 169. A autora salienta inclusive que, o casamento também seria uma maneira dos africanos unidos se reencontrarem após possíveis transferências entre os estabelecimentos, p. 168. Para mais ver: MOREIRA, Alinnie S. *Os africanos livres e as relações de trabalho na Fábrica de Pólvora da Estrela, Serrada Estrela- RJ (1831-1870)*. Dissertação de Mestrado em História. Campinas: Unicamp, 2005.

Em trabalho anterior[171], identificamos diversos requerimentos enviados aos gestores da fábrica pelos escravos relativos às uniões, e de fato a prática era realidade no local. Já, sobre os africanos, a documentação pertinente ao tema é parca, porém localizamos uma fonte de 1859, a qual destaca a data de chegada dos tutelados, função, parceiros e filhos, sendo possível encontrar elevados índices de formação familiar. Após esta data, não existem mais dados acerca do assunto e o mesmo só será retratado novamente a partir de 1864, ano em que foi dado início às transferências entre as instituições com mais afinco.

O principal estabelecimento a receber os tutelados da fábrica foi a Colônia de Itapura, no Mato Grosso. As observações preliminares apontam o costume dos africanos serem destinados para lá juntamente com as suas famílias e logo houve preocupações por parte dos administradores a fim de conservar as uniões. Por sua vez, aqueles que eram casados tinham a preferência dos gestores para os intercâmbios, prática realizada até finais da década de 1860.

Não obstante, diferente da análise de Robert Slenes, a qual apontou o hábito dos senhores dos grandes plantéis campineiros e sorocabanos levarem os cativos e africanos para as igrejas na cidade, a fim de obterem união formal, religiosa; os trabalhadores do local recebiam os votos dentro do empreendimento, pois a religião era também utilizada como instrumento disciplinar.

Assim, em 2 de maio de 1840, o administrador solicitou à Presidência da Província um sacerdote efetivo no plantel a fim de: "administrar os socorros espirituais, confissão, batizados, casamentos e sobretudo as instruções primárias dos filhos de empregados e

---

171 RIBEIRO, Mariana A. P. S. *Na senzala, o escravo operário: um estudo sobre a escravidão, fugas e conflitos na Fábrica de Ferro São João do Ipanema- Sorocaba-SP (1835-1838).* Relatório final de pesquisa apresentado à Fundação de Amparo à Pesquisa do Estado de São Paulo, 2010.

aprendizes"[172] Infelizmente, as fontes não esclarecerem se naquela época a solicitação do diretor fora atendida. Todavia, dois anos depois, o vigário de Sorocaba apresentou queixa contra o diretor, Major João Bloem, acusando-o de permitir o concubinato entre os trabalhadores. O pedido do vigário parece ter sido aceito, e foi ordenado separar os casais até que se efetivassem as uniões, segundo os preceitos formais.[173]

A partir do aviso de 1859, além da consolidação do matrimônio religioso, formal, tornou-se obrigatória a licença da presidência para o casamento dos africanos livres. Assim, os consignatários particulares, bem como os administradores das instituições deveriam requerer ao chefe de Estado as solicitações. Porém, no caso de Ipanema não localizamos nenhum documento semelhante. A relação nominal que será transcrita abaixo contém os africanos e africanas casadas, e os respectivos filhos. Além disso, informa os dados dos africanos unidos com escravas.

Entretanto, como a fonte trata apenas dos tutelados (as), não há elementos sobre as cativas. A listagem apresenta primeiro a relação dos africanos (casados, solteiros e menores), e em seguida a das mulheres constando os mesmos itens. Desta forma, optamos por separar os grupos, primeiramente os africanos (as) com seus filhos, depois os africanos unidos às escravas, além de transcrever os nomes de acordo com a escrita da época e preservar todos os itens descritos a fim obter delimitada compreensão da fonte.

---

172 AESP, Fábrica de Ferro Ipanema, 2 de maio de 1840. *Ofício do diretor, Major João Bloem ao presidente da Província de São Paulo*. Ordem nº CO 5215 (1840-1848). Acerca das instruções primárias, elas foram aplicadas somente aos filhos dos estrangeiros e trabalhadores livres, excluindo-se assim a prole dos cativos crioulos e tutelados africanos.

173 AESP, Fábrica de Ferro Ipanema, 5 de outubro de 1842. *Ofício do então diretor interino, Antonio Ribeiro Escobar ao presidente da Província de São Paulo, José Carlos Pereira de Almeida e Torres*. Ordem nº CO 5215 (1840-1848).

Relação nominal dos africanos livres existentes na Imperial Fábrica de Ipanema com suas declarações constantes do livro de matrícula[174]

Família 01 - Rogério e Apollinaria:

"Rogério: Congo carpinteiro - sinal na espádua direita "S" - Veio para esta Fábrica acompanhado da portaria do Exmo. Governo Provincial de 28 de junho de 1835- tem um filho e duas filhas. Da declaração junta a Portaria que o acompanhou consta ter a n°52- idade presumível 58 anos.

Apollinaria: Benguela-casada com o africano Rogerio tem um filho e duas filhas- trabalha no serviço do mato- Veio para esta Fábrica acompanhada da Portaria do Exmo. Governo da Província de 06 de abril de 1836, da declaração junta à Portaria que a acompanha consta ter o n° 179- idade presumível 40 anos.

Prole: 50 - Leopoldino - Nasceu nesta Fábrica em 10 de abril de 1848- Francisca - Nasceu nesta Fábrica em 21 de agosto de 1853- 11- Maria da Conceição - Nasceu nesta Fábrica em 04 de junho de 1844.

Família 02 - Bernardino e Maria Bernarda

10- Bernardino: Rebolo- casado com a africana Maria Bernarda- Veio para esta Fábrica acompanhado da portaria do Exmo. Governo Provincial de 6 de abril de 1836- carpinteiro- tem um filho e três filhas, das quais a mais velha de nome Silvana de idade de 14 anos se acha no Estabelecimento de Itapura para onde seguiu com outros africanos em 14 de agosto de 1858 - Da declaração junta a Portaria que o acompanhou consta ter a n°78 - idade presumível 45 anos.

10- Maria Bernarda: Benguela- casada com o africano Bernardino- trabalha no serviço do mato- tem um filho e três filhas, das quais a mais velha de nome Silvana de idade de 14 anos se acha no Itapura para onde seguiu com outros africanos- Veio para esta Fábrica acompanhada da Portaria do

---

174 AESP, Fábrica de Ferro Ipanema, 7 de dezembro de 1859. *Relação nominal produzida pelo escrivão, Vicente Ferreira Martins*. Ordem n° CO 5216 (1849-1870).

Exmo. Governo da Província de 06 de abril de 1836, da declaração junta à Portaria que a acompanha consta ter o n° 173- idade presumível 50 anos.

Prole: Bibiano- Nasceu nesta Fábrica em 29 de novembro de 1847; Izidora- Nasceu nesta Fábrica em 02 de janeiro de 1850; Selestina-Nasceu nesta Fábrica em 30 de agosto de 1859.

Família 03 - Ollegario e Brigida

Olegário: Macua - casado com a africana Brigida-trabalha no serviço do mato - Veio para esta Fábrica acompanhado da portaria do Exmo. Governo Provincial de 06 de agosto de 1839, e Aviso da Repartição de Guerra de 24 de julho do dito ano, e Aviso da Repartição de Guerra de 24 de julho do dito ano, e carta passada pela Comissão Mista, em 15 de junho de 1839 consta ser o n°233- idade presumível 38 anos.

6- Brigida: Cassange-casada com o africano Ollegario - não tem filhos - Veio para esta Fábrica acompanhada da Portaria do Exmo. Governo da Província de 06 de abril de 1836, da declaração junta à Portaria que a acompanha consta ter o n° 204 - idade presumível 37 anos.

Família 04 - Pedro e Maria Jozé

"Pedro: Quilimane - casado com a africana Maria José- trabalha na moldação - Veio para esta Fábrica acompanhado da portaria do Exmo. Governo Provincial de 07 de maio de 1841, e Aviso da Repartição de Guerra de 24 de julho do dito ano, e carta passada pela Comissão Mista, em 13 de março de 1841 consta ser o n°236 - não tem filhos- idade presumível 45 anos.

Maria Jozé: Angola - casada com o africano Pedro- trabalha no serviço do mato - Veio para esta Fábrica acompanhada da Portaria do Exmo. Governo da Província de 06 de abril de 1836, da declaração junta à Portaria que a acompanha consta ter o n° 172 - não tem filhos- idade presumível 40 anos".

Família 05 - Pelaio e Domingas

"Pelaio: Moçambique - casado com a africana Domingas - tem uma filha- trabalha no serviço do mato- sinal no braço esquerdo "O" - Veio para esta Fábrica acompanhado da portaria do Exmo. Governo Provincial de 07 de maio de 1841, e Aviso da Repartição de Guerra de 17 de abril do dito ano- idade presumível 40 anos.

Domingas: Angola- casada com o africano Pelaio- tem uma filha- Veio para esta Fábrica acompanhada da Portaria do Exmo. Governo da Província de 06 de abril de 1836, da declaração junta à Portaria que a acompanha consta ter o n° 231- não tem filhos - idade presumível 50 anos".

Família 06 - Andronico e Luciana

"Andronico: Utipeyo - casado com a africana Luciana, não tem filhos- marca no peito "EDP"- trabalha nas fundições dos fornos altos - Veio para esta Fábrica acompanhado da portaria do Exmo. Governo da Província de 09 de agosto de 1845, e Aviso da Repartição de Guerra de 31 de julho do dito ano, carta passada pelo Juiz municipal da 2ª Vara do Civil do Rio de Janeiro em 26 de julho de 1845, consta ter o n°25- idade presumível 48 anos.

Luciana: Angola - casada com o africano Andronico - Veio para esta Fábrica acompanhada da Portaria do Exmo. Governo da Província de 06 de abril de 1836, da declaração junta à Portaria que a acompanha consta ter o n° 233 - não tem filhos - idade presumível 40 anos".

Família 07 - Thomaz e Catharina

"Thomaz: Guimatiranga - casado com a africana Catharina - não tem filhos - carroceiro - Veio para esta Fábrica acompanhado da portaria do Exmo. Governo da Província de 09 de agosto de 1845, e Aviso da Repartição de Guerra de 31 de julho do dito ano, carta passada pelo Juiz municipal da 2ª Vara do Civil do Rio de Janeiro em 26 de julho de 1845, consta ter o n°213- sinal no braço esquerdo "meia lua"- idade presumível 46 anos.

Catharina: Rebola- casada com o africano Thomaz, não tem filhos - Veio para esta Fábrica acompanhada da Portaria do Exmo. Governo da Província de 6 de abril de 1836, da declaração junta à Portaria que a acompanha consta ter o n° 219 - idade presumível 40 anos".

Família 08 - Claudio e Engracia

"Claudio: Mina - casado com a africana Engracia - tem um filho de 13 anos - trabalha no serviço do mato - Veio para esta Fábrica acompanhado da Portaria do Exmo. Governo da Província de 18 de janeiro de 1849 - idade presumível 38 anos - o filho acima mencionado é da mulher Engracia, quando casou-se já a mulher, tinha o dito filho de nome Manoel Francisco.

Engracia: Rebola - casada com o africano Claudio - tem um filho - trabalha no serviço do mato- Veio para esta Fábrica acompanhada da Portaria do Exmo. Governo da Província de 06 de abril de 1836, da declaração junta à Portaria que a acompanha consta ter o n° 194 - idade presumível 40 anos. Filho: Manoel Francisco - Nasceu nesta Fábrica em 26 de fevereiro de 1847".

Africanos casados com escravas

"01 - Francisco: Angola - Casado com a escrava Severina - trabalha na fundição dos fornos altos - sinal no braço direito "R. A". - Veio para esta Fábrica acompanhado da portaria do Exmo. Governo Provincial de 28 de junho de 1835- não tem filhos - idade presumível 42 anos - Da declaração junta a Portaria que o acompanhou consta ter a n°11.

02 - Vicente: Congo - Casado com a escrava Delfina - trabalha no serviço do mato - Veio para esta Fábrica acompanhado da portaria do Exmo. Governo Provincial de 28 de junho de 1835 - Da declaração junta a Portaria que o acompanhou consta ter a n°64 - idade presumível 38 anos.

03- Paulo: Angola- casado a escrava Lucrécia- pedreiro- sinal por todo o peito "– Veio para esta Fábrica acompanhado da portaria do Exmo. Governo Provincial de 28 de junho de 1835- sinal na espádua direita S - Da declaração junta a Portaria que o acompanhou consta ter a n°74.- idade presumível 39 anos.

04 - Gabriel: Benguela - casado com a escrava Bemvinda - sinal no peito esquerdo "S"- Veio para esta Fábrica acompanhado da portaria do Exmo.

Governo Provincial de 28 de junho de 1835- Da declaração junta a Portaria que o acompanhou consta ter a n°126 - idade presumível 38 anos.

05- Luciano: Benguela - casado com a escrava Maria dos Santos - ferreiro- sinal na espádua esquerda "M"- Veio para esta Fábrica acompanhado da portaria do Exmo. Governo Provincial de 28 de junho de 1835 - Da declaração junta a Portaria que o acompanhou consta ter a n°152- idade presumível 38 anos.

06- Aleixo: Macua - casado com a escrava Clemência - carreiro - Veio para esta Fábrica acompanhado da portaria do Exmo. Governo Provincial de 06 de agosto de 1839, e Aviso da Repartição de Guerra de 24 de julho do dito ano, e Aviso da Repartição de Guerra de 24 de julho do dito ano, e carta passada pela Comissão Mista, em 15 de junho de 1839 consta ser o n°188 - idade presumível 40 anos.

07 - Laurentino: Monange - casado com a escrava Carlota - trabalha no serviço do mato - Veio para esta Fábrica acompanhado da portaria do Exmo. Governo Provincial de 06 de agosto de 1839, e Aviso da Repartição de Guerra de 24 de julho do dito ano, e carta passada pela Comissão Mista, em 15 de junho de 1839 consta ser o n°201- marca no peito direito "M"- idade presumível 38 anos.

08 - Julião: Guintigue - casado com a escrava Lucrécia - trabalha na fundição dos fornos altos - Veio para esta Fábrica acompanhado da portaria do Exmo. Governo Provincial de 06 de agosto de 1839, e Aviso da Repartição de Guerra de 24 de julho do dito ano, e carta passada pela Comissão Mista, em 15 de junho de 1839 consta ser o n°6 - idade presumível 38 anos.

09- Claudiano: Cacondo - casado com a escrava Felicidade- trabalha na casa das máquinas- marca no peito direito "A/B" - Veio para esta Fábrica acompanhado da portaria do Exmo. Governo da Província de 09 de agosto de 1845, e Aviso da Repartição de Guerra de 31 de julho do dito ano, carta passada pelo Juiz municipal da 2ª Vara do Civil do Rio de Janeiro em 26 de julho de 1845, consta ter o n°47 - idade presumível 50 anos.

10 - Athanazio: Garangue - casado com a escrava Maria do Espírito Santo- sinal no braço esquerdo ilegível - trabalha no serviço do mato- Veio para esta Fábrica acompanhado da portaria do Exmo. Governo da Província de 19 de novembro de 1845, e Aviso da Repartição de Guerra de 05 do dito mês, carta passada pelo Juiz municipal da 2ª Vara do Civil do Rio de Janeiro em 26 de julho de 1845, consta ter o n°11 - idade presumível 42 anos.

11 - Carlos: Mina - casado com a escrava Luiza- trabalha na casa das máquinas- Veio para esta Fábrica acompanhado da Portaria do Exmo. Governo da Província de 18 de janeiro de 1849- idade presumível 44 anos.[175]

A análise do documento permite-nos refletir acerca de alguns dados: embora não possamos conhecer a trajetória dos africanos (as) antes de chegarem à fábrica, não podemos desconsiderar a possibilidade de eles terem se conhecido no momento da travessia. Ademais, dentre os pares formados, as africanas chegaram primeiro ao estabelecimento, exceto Maria Bernarda, que chegou no mesmo ano de seu esposo, Bernardino (1836), e Apollinaria, a qual entrou um ano após seu marido Rogério (1835). As idades para as mulheres variavam em torno dos 30 aos 50 anos; já para os homens dos 38 aos 52. Normalmente, as africanas tinham menor idade do que seus pares, exceto Maria Bernarda (52), casada com Bernardino. Logo, aqueles que possuíam filhos permaneceram com eles, sendo utilizados como parte integrante dos trabalhadores do local.

Dos 19 africanos adultos, 08 eram casados com africanas e 11 com escravas. Acerca dos últimos, cinco vieram em 1835, três em 1839, dois em 1845, e um em 1849, com faixa etária de 38 aos 50 anos. Nota-se que nenhum tutelado (a) possuía menos de 30 anos de idade, e infelizmente não temos maiores informações acerca das escravas. Além disso, lidamos com a probabilidade das africanas terem dado preferência para os cônjuges com condição semelhante, pois não encontramos dados de tuteladas

---

175 *Idem.*

casadas com escravos.[176] Por sua vez, sabemos que o número de africanas no plantel fora bem menor, talvez esta possível falta levasse os africanos a se unirem com as escravas, enquanto as tuteladas escolheram parceiros do mesmo grupo social.

Nesse sentido, Robert Slenes ao estudar os grandes plantéis de Campinas-SP em 1801 e 1809, concluiu que os homens crioulos tinham um índice de nupicialidade mais alto se comparado com os africanos; já entre as mulheres, as africanas casavam-se mais.[177] Ele apontou inclusive, a faixa etária dos casais, e as tuteladas predominantemente eram mais novas do que seus companheiros africanos, fato válido também para o caso de Ipanema. Ainda acerca da idade, não há menção de matrimônios com indivíduos jovens de 15 a 30 anos, como os observados pelo historiador, pois na fábrica as uniões prevaleceram entre pessoas maiores de 30 anos.

Na dissertação sobre a Fábrica de Pólvora-RJ, Alinnie Silvestre Moreira, diferente de nosso resultado, não identificou "um caso sequer em que africanos livres se unissem formalmente a escravos (as)" [178], inclusive a maioria dos tutelados eram compostos por solteiros, com a ex-

---

176 MOREIRA, Alinnie S. *Os africanos livres e as relações de trabalho na Fábrica de Pólvora da Estrela, Serrada Estrela- RJ (1831-1870)*. Dissertação de Mestrado em História. Campinas: Unicamp, 2005, p. 183. De acordo com a autora, são raros os casos de africanas casadas com crioulos, conforme estudo acerca da documentação do Ministério da Guerra.

177 SLENES, Robert W. *Na senzala, uma flor: esperanças e recordações na formação da família escrava, Brasil, Sudeste, século XIX*. Nova Fronteira: Rio de Janeiro, 1999, p. 85. Os índices de nupcialidade dos africanos e crioulos variavam de acordo com o tempo e o plantel. Segundo Slenes, o impulso do tráfico transatlântico, bem como o seu fim em 1850 influenciaram diversificados padrões. Logo, houve épocas em que os dados se invertiam e os africanos formavam a maioria dos casamentos formais.

178 MOREIRA, Alinnie S. *Os africanos livres e as relações de trabalho na Fábrica de Pólvora da Estrela, Serrada Estrela- RJ (1831-1870)*. Dissertação de Mestrado em História. Campinas: Unicamp, 2005, p. 168

ceção de quatro casais formais: Agapita (Rebola) e Bernardo (Benguela); Minervino (Moçambique) e Rufina, Domingas (Angola) e o africano emancipado Patrício; Madalena (Benguela) e Manoel (Moçambique).[179]

Não obstante, houve causos em que os tutelados de estabelecimentos diferentes também se casaram, entretanto, não encontramos tais casos na fábrica. Nesse sentido, as uniões seriam uma maneira dos pares se reencontrarem após as transferências entre as instituições. No caso de Ipanema, como veremos no Capítulo n°4, as famílias foram enviadas juntas para a Colônia de Itapura, portanto o matrimônio formal entre os tutelados permaneceu respeitado.

Além disso, dizer que os africanos se casavam com seus semelhantes apenas por causa das estratégias de sobrevivência na tutela (transferências, emancipações) talvez não seja a abordagem mais apropriada, pois "a família era importante para a transmissão e reinterpretação da cultura entre as gerações".[180], (ademais, tal interpretação não é valida para os africanos homens da instituição). Obviamente, existiam preferências pelos integrantes do mesmo grupo, devido às experiências vivenciadas, locais de origem etc Todavia, acreditamos no fato da condição social idêntica ter sido um ponto favorável às uniões, já no caso das mulheres a preocupação com o futuro de sua prole pode ter influenciado na escolha de companheiro.

De acordo com Enidelce Bertin: "A persistente negativa do africano em identificar-se como escravo pode sugerir que houvesse segregação entre os grupos ou não integração entre eles, além daquela exigida no trabalho".[181] Tal afirmação não se enquadra em Ipanema, pois vimos an-

---

179 MOREIRA, Alinnie S, *op. cit.*, p. 168.

180 SLENES, Robert W. *Na senzala, uma flor: esperanças e recordações na formação da família escrava, Brasil, Sudeste, século XIX*. Nova Fronteira: Rio de Janeiro, 1999, p. 124.

181 BERTIN, Enidelce. *Os meia cara. Os africanos livres em São Paulo no século XIX*. Tese de Doutorado, Departamento de História, Universidade de São Paulo, 2006, p. 199.

teriormente que escravizados e tutelados viviam nas mesmas moradias e, principalmente, fugiam em grupo. A identificação oposta a de escravo ocorria, porém ausente de segregação durante a convivência e rotina no empreendimento.

E quanto aos filhos dos africanos livres? Embora eles tivessem nascido no Brasil, era comum herdarem a mesma condição dos pais. De acordo com Jorge Prata de Souza, a maternidade acabou facilitando as petições de emancipação.[182] Todavia, Alinnie Silvestre Moreira inclui não apenas tal fato, como também o argumento dos africanos de serem bons trabalhadores e de poderem viver sobre si.[183] Até o momento, não nos aprofundaremos sobre a questão, pois no Capítulo n°4 abordaremos o futuro dos tutelados e suas famílias em meio às transferências para Itapura, juntamente com a legislação emancipacionista.

Por conseguinte, os africanos livres da fábrica de ferro conseguiram formar famílias estáveis no tempo, seja através da tentativa de criarem laços em meio à vivência da tutela, ou por meio do incentivo da Igreja, autoridades provinciais e administradores na busca de maior controle e disciplina. Desta forma, mesmo com a reduzida presença de africanas no estabelecimento, os homens não deixaram de constituir matrimônios, o que comprova os padrões africanos preservados por eles na diáspora, contrariando assim a noção dada pela historiografia das décadas de 1960 a 1970, como sendo promíscuos ausentes de padrões e normas sociais.

Vale lembrar que, muitas vezes as uniões acabaram gerando também maior privacidade e controle da moradia, conforme vimos no

---

182 SOUZA, Jorge Prata de. *Africano livre ficando livre: trabalho, cotidiano e luta.* Tese de Doutorado em História Social. São Paulo: Universidade de São Paulo, 1999, p. 181.

183 MOREIRA, Alinnie S. *Os africanos livres e as relações de trabalho na Fábrica de Pólvora da Estrela, Serrada Estrela- RJ (1831-1870).* Dissertação de Mestrado em História. Campinas: Unicamp, 2005, p. 208.

início do capítulo. Logo, as africanas escolheram seus parceiros com condição semelhante, talvez visando o seu futuro e o de seus filhos, a fim de obter maiores chances de serem emancipados. Mas, infelizmente, o futuro como livre (de fato), não ocorreu na maioria dos casos, como veremos mais adiante.

CAPÍTULO 3
"SAÚDE, DOENÇAS E ÓBITOS NA FÁBRICA DE FERRO IPANEMA"

Os Manuais de Medicina Popular do Império

Nesta parte analisaremos a questão da saúde, doenças e óbitos dos africanos livres presentes na Fábrica de Ferro Ipanema. Em momentos iniciais do projeto a abordagem sequer fazia parte dos planos de análise. Todavia, ao pesquisarmos a documentação de forma mais exaustiva, deparamo-nos com alguns documentos relevantes sobre o assunto. Assim, na tentativa de compreender a experiência dos trabalhadores no local, o tema não poderia ficar isento de reflexões. O capítulo é dividido por três eixos temáticos: primeiramente avaliaremos alguns Manuais de Medicina Popular divulgados no Império e a produção acadêmica, os quais se constituíram como instrumentos preventivos no trato da população negra.[1] A segunda parte trata da produção historiográfica recente acerca do assunto, e por fim, a terceira procura identificar as condições de saúde no estabelecimento, as principais doenças que acometiam os africanos, bem como as práticas de cura e suas mortes.

Os Manuais de Medicina Popular colaboraram para a institucionalização da medicina no Brasil. Eles possuíam de forma geral um caráter pedagógico, civilizador e higienista, indicavam como deveria ser feito o trato da escravaria no que diz respeito às doenças, higiene, alimenta-

---

1 Utilizamos quatro manuais médicos e duas produções científicas da Imperial Academia de Medicina.

ção, moradias etc. Ademais, serviram como divulgações das práticas de saúde para pessoas e senhores de escravos por várias regiões do país, aonde muitas vezes não havia médicos, remédios ou instruções de primeiros socorros. Os mesmos retratavam nos africanos e afrobrasileiros a causa de muitas doenças e males, o que tornava a sua presença um perigo para a sociedade.

Dentre as variadas obras destacamos seis. A primeira é a de Jean Barthelemy Dazille, escrita no ano de 1776, mas publicada para o português em 1801. O cirurgião associava as "zonas tórridas", ou seja, o clima, o ambiente a determinadas doenças. Além disso, considerou as doenças venéreas, consequências dos "impulsos" e "libertinagens", como sendo características naturais dos negros. Já na análise sobre a população negra de São Domingos, ele citou as enfermidades preponderantes: febres, diarreia, disenteria, verminoses, boubas, supuração pulmonar e o escorbuto. O diferencial de Dazille é que propunha abrir os cadáveres a fim de melhor conhecer as moléstias, segundo o francês:

> Nós temos já observado, que, pela abertura de todos os cadáveres dos negros mortos de enfermidades, qualquer que seja, em muitas Colônias, se acha os intestinos cheios de lombrigas, que devem sua existência à comida insípida, não fermentada, e mucosa, a que eles são limitados. [2]

Acerca da alimentação, o fator preocupante era a dieta fornecida, precária em nutrientes. A mandioca e milho mal cozidos, pimenta e a gordura de porco seriam responsáveis por influenciar diferentes moléstias, prejudicando os trabalhadores.[3] Outro trabalho que salientou as

---

2   DAZILLE, Jean B. *Observações sobre as enfermidades dos negros.* Trad. Antônio José Vieira de Carvalho. Lisboa: Tipografia Arco do Cego, 1801. p. 73.

3   Sobre a obra do cirurgião ver: NOGUEIRA, André. "Universos coloniais e 'enfermidades dos negros' pelos cirurgiões régios Dazille e Vieira de Carvalho". In: *História, Ciências, Saúde- Manguinhos,* v. 19, supl., dez. 2012, p. 179-196.

imposições do ambiente foi o *"Manual do fazendeiro ou tratado doméstico sobre as enfermidades dos negros"*[4], de Jean Baptiste Alban Imbert, publicado em 1834. Imbert dedicou-se a explicar como reconhecer e curar algumas das principais enfermidades dos escravos. Segundo ele, as bexigas (varíola) e as boubas eram as mais perigosas, principalmente devido às condições precárias como o rigoroso trabalho e a má nutrição. Também considerou a permanência do tráfico ilegal como uma negligência do Estado brasileiro, no que diz respeito às condições de vida dos negros.

O *"Manual do agricultor brasileiro"*[5], de Carlos Augusto Taunay, de 1839 indicava o modo como os senhores deveriam tratar seus escravos sempre de modo extremamente paternalista, alertando para o "bom" tratamento ancorado na rígida disciplina. Para Taunay, o tráfico transatlântico inclusive foi o grande responsável pelas inúmeras mortes, devido à mudança de clima, à falta de comida durante a viagem, juntamente com as doenças contagiosas presentes nos navios.

Talvez o manual mais difundido no Império, não fora dirigido exclusivamente para o trato dos escravos. Tratava-se do dicionário escrito pelo polonês, Pedro Luiz Napoleão Chernoviz, em 1841.[6] Além de possuir elementos da medicina popular, também propagou conhecimentos da medicina acadêmica entre senhores, boticário, lideranças políticas etc Ao lidar com conhecimento científico e popular, o material mais do que salientar as moléstias e suas causas, preocupava-se com o controle das doenças, por meio da sugestão de

---

4   IMBERT, Jean-Baptiste A. *Manual do fazendeiro ou tratado doméstico sobre as enfermidades dos negros.* Rio de Janeiro: Typ. Nacional e Const. de Seignot-Plancher e Cia. 1834.

5   TAUNAY, Carlos A. *Manual do agricultor brasileiro.* 2. ed. Rio de Janeiro: Typ. J. Villeneuve & Comp., 1839.

6   CHERNOVIZ, Pedro L. N *Dicionário de Medicina Popular.* 6ª ed. Paris: A. Roger & F. Chernoviz, 1890. Disponível em: http://www.brasiliana.usp.br/bbd/handle/1918/00756310#page/1/mode/1up Acesso em: 10/04/2013

remédios (vermífugos, xaropes) e tratamentos. Não obstante, retorna-remos posteriormente ao Dr. Chernoviz para analisarmos os itens da botica de Ipanema. Por fim, mesmo com todas as dificuldades, o médico reconheceu a influência do tráfico de escravos nas moléstias, mas ainda considerou a situação do negro recém-chegado como "um paraíso à sua situação anterior na África".[7]

David Gomes Jardim, através da obra: *"Algumas considerações sobre a higiene dos escravos"*,[8] de 1847 elaborou propostas a fim de melhorar a saúde da população, por meio de alimentação variada, senzalas limpas com cobertores e mais de uma troca de roupa destinadas aos cativos.[9]. De forma mais inflamada, Jardim questionou a lógica do tráfico e o uso da mão-de-obra escrava, discordando assim da opinião de Chernoviz: "Quem estuda os padecimentos destes desgraçados há de necessariamente convir que a vida quase animal do africano em sua terra, é sem dúvida preferível à que em geral entre nós se dá aos cativos".[10]

Dois anos mais tarde, José Rodrigues de Lima Duarte, em *"Ensaio sobre a higiene da escravatura no Brasil"* [11], destacou o alto índice de mortalidade infantil, pois as crianças logo eram desmamadas e submetidas à alimentação grosseira. Segundo o autor, as excessivas punições marcadas pela violência destinadas aos cativos que transgrediam a ordem e a moral, também colaboraram para as baixas. Para ele, as negligências realizadas

---

7   CHERNOVIZ, Pedro L. N, 1841. *Apud*: GUIMARÃES, Maria Regina C. "Os manuais de medicina popular do Império e as doenças dos escravos: o exemplo de Chernoviz". In: *Rev. Latinoam. Psicopat. Fund.*, São Paulo, v. 11, n°04, dez. de 2008, p. 830.

8   JARDIM, Gomes D. *Algumas considerações sobre a higiene dos escravos*. Tese apresentada à Faculdade de Medicina do Rio de Janeiro, 1847.

9   JARDIM, Gomes D, *op. cit.*, p. 15-17.

10   *Ibidem*, p. 02.

11   DUARTE, José R. de L. *Ensaio sobre a higiene da escravatura no Brasil*. Rio de Janeiro: Typ. Universal de Laemmert, 1849, p. 141.

no trato da escravaria seria uma atitude contrária aos próprios interesses dos senhores, que objetivavam mão-de-obra farta e produtiva.[12]

Houve vasta produção de manuais durante o Império[13] e naquele período era notório associar as doenças dos africanos ao tráfico transatlântico e às condições insalubres dos navios negreiros, conforme vimos nas obras de Chernoviz, Gomes Jardim, José Rodrigues de Lima Duarte, Taunay e Imbert. Nesse sentido, embora existissem observações mais brandas no trato de escravos e africanos, ainda assim, o descaso dos proprietários nos tratos cotidianos engendravam milhares de mortes pelo Brasil.

Por sua vez, os escritos de cirurgiões, através das incipientes práticas médicas, em conjunto com a institucionalização da carreira e os estudos da Academia Imperial de Medicina, muitas vezes foram pautados por reflexões preconceituosas acerca das mazelas, conforme aponta José Pereira Rego:

> Nenhum de nossos médicos práticos deixará de convir, em presença dos fatos por todos conhecidos, que o tráfico de Africanos nos traz não poucas moléstias epidêmicas e mais ou menos mortíferas; que as bexigas mais de uma vez têm sido importadas da Costa d'África; que as disenterias graves, as oftalmias epidêmicas e as sarnas, que às vezes grassam o Rio de Janeiro, não tem outra causa; por isso que começam a aparecer nas proximidades dos depósitos

---

12 DUARTE, José R. de L. *Ensaio sobre a higiene da escravatura no Brasil*. Rio de Janeiro: Typ. Universal de Laemmert, 1849, p. 141.

13 Para mais ver: FERREIRA, Luís Gomes. In: FURTADO, Júnia Ferreira. (org). *Erário mineral*. Rio de Janeiro: Fiocruz, 2002. v. 1,2. SIGAUD, Joseph François Xavier. *Du climat et des maladies au Brésil*. Paris: Fortin &Masson Libraires, 1844. TEUSCHER, Reinhold. *Algumas observações sobre a estatística sanitária dos escravos em fazendas de café*. Tese – Faculdade de Medicina do Rio de Janeiro, Rio de Janeiro, 1853.

dos Africanos, e daí se vão estendendo com mais ou menos intensidade ao resto da população.[14]

Por conseguinte, as questões analisadas pelos profissionais como: tráfico, clima, raças e doenças consideradas procedentes da África, responsabilizaram a presença dos capturados pelas moléstias; quando não raro tratadas muito mais sob um aspecto político/ideológico do que biológico.

A historiografia sobre a saúde e escravidão no Brasil

A história acerca da saúde dos escravos, africanos ou libertos no Brasil ainda carece de um número maior de estudos e abordagens. Os trabalhos aqui expostos nos ajudam a refletir como a sociedade os interpretava sob tais aspectos, a forma como cuidavam de seus males e, principalmente a maneira como os africanos realizavam suas práticas de cura. Logo, utilizamos principalmente as dissertações e os artigos produzidos pela Fundação Oswaldo Cruz/Fiocruz-RJ, através de suas publicações na revista: *História, Ciências Saúde- Manguinhos.*[15]

Vale lembrar, que até o momento não há um trabalho específico sobre a saúde dos africanos livres, o que encontramos são obras que tratam sobre os escravos, ou dos negros de forma geral, sem as diferentes denominações jurídicas. Desta forma, os estudos que tratam dos escravos são analisados na dissertação minuciosamente, sempre com o cuidado de diferenciar, os africanos livres como trabalhadores tutelados pelo Estado, os quais sofreram os mesmos males e doenças dos cativos.

---

14 REGO, José Pereira. "Algumas reflexões sobre o acréscimo progressivo da mortandade no Rio de Janeiro". In: *Anais Brasilienses de Medicina*. 6º ano, v. 6. nº 2. 1850 p. 29. *Apud*: LIMA, Silvio C. de Souza. *O corpo escravo como objeto das práticas médicas no Rio de Janeiro (1830-1850)*. Tese (Doutorado em História das Ciências e da Saúde), Rio de Janeiro: Fundação Oswaldo Cruz. Casa de Oswaldo Cruz, 2011, p. 11.

15 As publicações podem ser encontradas no site: http://www.coc.fiocruz.br/hscience/

Muitas pesquisas abordam os manuais de medicina, estatísticas sanitárias, relatórios, atuações de médicos no Império etc Todavia, a fim de delimitar melhor nosso objetivo de compreender a experiência da saúde africana na fábrica, optamos pelos estudos que se enquadram na história social e aqueles produzidos pelo programa de pós-graduação da Fiocruz-RJ/Manguinhos. Nesse sentido, a pesquisadora Ângela Porto (2008)[16], elaborou um artigo acerca das fontes e debates em torno da saúde do escravo no Brasil. Para ela, o estudo das práticas de saúde, doença e cura criam um espaço de interessante valor histórico para a observação das tensões, conflitos e negociações na sociedade escravista.[17] Porto salienta também, a associação de determinadas doenças com os africanos, como fruto do pensamento médico brasileiro, principalmente após a institucionalização da medicina. Deste modo, ela traça um panorama sobre alguns dos principais manuais médicos, oriundos do século XIX e as pesquisas mais recentes elaboradas na Fiocruz-RJ. Para a autora, os estudos associados às práticas médicas e de cura no país, beneficiam-se também das pesquisas acerca da história da cultura africana, história das religiões e abordagens étnicas e antropológicas.

Ainda sobre a história das ciências, escravidão e saúde há o texto da pesquisadora Tânia Salgado Pimenta, (2003), que analisa a presença de práticos, sangradores[18], curandeiros e a institucionalização da medicina no país, através das universidades, médicos e cirurgiões. Ela aponta que não era raro nos navios negreiros existir apenas sangradores a

---

16 PORTO, Ângela. "Fontes e debates em torno da saúde do escravo no Brasil do século XIX". In: Revista *Latino-americana. Psicopatologia. Fund.*, São Paulo, v. 11, nº 4, p. 726-734, dezembro 2008.

17 PORTO, Ângela, *op. cit.*, p. 727.

18 Ofício que era regulamentado pela Fisicatura mor, sua licença se dava através de provas teóricas e práticas. Os sangradores aplicavam sanguessugas e ventosas, que serviam para limpar e melhorar o funcionamento do organismo. Também aplicavam sudoríficos, purgantes e retiravam dentes.

bordo para cuidar dos africanos transportados. Parte dos sangradores pedia licença por um ano à *Fisicatura mor* (órgão responsável por regularizar e fiscalizar as práticas de cura) para que pudessem acompanhar os navios nas viagens, assim quando retornassem teriam o dinheiro necessário para pedir a licença, a mesma para este ofício. Segundo a autora, 64% dos sangradores que se oficializaram eram africanos, e a vantagem de tê-los nos navios negreiros residia na "probabilidade de se comunicarem mais, graças às semelhanças linguísticas entre os bantos, que predominavam entre os escravos na região Centro-Sul do Brasil".[19]

Assim como nos manuais médicos, grande parte dos trabalhos historiográficos acerca da saúde escrava também explorou a questão do tráfico transatlântico. Nesse sentido, optamos por salientar as obras mais influentes para a pesquisa. O estudo de Manolo Florentino[20] sobre as consequências econômicas e sociais do comércio entre a Costa da África e o Brasil apontou que, a preocupação da sociedade residia nas variadas doenças trazidas no interior dos navios. Segundo Florentino, o primeiro médico a relatar acerca do quadro sanitário preocupante foi Manuel Vieira da Silva, em 1808, o qual alertou a probabilidade no aumento das epidemias, sugerindo então a delimitação de lazaretos.[21]

---

19 PIMENTA, Tânia S. "Terapeutas populares e instituições médicas na primeira metade do século XIX". In: CHALHOUB, Sidney; MARQUES, Vera Regina Beltrão; SAMPAIO, Gabriela dos Reis; GALVÃO SOBRINHO, Carlos Roberto (Ed.). *Artes e ofícios de curar no Brasil.* Campinas: CECULT, 2003. p. 314.

20 FLORENTINO, Manolo. *Em costas negras: uma história do tráfico de escravos entre a África e o Rio de Janeiro.* São Paulo: Companhia das Letras, 1997.

21 *Idem*, p. 76. Os lazaretos foram espaços destinados ao isolamento dos africanos recém-chegados, bem como da população doente portadores de doenças contagiosas. Tal medida sanitária espalhou-se por várias províncias a fim de conter as contaminações.

Em tese de doutorado defendida em 2000, Jaime Rodrigues[22] analisou no Capítulo n°8 *"Saúde e artes de curar"* o foco de tensão política entre médicos, governo e traficantes durante o comércio vigente. Para o autor, as epidemias quando não raro, foram vistas como produto do tráfico até mesmo nas localidades envolvidas apenas indiretamente no comércio, como foi o caso de São Paulo, aonde o temor das bexigas (varíola) era presente na população da Província.

Ademais, ao observar os documentos de algumas embarcações envolvidas, Rodrigues raramente encontrou relações de medicamentos, exceto nos navios Guiana e Falcão. Por sua vez, na coleta dos 3.426 tripulantes negreiros, o autor identificou apenas 76 pessoas que exerciam as funções de barbeiros, cirurgiões, sangradores ou boticários, demonstrando assim o descaso com as condições sanitárias dos navios, observação semelhante a de Tânia Salgado Pimenta.[23].

Ainda acerca da questão, Rodrigues citou no livro, fruto da dissertação de mestrado, defendida em 1994, *"O infame comércio"*[24], o relato dos africanos Cosme e Damião, interrogados no processo do navio *Relâmpago*, referente às condições a bordo inadequadas:

---

22 RODRIGUES, Jaime. *De costa a costa: escravos e tripulantes no tráfico negreiro (Angola-Rio de Janeiro, 1780-1860)*. Tese de Doutorado em História, Campinas: Unicamp 2000. Não obstante, segundo o mesmo autor em artigo publicado no ano de 2012, as discussões das doenças tidas como heranças africanas refletiam uma politização da medicina, com argumentos, muitas vezes impregnados de racismo, quando não raro presente até os dias atuais. Para mais ver: RODRIGUES, Jaime. "Reflexões sobre tráfico de africanos, doenças e relações raciais". In: *História e Perspectivas*, Uberlândia (47): 15-34, jul/dez. 2012.

23 RODRIGUES, Jaime. *De costa a costa: escravos e tripulantes no tráfico negreiro (Angola-Rio de Janeiro, 1780-1860)*. Tese de Doutorado em História, Campinas: Unicamp 2000. p. 335.

24 RODRIGUES, Jaime. *O infame comércio: propostas e experiências no final do tráfico de africanos para o Brasil*. Campinas-SP: Ed. da Unicamp, CECULT, 2000.

[...] homens e mulheres adultos vinham na parte mais inferior do porão, e os pequenos acima e, quase todos passavam mal durante a viagem, e que morriam muitos [...] sendo certo que durante a viagem e na ocasião do desembarque levaram muitas pancadas ele e os demais africanos".[25]

Já, Mary C. Karasch, na pesquisa acerca da vida dos escravos no Rio de Janeiro entre 1800 a 1850[26], além de refletir acerca das péssimas condições das embarcações negreiras, associou outros elementos à questão da saúde africana. Em análise das fontes da Santa Casa de Misericórdia nos anos de 1833 a 1849, Karasch identificou que o número de mortos atingiu majoritariamente africanos do sexo masculino e adultos.[27] A autora buscou demonstrar que, a insalubridade não ocorria somente nos navios, mas também em solo brasileiro, através da precária alimentação, a carência de nutrientes, como a vitamina D e rotinas de trabalho exaustivas.

Quanto às moléstias existe vasta bibliografia, sendo comum encontrarmos nas pesquisas as principais doenças presentes na população escrava e africana, como: febre amarela, sífilis, bexigas (varíola), escorbuto ou "Mal de Luanda", inflamações do estômago, boubas, hidropisia,

---

25 RODRIGUES, Jaime, *op. cit.*, p. 189-190. Segundo Rodrigues, o navio desembarcou na Bahia, em 1851, e de acordo com o relato do marinheiro Manuel Sanches, o carregamento possuía 830 africanos, dos quais morreram cerca de 40 e tantos durante a viagem. Ademais, o autor indica que o número de mortalidade dos africanos a bordo dos navios pode ter aumentado durante a fase mais aguda da repressão.

26 KARASCH, Mary C. *A vida dos escravos no Rio de Janeiro, 1808-1850.* Ed. Companhia das Letras: São Paulo, 2000.

27 KARASCH, Mary C, *op. cit.*, p. 207. Para a autora, as mortes foram constituídas por africanos do sexo masculino, sendo 83% com menos de 40 anos, dos quais 41,3% eram crianças e os demais 17% com idade superior a 40 anos.

sarnas, disenterias, amarelão[28], tuberculose e outras mazelas pulmonares. Todavia, optamos por considerar as discussões acerca de determinadas doenças, no próximo item, quando analisaremos as enfermidades presentes em Ipanema.

Ainda sobre a chegada de novos escravos e africanos e a introdução de doenças, Sidney Chalhoub,[29] alega que tal correspondência não era incorreta, visto que existia uma relação entre a incidência de varíola em algumas partes da África e a transmissão da doença para o Brasil, fato que só foi diminuído após o surgimento da vacinação aqui no país. Na obra, o historiador observa as transformações na Corte Imperial, devido às doenças, às demolições dos cortiços, além da resistência da população negra e pobre contra as medidas. Em seu recente trabalho[30], o autor também cita que entre os sinais característicos dos "pretos novos" podiam-se observar várias doenças de pele, entre elas principalmente as sarnas.

Novamente acerca do Rio de Janeiro e utilizando fontes como as da Santa Casa de Misericórdia, e as da Imperial Academia de Medicina, Silvio Cezar de Souza Lima, (2011)[31] buscou entender a relação entre o contexto social da escravidão e as práticas médicas entre 1830 a 1850. Para ele, o escravo era objeto de preocupação dos médicos seja como paciente ou

---

28   O amarelão ou frialdade ficou conhecido na década de 1930, como a "doença do jeca", personagem do escritor Monteiro Lobato. Atualmente, a mesma é conhecida pelo nome de ancilostomíase. O verme *Ancylostoma duodenale*, provoca lesões na pele como coceira, irritação e vermelhidão. Nos casos mais graves a ancilostomíase pode causar hemorragia no fígado, tosse, febre, anemia, perda de apetite e fadiga.

29   CHALHOUB, Sidney. *Cidade Febril: cortiços e epidemias na Corte imperial.* São Paulo: Companhia das Letras, 1996.

30   CHALHOUB, Sidney. *A força da escravidão: ilegalidade e costume no Brasil oitocentista.* São Paulo: Companhia das Letras, 2012, p. 101.

31   LIMA, Silvio C. de S. *O corpo escravo como objeto das práticas médicas no Rio de Janeiro (1830-1850).* Tese (Doutorado em História das Ciências e da Saúde), Rio de Janeiro: Fundação Oswaldo Cruz. Casa de Oswaldo Cruz, 2011.

Entre a fábrica e a senzala

objeto de estudo para novos experimentos. Assim, mais do que analisar os discursos médico-científicos, o autor tenta compreender como este setor lidava ao encarar o corpo cativo, negro com seus males e doenças.

Mas, e quanto à Província de São Paulo, nossa região de estudo? Fabiana Schleumer[32] observa as doenças e a escravidão negra em São Paulo, no século XVIII. Para a autora, os estudos acerca da sobrevivência dos cativos em meio à travessia transatlântica só podem ser realizados devido às fontes documentais, representadas pelos registros provenientes dos navios negreiros, os quais apontavam que, durante o século XVIII o índice de mortalidade variava de 15 a 20%.[33] Já no século XIX houve uma queda correspondendo a 10%, devido às melhores condições de transporte. Todavia, mesmo com tal decréscimo e discreta melhora, a viagem a bordo dos navios negreiros ainda era extremamente exaustiva, desumana e insalubre.

Outro trabalho importante é a tese de doutorado de Luís Soares de Camargo, responsável por identificar os padrões de vida e morte, em São Paulo do Século XIX. O autor analisa as epidemias, febres, bexigas, mortes e cuidados preventivos, sob variadas óticas e agentes sociais. Desta forma, a população abastada, pobre, indígenas, escravos e africanos estão presentes nas reflexões de Camargo. Ele também notou que, para os povos da África Ocidental, a crença da doença nunca era algo natural, sempre provocada por forças sobre-humanas, evocada por feiticeiros ou causada por ofensas a divindades. Nesse sentido, a cura deveria ocorrer prioritariamente por meio de rituais.[34]

32　SCHLEUMER, Fabiana. "Bexigas, curas e calundus: a escravidão negra em São Paulo (Século XVIII) sob uma perspectiva cultural". In: *Anais do II Encontro Internacional de História Colonial. Mneme – Revista de Humanidades.* UFRN. Caicó (RN), v. 9. n° 24,Set/out. 2008.

33　SCHLEUMER, Fabiana, *op. cit.*, p. 314.

34　CAMARGO, Luís S. de. *Viver e morrer em São Paulo: a vida, as doenças e a morte na cidade do século XIX.* Tese de Doutorado em História Social. São Paulo: PUC-SP, 2007.

Do mesmo modo, no aspecto cultural, Tânia Salgado Pimenta[35], ressaltou que as associações entre infortúnio e moléstias foram compartilhadas pelos africanos de origem bantu. Para eles, "as doenças seriam causadas pela ação malévola de espíritos ou pessoas, através da bruxaria ou da feitiçaria"[36], demonstrando assim a relação dos mesmos com o sobrenatural. Logo, a busca de seus males e curas ocorria por meio das crenças e da religiosidade.

O tema das práticas de curas se tornaram mais presentes entre as dissertações de mestrado e teses de doutorado nos finais da década de 1990. Tais estudos procuraram compreender a cura como um processo amplo, o qual envolvia não apenas os médicos, como também a diversidade de saberes e práticas, em conjunto com os curandeiros e os doentes no Brasil Imperial. Nesta direção há o trabalho de Gabriela dos Reis Sampaio[37], onde demonstra que a medicina científica não era a única nem a mais procurada no país. Apesar de toda a legitimação profissional da classe médica, diferentes setores da sociedade recorriam às práticas de curas milagrosas.

Há também o estudo de Regina Xavier, no qual busca compreender as experiências no combate às doenças dos habitantes de Campinas-SP, nas décadas de 1860 e 1870. Um dos maiores males que afligia a população naquele momento era a varíola, por diversas vezes relacionada com a introdução de novos escravos africanos. Segundo Xavier, "o temor da doença motivava as autoridades de Campinas, a mantê-los no

---

35 PIMENTA, Tânia S. "Terapeutas populares e instituições médicas na primeira metade do século XIX". In: CHALHOUB, Sidney; MARQUES, Vera Regina Beltrão; SAMPAIO, Gabriela dos Reis; GALVÃO SOBRINHO, Carlos Roberto (Ed.). *Artes e ofícios de curar no Brasil*. Campinas: CECULT, 2003. p. 307-330.

36 CAMARGO, Luís S. de, *op. cit.*, p. 314.

37 CHALHOUB, Sidney; MARQUES, Vera Regina Beltrão; SAMPAIO, Gabriela dos Reis; GALVÃO SOBRINHO, Carlos Roberto (Ed.). *Artes e ofícios de curar no Brasil*. Campinas: CECULT, 2003.

momento em que lá chegassem em quarentena, afastados do resto da população".[38] Ela fala também sobre a tensão que envolvia os médicos, curandeiros e pacientes. Inscrevia-se ainda a manipulação dos elementos sobrenatural para as curas, muitas vezes representado por Mestre Tito, grande curandeiro da região.

Nikelen Acosta Witter[39] faz um pequeno inventário dos trabalhos, os quais analisam o exercício e o uso das formas mais populares das artes de curar, apontando suas contribuições, semelhanças e diferenças, sendo muito elucidativo para nós. Segundo a autora, as alterações nas formas de pensar a história médica também mudaram a forma como as práticas populares de cura tinham sido até então apreendidas. Mais do que isso, os estudos recriaram tal universo, trazendo à tona novos sujeitos baseados nas redes de solidariedade e confiança, como no caso dos curandeiros, estes que na maioria das vezes eram conhecidos também como os feiticeiros, negros, velhos africanos.

Outra importante contribuição é a tese de doutorado de Vanicléia Silva Santos[40], defendida em 2008, que estuda de modo original as bolsas de mandinga, utilizadas por alguns setores da população negra no Império Português. Ao observar relatos de viajantes, documentos do Conselho Ultramarino, correspondências entre as autoridades do Brasil, Angola,

---

38 XAVIER, Regina C. L. de. "Dos males e suas curas. Práticas médicas na Campinas oitocentista". In: CHALHOUB, Sidney; MARQUES, Vera Regina Beltrão; SAMPAIO, Gabriela dos Reis; GALVÃO SOBRINHO, Carlos Roberto (Ed.). *Artes e ofícios de curar no Brasil*. Campinas: CECULT, 2003. p. 338.

39 WITTER, Nikelen A. "Curar como Arte e Ofício: contribuições para um debate historiográfico sobre saúde, doença e cura". In: *Tempo*, Rio de Janeiro, n° 19, 2005, p. 13-25.

40 SANTOS, Vanicléia S. *As bolsas de mandinga no espaço Atlântico: Século XVIII*. Tese de Doutorado em História Social. IFCH-USP: Universidade de São Paulo, 2008. Segundo a autora, o uso original da palavra mandinga, refere-se aos povos originários dos mandês. Por sua vez, o antigo reino do Mali também era chamado de Mandinga, cujos habitantes eram os povos Malinqué, Mande ou Mandéu, p. 23.

além dos processos inquisitoriais contra a "feitiçaria", Santos identificou que tais amuletos fizeram parte das práticas culturais e religiosas dos africanos da região Oeste e Centro Ocidental. Na Bahia setecentista, as bolsas corresponderam às necessidades de resolver os problemas cotidianos, bem como os do mundo invisível. As mesmas, segundo a autora, foram recriações africanas no mundo do cativeiro associadas à cosmologia dos povos bacongo e quimbundo, em conjunto com elementos cristãos. [41]

Por conseguinte, acreditamos que as pesquisas analisadas acima, nos ajudam a compreender e delimitar a experiência dos trabalhadores de Ipanema. Concordamos com os autores ao interpretarem, que na prática o grande causador das enfermidades sofridas pelos africanos não foram somente o tráfico ou sua origem, mas sim o descuido de seus concessionários. Ademais, ao recriarem sua cultura na diáspora, os africanos não deixaram de lado alguns aspectos religiosos, o que influenciou o surgimento de novos agentes como: curandeiros, feiticeiros, sangradores, bem como as visões e práticas de cura. Sendo assim, nas próximas páginas será discutido o cotidiano, o tratamento, os padrões de morte e doenças na fábrica.

Doenças, curas e mortes na Fábrica de Ferro Ipanema

A Fábrica de Ferro Ipanema, que ficara conhecida no século XIX como um dos maiores empreendimentos do Império do Brasil devido à sua produção, na realidade, no que diz respeito à sua estrutura e rotina, por diversas vezes sofreu rejeição e medo por parte dos variados grupos de trabalhadores que passaram pelo local. Isto ocorreu, porque na prática, além da exaustiva jornada de trabalho, existiram inúmeros acidentes nas máquinas e fornos, quando não raro levavam à mutilação. Além disso, embora houvesse um hospital no interior da fábrica, não existiam

---

41 SANTOS, Vicléia S. *As bolsas de mandinga no espaço Atlântico: Século XVIII*. Tese de Doutorado em História Social. IFCH-USP: Universidade de São Paulo, 2008, p. 15.

médicos e condições salubres de qualidade, visto que chegando até mesmo a faltar lençóis e equipamentos básicos de higiene.

Infelizmente, não identificamos fontes referentes à saúde dos operários livres, nem dos estrangeiros, exceto um documento de 1882, fase praticamente ausente de africanos e escravos no estabelecimento. Logo, não foi possível realizar a completa abordagem da questão sobre todas as classes de trabalhadores. Acerca do nosso objeto, os africanos livres contraíram doenças tanto após a travessia transatlântica nos navios negreiros, quanto dentro de Ipanema. Nela, não recebiam o tratamento adequado para os principais males que os acometiam como: disenteria, bexigas, boubas, febres, feridas, traumas oriundos dos acidentes de trabalho etc.

Como já salientado anteriormente na discussão bibliográfica, eram graves as condições sanitárias e higiênicas a bordo dos navios negreiros e, de fato foram elementos cruciais no que tange à saúde e doenças dos africanos. Um exemplo é a presença do escorbuto, ou "Mal de Luanda", na população recém- desembarcada, a qual também se fez presente nos novos tutelados de Ipanema. A moléstia é causada devido à carência de vitamina C e alimentos frescos. As longas viagens proporcionavam o aumento da doença, porque não havia disponibilidade de tal alimentação.

Por outro lado, a literatura médica apontava que a mazela poderia ser evitada se existisse o consumo de frutas frescas, cítricas como limões e laranjas. Segundo Jaime Rodrigues, a dieta básica nas embarcações constituía-se de carne seca, feijão, farinha de mandioca, logo a dificuldade em armazenar as frutas e mantê-las próprias para o consumo, ajudaria a explicar a incidência do escorbuto nos navios.[42] Desta forma, fica claro que a mazela nunca foi adquirida na fábrica, sendo característica dos africanos recém-chegados, que devido à falta de cuidados médicos no local provocou o óbito dos mesmos.

---

42 RODRIGUES, Jaime. *De costa a costa: escravos e tripulantes no tráfico negreiro (Angola-Rio de Janeiro, 1780-1860).* Tese de Doutorado em História. Campinas: Unicamp, 2000, p. 321.

Vale lembrar que a mortalidade ocorreu em muitos empreendimentos, de acordo com Beatriz Mamigonian, 28,4% dos africanos livres morreram nos primeiros cinco anos de tutela. Tais porcentagens indicavam que o Estado descuidava dos seus tratamentos médicos; já os consignatários particulares concentravam menos tutelados e acompanhavam mais de perto a saúde daquelas pessoas.[43] Ademais, Alinnie Silvestre Moreira aponta que, embora houvesse na Fábrica de Pólvora da Estrela um hospital, a negligência, bem como os pesados trabalhos ocasionou a perda de muitos tutelados daquela instituição. Segundo a autora, o número de mortos entre os homens chegou a 21,9%, enquanto as mulheres apenas 9,5%, (provavelmente devido às funções menos exaustivas). Para a década de 1830, Moreira contabilizou o falecimento de 18% dos africanos iniciantes nos trabalhos do local.[44]

Do mesmo modo, Jorge Prata de Souza indica a alta mortalidade dos tutelados, prestadores de serviços nas obras públicas, de calçamento e iluminação da Corte. Para Souza, os cargos apresentavam números expressivos de baixas, uma vez que os africanos trabalhavam toda a noite ao sereno e na chuva. Sofrendo ainda de carência alimentar, portanto os óbitos aconteciam por conta da pneumonia e tuberculose.[45] Não obstante, Carlos Eduardo Moreira de Araújo contabilizou 17 mortes na Casa de Correção da Corte no ano de 1856. Segundo ele as principais moléstias

---

43 MAMIGONIAN, Beatriz G. "Revisitando o problema da 'transição para o trabalho livre' no Brasil: a experiência de trabalho dos africanos livres". In: *GT Mundos do Trabalho- Jornadas de História do Trabalho: Pelotas-RS, 6-8, 11/2002*, p. 10.

44 MOREIRA, Alinnie S. *Os africanos livres e as relações de trabalho na Fábrica de Pólvora da Estrela, Serra da Estrela- RJ (1831-1870)*. Dissertação de Mestrado em História. Campinas: Unicamp, 2005, p. 149-150.

45 SOUZA, Jorge L. P. *Africano livre ficando livre: trabalho, cotidiano e luta*. Tese de Doutorado em História Social. São Paulo: Universidade de São Paulo, 1999, p. 58-59.

dos trabalhadores eram cólera, doenças dos órgãos abdominais, cerebrais e toráxicos.

Com relação à Ipanema, em documento de 12 de abril de 1842, Antonio Ribeiro Escobar, diretor da fábrica no momento enviou um ofício ao presidente da Província de São Paulo, José Carlos Pereira de Almeida Torres. Nele comunicava que mandou vir um médico facultativo, (ou seja, que não pertencia ao estabelecimento), a fim de verificar os escravos e africanos doentes do plantel:

> Hoje mando vir da cidade de Sorocaba um Facultativo para ver os escravos e africanos doentes que são em número de 19, e se acham no hospital entregues a si mesmos, visto que não há quem lhes aplique remédios. Entre os doentes existem quatro ou cinco que me parecem morféticos, e que a estarem tocados deste mal julgo conveniente que sejam também antes removidos deste Estabelecimento, a fim de não contaminarem os outros[...].[46]

Ademais, Escobar alertou também sobre a necessidade de se obter um cirurgião que residisse em Ipanema, a fim de evitar os prejuízos com a mortalidade dos trabalhadores, pois não havia quem lhes aplicasse remédios quando as moléstias os afligiam. Era claro que a preocupação do diretor com os africanos era menos por razões humanitárias do que os prejuízos que tais males poderiam causar. Contudo, a contratação de médicos, e a perda de "mercadoria", indicavam o grau de cuidados necessários para não contaminar e perder os outros tutelados. Cuidar da saúde dos trabalhadores era uma forma de manter o controle na fábrica, e também uma maneira de proteger os investimentos financeiros, visto

---

46   AESP, Fábrica de Ferro Ipanema, 12 de abril de1842 *Ofício do diretor da fábrica Antonio Ribeiro Escobar ao presidente da Província de São Paulo, José Carlos Pereira de Almeida Torres*. Ordem nº 5215.

que o surto de doenças e epidemias poderia dizimar toda a mão-de-obra de uma só vez.

Além da remoção dos africanos livres doentes do estabelecimento, outras medidas de precaução eram tomadas pela direção baseadas principalmente no que era realizado na Corte. Quando os trabalhadores chegavam ao porto do Rio de Janeiro eles eram postos em quarentena em locais pré-estabelecidos como os lazaretos, conhecidos como enfermarias de emergência, ou hospitais de isolamento a fim de não haver propagação das doenças. No caso de Ipanema, existem documentos que apontam tal prática, todavia os doentes eram enviados a um rancho dentro do plantel fabril.

Dois anos depois, o Regulamento Provisório de administração da fábrica de 1844[47], passou a determinar que o hospital fosse gerenciado por um cirurgião, tendo como auxiliares um enfermeiro e um servente. Eles deveriam ser capazes de supervisionar doentes, mais as despesas de remédios e todos os objetos que lhe diziam respeito. Ainda segundo as ordens do diretor, o cirurgião deveria cuidar das dietas, e no caso dos operários livres indicar razoável desconto de seus vencimentos.

De forma geral, apesar do regulamento prever a participação de cirurgiões e enfermeiros, na realidade, o local por diversas vezes esteve ausente de profissionais especializados, bem como de medicamentos. Conforme exposto na fonte transcrita acima, a "morfeia", mais conhecida como lepra[48] acometeu alguns africanos do empreendimento. A moléstia era transmitida pelas vias aéreas, através do micróbio, hoje conhecido por bacilo de Hansen (*Mycobacterium leprae*), a qual ataca a pele, nervos e olhos, causando deformações corporais e era facilmente transmitida.

---

47 AESP, Fábrica de Ferro Ipanema, 26 de maio de 1844. *Regulamento provisório para a administração da fábrica, elaborado por José Ignácio da Silva, artigos n° 40,41 e 42.* Ordem n° CO 5215 (1840-1848).

48 A doença também era conhecida como elefantíase dos gregos e mal de lázaro. Atualmente, ela é curável.

A doença fora tratada por muitos estudiosos e viajantes do século XIX, como precedente da África, sendo alastrada através do tráfico de escravos, presente inclusive na Colômbia, Península Ibérica, Guiana Francesa e colônias inglesas do Caribe.[49] A mazela causava deformações corporais e seus portadores deveriam ser isolados. Além disso, muitas vezes relacionavam-na com a suposta falta de higiene e desleixo dos negros, opinião preconceituosa e precipitada, visto que não raro eles viviam sob condições insalubres.

Não obstante, em 1842, foi realizado o termo de vistoria no cadáver do tutelado de nome Gualberto, nº 154 e enviado ao escrivão do almoxarifado, Antonio Martins da Costa Passos. O africano possuía "feridas nos pés do que resultaria a morte do mesmo."[50] No entanto, o termo não esclarece mais nada sobre a doença sofrida e não há um laudo mais específico acerca do óbito. Deste modo, existem duas formas de se interpretar a enfermidade do africano de acordo com o contexto de Ipanema: ou ele havia sofrido algum acidente nas máquinas ou fornos e, por conseguinte não recebeu o tratamento e remédios adequados ou provavelmente estivesse infectado de boubas.

As boubas são consideradas pestes tropicais, conhecidas como doenças que se localizavam na pele, ossos e cartilagens, caracterizadas por feridas que doíam e/ou coçavam demasiadamente. Elas deixavam o corpo coberto de pústulas, as quais são elevações da pele repletas de pus. Ademais, se faziam mais presentes em membros como braços, pernas e pés. Inicialmente, a ferida, ou bolha permanecia única, porém após duas ou mais semanas outras surgiam, de modo inflamatório, cobertas de pus.

---

49 Para mais ver: RODRIGUES, Jaime. *De costa a costa: escravos e tripulantes no tráfico negreiro (Angola-Rio de Janeiro, 1780-1860).* Tese de Doutorado em História. Campinas: Unicamp, 2000, p. 310-315.

50 AESP, Fábrica de Ferro Ipanema, 10 de novembro de 1842. *Termo de vistoria,* Ordem nº CO 5215 (1840-1848).

As pústulas, muitas vezes poderiam secar sozinhas e desaparecer entre alguns intervalos. Os índios para secá-las tinham o costume de tingi-las com jenipapo, todavia não encontramos maiores informações sobre como os africanos tentavam se curar, neste caso talvez com ervas ou rezas. Paralelamente, outras doenças como a sífilis e as bexigas podem deter em seu processo a formação de boubas, no entanto clinicamente elas são completamente opostas e não devem ser confundidas.

Ainda no ano de 1842, o diretor de Ipanema enviou um ofício ao presidente da Província de São Paulo, Barão de Monte Alegre, declarando a remessa do africano de nome Simplício ao hospital de Sorocaba, no dia 06 de julho, por recomendação do cirurgião ajudante da fabrica, Joaquim José Galvão. O médico queria identificar a causa próxima das moléstias que o dito africano sofria entre elas febres, escorbuto e ferida das unhas dos pés. Infelizmente, Simplício morreu no dia 22 do corrente mês. Por outro lado o cirurgião exigia a assistência de um oficial do Juiz de Paz para se fazer a vistoria no cadáver, o que até então não havia acontecido. É interessante, a reclamação que o diretor realiza no final do documento:

> Estas moléstias tão graves, que não me animo a tratar as mesmas, pois a perca de uma das minhas escravas, que sempre mandava para tratar os doentes, é bastante prejuízo, é de absoluta necessidade que venha cirurgião hábil e de juízo.[51]

Com relação às enfermidades que acometiam o africano Simplício, é preciso lembrar que a alimentação carecia de nutrientes, pois as rações eram servidas a fim de que os tutelados superassem a exaustiva jornada de atividades. Desta maneira, a longa rotina de trabalho, somadas às poucas horas de repouso, aliada à má alimentação, vestimenta e moradia

---

51   AESP, Fábrica de Ferro Ipanema, 26 de julho de 1842. *Ofício do diretor ao presidente da Província de São Paulo.* Ordem nº 5215 (1840-1848).

inadequadas além de causar doenças nesses homens e mulheres, acabava por ir contra os próprios interesses das autoridades.

Quanto às feridas nas unhas do africano é bem provável que seja derivada de algum machucado, não encontramos descrições de doenças com essas reações. Entretanto, as febres são conhecidas no saber médico desde o século XVII, sendo um dos principais responsáveis pelas mortes dos indivíduos. Porém, no século XIX, elas não possuíam classificações precisas, assim, poderiam se referir a sintomas como suor constante, calafrios, náuseas, vômitos e superaquecimento corporal.

O administrador deixa bem claro seu desinteresse no trato das moléstias, ao dizer que já havia perdido uma de suas escravas (provavelmente pertencentes à Ipanema). Logo, a principal revolta do diretor era porque a perda e a morte da cativa haviam causado prejuízos a ele. Além disso, a menção às mortes poderia ter sido um argumento a fim de conseguir profissionais para trabalharem no local. Por sua vez, é nítido o papel realizado pela escrava, a qual teria agido como enfermeira, auxiliar e até como curandeira dentro do plantel.

No Segundo Reinado, era grande a presença dos curandeiros (as) na sociedade, mesmo após tal categoria ter sido caracterizada como não científica. No entanto, apesar de combatidos pela lei diversos setores faziam uso de seus conhecimentos, até os próprios médicos e autoridades. Com relação à Fábrica de Ferro não encontramos informações se havia esse tipo de profissional. Todavia, como já citado, houve o caso da escrava, cuidadora dos doentes. Assim, não podemos descartar a possibilidade do uso de ervas, mandigas e chás a fim de evitar as mortes.

Não podemos considerar a presença dos curandeiros (as), que em sua maioria eram escravos e africanos, apenas em decorrência da escassez de profissionais médicos. Além disso, os africanos também interpretavam as doenças dentro de um universo cultural específico, e muitas vezes chegavam a acreditar que as moléstias seriam causadas por algum elemento sobrenatural. Os curandeiros utilizavam inclusive, talismãs, bolsas de mandinga, purgantes especiais e líquidos milagrosos. Segundo Regina Xavier: "embora a palavra curandeirismo designasse um conjunto muito variado de práticas, destacavam-se, nessas notícias, os chamados feiticeiros africanos".[52] Ademais, ao interpretar as mazelas dentro do seu universo, os curandeiros relacionavam a religiosidade aos seus tratamentos, garantindo também um espaço muito respeitado, seja no âmbito social ou político no meio em que viviam.

Os povos bantu da África Ocidental também detinham nas suas tradições religiosas a crença de que o orixá Xapanã, Omolu ou Obaluaiê (a denominação variava de acordo com a região), poderia castigá-los enviando-lhes doenças, principalmente as bexigas (varíola). Portanto, os rituais de cura e purificação realizados centravam-se na própria raiz da mazela. O historiador Luís Soares de Camargo, ao citar Sérgio Buarque de Hollanda comenta que era comum os antigos paulistas associarem a baeta vermelha às moléstias contagiosas, as quais penduradas nas portas das casas "anunciavam" a presença de bexiguentos.[53]

---

52   XAVIER, Regina C. L. de. Dos males e suas curas. Práticas médicas na Campinas oitocentista. In: CHALHOUB, Sidney; MARQUES, Vera Regina Beltrão; SAMPAIO, Gabriela dos Reis; GALVÃOSOBRINHO, Carlos Roberto (Ed.). *Artes e ofícios de curar no Brasil.* Campinas: CECULT, 2003. p 334. Ademais, não era qualquer pessoa a ser considerada feiticeira, geralmente eram os negras e negras mais velhas, mais experientes, visto que a sociedade Centro-Sul africana considera em demasiado a figura do ancestral.

53   CAMARGO, Luís S. de. *Viver e morrer em São Paulo: a vida, as doenças e a morte na cidade do século XIX.* Tese de Doutorado em História Social. São Paulo: PUC-SP, 2007, p. 239.

Figura 8 - Representação do orixá Omolu

Representação de Omolu, o corpo coberto com a palha utilizada para esconder seu corpo, suas feridas. http://ocandomble.wordpress.com/os-orixas/omulu/ Acesso em: 17/01/2013.

Segundo o autor, estes povos em conjunto com os do Daomé acreditavam na necessidade de toda a comunidade ser purificada, não apenas as pessoas isoladamente. Entre os bakongos, o sacerdote evocava o *nkisi* (objeto mágico), representado por chamar as forças do mundo invisível e purificar a todos. Camargo explica que de acordo com Sidney Chalhoub, no *nkisi* predomina a cor vermelha, com saquinhos feitos de fibra de ráfia, itens que remetem aos rituais e objetos destinados a Omolu no candomblé.[54] Assim, mesmo não encontrando informações sobre escravos ou africanos curandeiros, parteiras, sangradores, feiticeiros etc em Ipanema, é preciso considerar as suas participações, crenças e influências na província de São Paulo oitocentista.

Acerca das bexigas ou varíola, sabe-se que ela é transmitida pelo vírus, *Orthopoxvírus variolae*, extremamente resistente a agentes físicos e mudanças climáticas extremas. Este mal esteve presente, desde os primórdios da colonização paulista, após a grande epidemia iniciada em Salvador, no ano de 1561. Todavia, ela se instalou no Brasil profundamente, a partir da vinda dos navios negreiros, que eram extremamente infectos, ocasionando grandes surtos epidêmicos nas cidades. O período de incubação do vírus era de aproximadamente 7 a 17 dias, atacava as fossas nasais, causando dor de cabeça, falta de ânimo e dores nas costas.[55]

Além de ser uma doença extremamente contagiosa dentro dos tumbeiros, a final dos 17 dias muitas vezes coincidia com o desembarque de uma viagem de Angola ao Brasil, por exemplo. Assim, quando os africanos e escravos aqui chegavam já manifestavam a forma mais violenta da mazela. Segundo, Júlio César M. da Silva Pereira, em trabalho acerca das descobertas do cemitério dos pretos novos, na região portuária do Rio de Janeiro, a evolução mais grave da varíola acontecia da seguinte forma:

> A febre baixava e começavam a aparecer erupções avermelhadas, que se manifestavam na garganta, boca, rosto e depois se espalhavam por todo o corpo. Estas erupções evoluíam para pústulas, peque-

---

54 CAMARGO, Luís S. de, *op. cit.*, p. 240.

55 PEREIRA, Júlio C. M. da S. *À flor da terra: O cemitério dos pretos novos no Rio de Janeiro*. Rio de Janeiro: Garamond: IPHAN, 2007, p. 104

nas bolhas cheias de pus que provocavam dores e coceira intensa, e o contato de qualquer parte do corpo infectado com os olhos causava cegueira. Estas bolhas se chamavam, na linguagem popular, de bexigas. [56]

A varíola foi uma epidemia latente em meio ao Brasil dos séculos XVI ao XIX, e a Fábrica de Ferro não esteve fora dos índices. Em 1845, ano de um grande surto da epidemia na Província, o conselheiro da mesma, Manoel da Fonseca Lima e Silva, escreveu um ofício ao responsável pela vacinação na fábrica alertando que um africano recém-chegado manifestava a doença. As instruções eram para que o doente fosse enviado para o rancho, a fim de evitar o contágio. Ao final da missiva, o conselheiro ainda acrescentava: "o fato recorre de aplicar e enviar vacinas, não só ao mencionado e outros africanos, porém às crianças também".[57]

Com relação ao pedido de isolamento, o encontramos também em outras cidades da Província de São Paulo, como por exemplo, em Campinas. De acordo com Regina Xavier[58] o temor das incidências de varíola devido à introdução de novos africanos fez com que as autoridades do município os mantivessem em quarentena, em local afastado da região, recomendação esta dada pela Corte e os médicos.

Por sua vez, talvez esta fonte acima, seja a única, a qual deixa transparecer alguma medida eficaz pelas autoridades. Além disso, a vacinação já era presente em várias cidades da província, entre finais de 1805 a janeiro de 1806. Sorocaba, por exemplo, havia vacinado 1.600

---

56   PEREIRA, Júlio C. M. da S, *op. cit.*, p. 104.

57   AESP, Fábrica de Ferro Ipanema, 23 de setembro de 1845. *Ofício do conselho da presidência da Província à fábrica.* Folder nº 20. Ordem nº 5215 (1840-1848).

58   XAVIER, Regina C. L. de. "Dos males e suas curas. Práticas médicas na Campinas oitocentista". In: CHALHOUB, Sidney; MARQUES, Vera Regina Beltrão; SAMPAIO, Gabriela dos Reis; GALVÃO SOBRINHO, Carlos Roberto (Ed.). *Artes e ofícios de curar no Brasil.* Campinas: CECULT, 2003. p. 338.

habitantes.[59] Entretanto, não encontramos outros documentos que comprovem se o pedido de vacinação fora cumprido, bem como o número total de africanos contaminados com a doença no estabelecimento.

Um dado curioso é que segundo o artigo de Luís Soares de Camargo, a primeira vacina introduzida no Brasil, em 1804, fora iniciativa de um grande conhecido em torno da legislação de 1831: o marechal Felisberto Caldeira Brant (marquês de Barbacena), o qual enviou a Lisboa médicos e escravos para que a vacina fosse transmitida braço a braço até o retorno ao Brasil. Todavia, para o autor, alguns estudiosos alegam o fato de ela ser utilizada no Rio de Janeiro desde 1798.[60] Apesar de tal imprecisão com relação ao seu surgimento, é interessante ver o nome de Barbacena associado a outra questão, que não pode ser desassociada de uma das consequências da "lei para inglês ver".

Desde 1826 passou a existir uma política para a expansão das vacinações, porém não havia um alicerce técnico e burocrático que garantisse a sua aplicação, visto que muitas vezes o povo resistia em aceitar a vacina e, com isso as autoridades adotaram medidas coercitivas para realizá-la[61]. Porém, parece não ter sido esse o caso de Sorocaba, durante o ano de 1806 devido à quantidade de cidadãos vacinados.

Além disso, de acordo com Chalhoub[62] até 1840 não existiram cursos técnicos para a regeneração da vacina. Assim o recebimento e

---

59 ARQUIVO DO ESTADO DE SÃO PAULO, *Documentos Interessantes*, v. 95, p. 204.

60 CAMARGO, Luís S. de. "As 'bexigas' e a introdução da vacina antivariólica em São Paulo". In: *Histórica – Revista Eletrônica do Arquivo Público do Estado de São Paulo*, nº 28, 2007, p.03.

61 XAVIER, Regina C. L. de. "Dos males e suas curas. Práticas médicas na Campinas oitocentista". In: CHALHOUB, Sidney; MARQUES, Vera Regina Beltrão; SAMPAIO, Gabriela dos Reis; GALVÃO SOBRINHO, Carlos Roberto (Ed.). *Artes e ofícios de curar no Brasil*. Campinas: CECULT, 2003. p. 334.

62 CHALHOUB, Sidney. *Cidade febril: cortiços e epidemias na Corte imperial*. São Paulo: Companhia das Letras, 1996.

a produção da mesma não eram totalmente garantidos ou controlados pelo governo, devido à falta de doutores. Logo, as vacinas eram entregues a boticários ou a leigos. Desse modo, não é difícil compreender toda uma teia de profissionais que se formaram em paralelo, aos médicos oficiais, como os boticários, sangradores, escravas, parteiras etc

Na cidade de São Paulo, entre os finais dos séculos XVIII e XIX, existiram quatro retiros destinados aos portadores da varíola, além de um hospital especializado, localizado no bairro do Bexiga no ano de 1803. A instituição abrigou brancos, escravos e libertos. Luís Soares de Camargo indica a possibilidade de o próprio nome do bairro paulistano possuir origem devido à vinculação com a mazela. Os moradores descontentes teriam realizado abaixo assinado a fim de alterar o nome do Campo do Bexiga para Bela Vista.[63]

Em 1804, um traficante de escravos, natural de Sorocaba, com idade aproximada de trinta anos e procedente do Rio de Janeiro, permaneceu em quarentena na cidade de Santos juntamente com os africanos que portava. Seus tumores produziram inflamações, gangrenas, diarreias, levando-o ao óbito. Assim, as autoridades da época o consideraram como o introdutor do surto daquele ano.[64] Além disso, a província passou por diversas epidemias ao longo dos anos como em 1803, 1858, 1859, 1863 e 1864.

Tanto a varíola, quanto a lepra detinham características notadas por todos, pois deformavam o doente, mesmo após as curas, os indivíduos ficavam com marcas e sentiam vergonha por tê-las adquirido.[65] Também era comum as famílias, principalmente as mais abastadas tratarem seus doentes às escondidas. Naquela época sepultavam-se os cadáveres nas igrejas, e ainda de acordo com Luís Soares de Camargo, apenas

---

63 CAMARGO, Luís S. de. *Viver e morrer em São Paulo: a vida, as doenças e a morte na cidade do século XIX*. Tese de Doutorado em História Social. São Paulo: PUC-SP, 2007, p. 229-231.

64 CAMARGO, Luís S. de, *op. cit.*, p. 244.

65 *Ibidem*, p. 263.

em 1858 a prática foi suspensa. A partir de então, surgiu o cemitério da Consolação, aonde os corpos das pessoas mais ricas permaneciam próximos da Rua da Consolação e capelas; enquanto os pobres, crianças e escravos jaziam nos lugares mais distantes do cemitério.[66]

Acerca da mortalidade infantil na fábrica identificamos o falecimento de três crianças, a primeira, a africana livre Angélica com menos de três meses em 1843.[67] O segundo, filho da africana Theodora, que não consta a idade morreu de inflamação umbilical em 1844.[68] A terceira, Antonia com menos de sete anos de idade, filha da africana Catharina foi a óbito no ano de 1848.[69] Apesar do número baixo de perdas, não desconsideramos a probabilidade de o índice ter sido maior.

Nesse sentido, não foram apenas os bebês recém-chegados do tráfico a falecerem no estabelecimento, como também aqueles que as mães deram à luz no local. No trabalho anterior também encontramos dados, porém esparsos sobre o falecimento de crianças escravas, portanto concluímos que para ambos os grupos de trabalhadores, o número de mortalidade infantil não fora tão expressivo, quanto o de adultos, muitas vezes ligada aos acidentes de trabalho. Sendo assim, provavelmente as condições higiênico-sanitárias e a falta de médicos no plantel podem ter contribuído para esses óbitos. Segundo, Lima Duarte, grande trauma sofriam as crianças, principalmente na escolha dos alimentos:

---

66 *Ibidem*, p. 432. Camargo salienta a separação entre ricos e pobres como sendo uma topografia social exercida na "cidade dos mortos".

67 AESP, Fábrica de Ferro Ipanema, 28 de outubro de 1843. *Ofício do diretor Antonio Manoel de Mello ao Presidente da Província, Joaquim José Luiz de Souza.* Ordem nº CO 5215 (1840-1848).

68 AESP, Fábrica de Ferro Ipanema, 18 de março de 1844. Ordem nº CO 5215 (1840-1848).

69 AESP, Fábrica de Ferro Ipanema, 05 de dezembro de 1848. Ordem nº CO 5215(1840-1848).

> [...] Porque ainda acostumadas apenas com leite, eram "logo submetidas a uma alimentação grosseira, como o feijão e o angu", sem outros adicionais mais nutritivos, o que favorecia por certo a grande mortalidade dos crioulinhos.[70]

Por sua vez, Stanley Stein na pesquisa referente à escravidão, no município de Vassouras-RJ, afirmou que as mortes eram elevadas entre os escravos das fazendas de café. Segundo ele, morriam muitas crianças entre um mês a dois anos de idade, já entre os de seis a dez anos o número caía.[71] Para Stein, os fazendeiros não davam atenção aos primeiros sintomas de doenças até que estivessem com o pulso acelerado ou a testa febril, únicos indícios de moléstias consideradas sérias, hábito que é fruto da ignorância de seus proprietários.[72]

Quanto aos tratamentos concedidos, os administradores de Ipanema enfrentaram dificuldades com a escassez de remédios e profissionais especializados. Em 1853, o diretor enviou correspondência destinada ao presidente da província relatando o afastamento do médico responsável pela fábrica, o Dr. Theodoro Langard, o qual havia servido no estabelecimento durante dez anos, porém recebera a nomeação de médico do hospital da Santa Casa de Misericórdia do Rio de Janeiro. E deveria mudar de residência. Assim, o gestor solicitava a admissão do doutor José R. Pereira, pelos mesmos vencimentos de Langard. Além disso, Francisco Antonio Raposo salientou a necessidade da aprovação do profissional citado, pois em outro momento o presidente não havia deferido o outro nome indicado.

---

70 DUARTE, Lima. "A higiene da escravatura no Brasil", p. 29. Citado por: EUGÊNIO, Alisson "Reflexões médicas sobre as condições de saúde da população escrava no Brasil do século XIX". In: *Afro-Ásia*, Bahia, 42 (2010), p. 142.

71 STEIN, Stanley J. *Vassouras: um município brasileiro do café, 1850-1900*. Rio de Janeiro: Nova Fronteira, 1990, p. 223-224.

72 STEIN, Stanley J, *op. cit.*, p. 223-224.

Como não encontramos documentos dos anos anteriores, lidamos com a probabilidade da fábrica não ter contado com profissionais entre os anos de 1835 (data da chegada dos primeiros tutelados) a 1842. Portanto, é evidente que tal ausência no referido ano, prejudicou os tratamentos dos 19 escravos e africanos, bem como o de Simplício analisados páginas acima. Através da fonte, o diretor deixa claro também o fato de a nomeação do médico ser subordinada às autoridades políticas, além do presidente da província, pois a aprovação dependia inclusive "do conhecimento de sua Majestade Imperial".[73]

Como se não basta bastasse tal falta, o empreendimento anos depois ainda careceu de dinheiro para o fornecimento dos trabalhadores. Na correspondência de 1861, o gestor Francisco Antonio Dias pedia crédito à tesouraria de Sorocaba alegando não existir "[...] um grão de milho, nem de feijão para o sustento dos escravos e africanos [...]"[74], porque no ano anterior não houve plantações por causa das trocas de trabalhadores para a Província do Mato Grosso. Um mês depois, o gestor escreve ao presidente da província a fim de informar a morte do africano livre Dario, de mais ou menos 70 anos de idade, portador de hepatite crônica. O atestado médico não pôde ser enviado, porque não havia médico e o enfermeiro se despediu do serviço.[75]

Após o falecimento de Dario, no mês seguinte, morreu outro africano, o que comprova as precárias condições de saúde no local. Deógenes

---

73 AESP, Fábrica de Ferro Ipanema, 1 de fevereiro de 1853. *Correspondência do diretor, Francisco Antonio Raposo ao Presidente da Província, Josino do Nascimento Silva*. Ordem n° CO 5216 (1849-1870).

74 AESP, Fábrica de Ferro Ipanema, 27 de março de 1861. *Correspondência do diretor Francisco Antonio Dias ao Presidente da Província, Antonio José Henriques*. Ordem n° CO 5216 (1849-1870).

75 AESP, Fábrica de Ferro Ipanema, 5 de abril de 1861. *Correspondência do diretor Francisco Antonio Dias ao doutor, José Jacinto de Mendonça*. Ordem n° CO 5216 (1849-1870).

faleceu de hidropisia[76] e era maior de sessenta anos de idade. Novamente, a administração justificava a ausência do atestado médico e a certidão de óbito, por conta da falta de profissionais competentes para tal. Em ambas as mortes solicitaram-se os serviços do escrivão de Sorocaba, a fim de lavrar as certidões. Entretanto, segundo Raposo: "[...] como isto não rende coisa alguma eles não fazem caso, assim como fizeram da outra vez".[77]

Tempos após, no final do ano, durante o mês de dezembro, a situação tornou-se calamitosa. Naquele momento havia dezenove escravos doentes no hospital da fábrica, e ainda não existia médico ou enfermeiro. O diretor contratou o doutor João Henrique Adames pela quantia de trinta mil réis por mês, porém ainda solicitava ao presidente da província, profissionais com dedicação exclusiva, de preferência que pudessem residir no estabelecimento e segundo as suas palavras: "[...] tenho escravos que estão morrendo. Quando mando chamar um médico na cidade, logo dizem que por menos de trinta mil não vão [...]". [78]

Além disso, o hospital sofria com a infraestrutura precária, pois quando adoecia algum cativo ou africano, estes deitavam em uma esteira de taquara, sem cobertura alguma.[79] As condições da fábrica ao longo do tempo pioraram, e em 1863, a direção decidiu mandar os escravos e

---

76 A mazela é causada por distúrbios na circulação do sangue, a qual gera acumulação anormal de fluido no tecido celular, podendo aparecer de forma generalizada ou em locais específicos como ventre, coração, rins e pernas.

77 AESP, Fábrica de Ferro Ipanema, 2 de maio de 1861. *Correspondência do diretor Francisco Antonio Dias ao Presidente da Província, Antonio José Henriques.* Ordem n° CO 5216 (1849-1870).

78 AESP, Fábrica de Ferro Ipanema, 19 de dezembro de 1861. *Correspondência do diretor Francisco Antonio Dias ao presidente da Província, doutor José Jacinto de Mendonça.* Ordem n° CO 5216 (1849-1870).

79 AESP, Fábrica de Ferro Ipanema, 14 de maio de 1861. *Ofício da fábrica.* Ordem n° CO 5216 (1849-1870).

tutelados com bexigas para o hospital de Sorocaba, porque ainda naquele ano não havia boticário ou médico.[80]

Um dos motivos, talvez tenha sido as constantes trocas de presidentes da província ocasionando assim, certa demora nas solicitações, que deveriam ser aprovadas pelo Imperador. Entretanto, isto não vale como total justificativa, porque durante nove anos Ipanema não possuiu médico regular.

Outro fator foi a negligência dos escrivães e médicos de Sorocaba, os quais não prestavam seus serviços, caso não fossem bem pagos (é provável que encareciam seu trabalho, por se tratar de empreendimento imperial). Não obstante, o estabelecimento contou com serviços médicos por apenas dez anos, (de 1843 a 1853), período conduzido pelo doutor Theodoro Langard. Logo, de 1835 a 1842, e após 1853, as fontes revelam completo descaso das questões da saúde e infraestrutura.

Dessa forma, a opção da direção de enviar os escravos e tutelados bexiguentos para o hospital da cidade mostrou-se como a mais adequada. O local, também denominado de Santa Casa de Misericórdia iniciou suas atividades no ano de 1803, quando o capitão-mor, Francisco José de Souza manifestou ao então presidente da Província, o capitão-general Antonio José de França Horta, o desejo de criar a Irmandade, através de um hospital destinado a curar os enfermos, pobres e miseráveis.

Outro dado interessante é sobre o sepultamento dos africanos. Em correspondência de 22 de julho de 1842, o cirurgião auxiliar, Joaquim José Galvão solicita ao diretor, o Major João Bloem, a identificação do falecido, ou seja, se o mesmo era liberto ou escravo a fim de que se providenciasse o enterro, conforme a exigência do vigário da cidade. Joaquim

---

80 AESP, Fábrica de Ferro Ipanema, 04 de abril de 1863. *Ofício da fábrica*. Ordem nº CO 5216 (1849-1870). =

Entre a fábrica e a senzala

também reitera a necessidade de se esclarecer tal dúvida para "se dar a sepultura do cadáver do preto; e bem, se assim se é ou não batizado".[81]

Anteriormente, vimos que na cidade de São Paulo, o cemitério da Consolação detinha uma área destinada aos corpos dos pobres, escravos e africanos. Na Corte, segundo Júlio César Medeiros foi construído ao lado da Santa Casa de Misericórdia, um cemitério para o enterramento dos injustiçados e escravos, o de Santo Antônio, sob o cuidado dos franciscanos (hoje em dia, a área corresponde ao Largo da Carioca). Por sua vez, os pretos novos eram enviados ao Largo de Santa Rita, e os mulatos ao Largo de São Domingos.[82]

Quanto à Ipanema, a única informação encontrada é sobre um lugar destinado ao sepultamento dos protestantes, criado em 1811, segundo as ordens de D. João VI, visto que os operários estrangeiros não podiam ser enterrados nos cemitérios cristãos, pois eram considerados hereges. Logo, o espaço é conhecido até hoje como o primeiro cemitério protestante do Brasil. Acerca do sepultamento dos escravos e africanos não identificamos nenhum lugar dentro do estabelecimento para tal fim. Também não lidamos com a possibilidade dos corpos dos estrangeiros, cativos e tutelados terem destinos semelhantes.

Como a fonte transcrita indica a atuação do vigário, talvez houvesse a probabilidade de permanecerem no cemitério da cidade. Assim, o Cemitério da Saudade foi idealizado em 1855, por conta da precariedade dos sepultamentos nas igrejas, bem como os riscos à saúde públi-

---

81 AESP, Fábrica de Ferro Ipanema, 22 de julho de 1842. *Correspondência de Joaquim José Galvão ao diretor, Major João Bloem.* Ordem nº 5215. Sobre Joaquim José os documentos o apontam como o cirurgião auxiliar, no entanto também não existem maiores informações acerca de um cirurgião oficial, com plena formação. Provavelmente, na falta de profissionais, Joaquim em seu cargo de auxiliar realizava a maioria das funções.

82 PEREIRA, Júlio César M. da S. *À flor da terra: O cemitério dos pretos novos no Rio de Janeiro.* Rio de Janeiro: Garamond: IPHAN, 2007, p. 37.

ca numa época marcada pelas epidemias. Entretanto, a inauguração do mesmo ocorreu somente no ano de 1863, perto da igreja matriz. Antes, o local, chamado de Largo dos Pisques, servia também para a execução pública dos escravos fugitivos, a fim de servirem de exemplo para os demais.[83] Segundo as reportagens da mídia local existiram divisões nos espaços dos sepultamentos (de forma parecida com o do Cemitério da Consolação), pois havia setores para os anjinhos (crianças até 12 anos), escravos, virgens, e vítimas da febre amarela.[84] É provável que os africanos ficassem no setor junto dos escravos, porque como se sabe, na prática não ocorreram diferenciações no tratamento de ambos os grupos.

No período estudado contabilizamos o falecimento de 35 africanos, sendo três crianças menores e dois maiores de sessenta anos, juntamente com uma escrava, e outro do sexo masculino, o qual não há identificação se era cativo ou tutelado. Ademais, o número de óbito das mulheres fora extremamente baixo, apenas quatro (duas crianças e uma adulta), e uma escrava de motivo desconhecido. A fim de melhor compreensão elaboramos a tabela a seguir, contendo os índices de morte com suas respectivas doenças.

---

83 É provável que tal prática ocorresse com os escravos dos pequenos proprietários e fazendeiros da cidade.

84 Durante a presente pesquisa procuramos encontrar fontes municipais diversas acerca de tais informações. Entretanto, os documentos da cidade, bem como os Anais da Câmara, localizados no Museu Histórico Sorocabano não possuem tratamento técnico e estão indisponíveis para a consulta.

Entre a fábrica e a senzala

**Tabela 08: Relação das mortes dos africanos (as)
e suas respectivas moléstias**

Doenças	Africanos Maiores	Africanos Menores	Africanas Maiores	Africanas Menores	Sem condição identificada
Bexiga	01	-	-	-	-
Hidropsia	01	-	-	-	-
Morfeia	05	-	-	-	-
Escorbuto	01	-	-	-	-
Febres Feridas	02	-	-	-	-
Inflamação	01	-	-	01	-
Hepatite crônica	01	-	-	-	-
Não informado	19	01	01	-	01
TOTAL	31	01	01	01	01

Fonte: AESP, Fábrica de Ferro Ipanema, *Documentos Diversos*. Ordem n° CO 5215 (1840-1848) e Ordem n° CO 5216 (1849-1870).

Também é preciso considerar um fato relevante sobre a imprecisão nos dados africanos, seja em Ipanema, ou em outras localidades espalhadas pelo Império. Muitas vezes os tutelados foram registrados no lugar dos escravos mortos. Logo, com a troca os seus consignatários poderiam utilizar a mão-de-obra pelo tempo que desejassem, constituindo assim uma reescravização dos africanos livres. [85]

---

85 Autores como: Beatriz Mamigonian, Jorge Prata de Souza, Alinnie Silvestre Moreira e Afonso Bandeira Florence também apontaram tal prática em seus estudos. Florence relata o caso da proprietária Clemência, a qual possuía a intenção de substituir um africano livre por um escravo morto. FLORENCE, Afonso B. *Entre o cativeiro e a emancipação: A liberdade dos africanos livres no Brasil (1818-1864)*. Dissertação de Mestrado. Salvador: Universidade Federal da Bahia, 2002, p. 38-39. Com relação à fábrica, a impossibilidade de identificar o número exato de africanos falecidos, bem como se os indivíduos eram tutelados ou escravos deixa transparecer a probabilidade da medida ter sido executada no estabelecimento.

Além disso, o descaso das autoridades, em conjunto com a ausência de médicos, remédios e infraestrutura acabou influenciando na morte dos africanos e escravos. No entanto, identificamos um artigo produzido por Luiz Ferraz de Sampaio Neto, da *Revista da Faculdade de Ciências Médicas de Sorocaba*[86], descrevendo para o ano de 1872, 38 medicamentos presentes na botica da fábrica, entre eles: ácido sulfúrico, unguentos, líquido para escorbuto, preparação para dores convulsivas, constipações, emplasto para sarnas etc.[87]

Não obstante, encontramos outra fonte, elaborada onze anos depois, em 1883, denominado de: "Mapa do Movimento dos Doentes Tratados na Fábrica".[88] O material é extremamente detalhado e contém o número dos doentes tratados na enfermaria, nas suas casas e os falecidos. Há também variadas descrições de moléstias: bronquite, diarreia, vermes intestinais, contusões etc O interessante é notar que para o referido ano houve apenas uma morte. Vale lembrar o fato de naquele momento não existir mais africanos livres no estabelecimento, e os escravos não passavam de cinco. Logo, os tratamentos, os cuidados, as curas estavam destinados aos operários livres e estrangeiros.

O historiador, Alisson Eugênio cita no seu artigo um ofício da comissão sanitária de Queluz, município da região metalúrgica mineira, o qual alertava os grandes proprietários para cuidarem adequadamente de seus escravos:

> Não devem consentir que eles saiam quentes das senzalas e que se exponham logo à umidade, e nem

---

86   NETO, Luiz Ferraz S. de. "A Fábrica de Ferro São João de Ypanema e o atendimento médico no século 19". In: *Revista da Faculdade de Ciências Médicas de Sorocaba*. v. 5, nº 2, 2003, p. 51 – 53.

87   NETO, Luiz Ferraz S. de, *op. cit.*, p. 52-53.

88   AESP, Fábrica de Ferro Ipanema, 1 de janeiro de 1883. *Mapa do Movimento dos Doentes Tratados na Fábrica de 1º de julho a 31 de dezembro de 1882.* Ordem nº CO 5217 (1870-1890).

que conservem roupas sujas ou molhadas no corpo, principalmente à noite, e por isso cada escravo terá, pelo menos, dois pares de roupas de lã e três de algodão. Não os forçarão a trabalho excessivo e a serões prolongados. Convêm que se mandem fazer senzalas espaçosas, arejadas e limpas, que também tenham salas, com todos os compartimentos assoalhados e forrados, tendo boas janelas e o conveniente anseio para enfermarias dos doentes [89]

Pode-se perceber que a situação de Ipanema era totalmente oposta à indicada no ofício dado pela comissão sanitária mineira. Com isto, consideramos o fato de, na prática as autoridades não terem mudado a sua mentalidade, mesmo após a institucionalização da medicina, das publicações médico-científicas e da interrupção do tráfico de escravos em 1850. Além disso, não interpretamos as fontes dos anos de 1872 e 1873, como simples coincidência, porque representam um maior cuidado com a saúde dos operários livres. Portanto, identificamos na fábrica o descaso no tratamento dos cativos e africanos de modo semelhante às fazendas ou instituições imperiais, fruto de uma época aonde os trabalhadores foram expostos às mais variadas formas de violência, seja ela física, mental, cotidiana, higiênica ou mental.

---

89 Ofícios do governo da província, APM, SP 574, 1855, p. 48. Citado por: EUGÊNIO, Alisson. "Reflexões médicas sobre as condições de saúde da população escrava no Brasil do século XIX". In: *Afro-Ásia* nº 42 (2010), p. 148.

CAPÍTULO 04

DÉCADAS FINAIS: TRANSFERÊNCIAS PARA A COLÔNIA DE ITAPURA E EMANCIPAÇÕES: 1860-1870

O presente capítulo é dividido em duas partes: em um primeiro momento, buscaremos compreender o modo como ocorreram as transferências dos africanos livres da Fábrica de Ferro para a Colônia de Itapura, no Mato Grosso. Para tal, analisaremos os motivos, o índice de trabalhadores transferidos, além do contexto que influenciara esta decisão. No segundo momento, observaremos a decadência de Ipanema, em conjunto com o processo emancipatório dos africanos, constituídos pelas legislações imperiais de 1853 e 1864. Os pedidos muitas vezes foram requeridos pelos próprios tutelados, através das cartas de emancipação destinadas às autoridades. Entretanto, veremos que o caminho para a liberdade não aconteceu de maneira simples e efetiva sendo até mesmo um pouco ilusória.

A partir de 1850 se iniciam momentos decisivos nas trajetórias dos africanos livres. O primeiro foi caracterizado com a abolição do tráfico de escravos, através da Lei n°581, de 04 de setembro, conhecida como a Lei Eusébio de Queirós. A norma previa a captura de navios brasileiros que estivessem transportando escravos ou preparados para o tráfico negreiro e que eram proibidos por meio da lei desde 1831. Os africanos capturados deveriam ser reexportados ou utilizados pelo governo. A prática ficou constituída como pirataria e havia a possibilidade de processar todos os envolvidos no sistema ilegal (os tripulantes, donos das embarcações etc).

Apesar das falhas e lacunas presentes na legislação foi só a partir dela que o tráfico diminuiu significativamente chegando ao final no Brasil.[1]

Dias após, surgiu outra legislação n° 601, de 18 de Setembro de 1850, a denominada, Lei de Terras. A medida reservava terras devolutas para o Estado empregar na abertura de estradas, colonizações dos indígenas, a criação de povoações, e estabelecimentos públicos.[2] Nesse contexto, surge a fundação do Estabelecimento Naval e Colônia Militar de Itapura, sancionado pelo Decreto Imperial n° 2.200, de 26 de junho de 1858. Localizados na Província do Mato Grosso, região geográfica privilegiada, o empreendimento deveria suprir a manutenção da integridade nacional, servir de colônia militar, agrícola, naval e de comunicações.[3] Os recursos para tais empreendimentos eram provenientes do Ministério da Marinha. Por sua vez, existia um projeto urbano, caracterizado por meio da ocupação rural com colônias distribuídas aos agricultores.

Desta forma, a criação de Itapura objetivava proteger, colonizar e interiorizar, principalmente no contexto dos conflitos com os países vizinhos e a Guerra do Paraguai (1864-1870). Todavia, o que os africanos livres pertencentes à Ipanema tinham a ver com a longínqua colônia mato-grossense?

---

1 Embora o tráfico transatlântico tenha sido proibido, devido entre outras questões, a pressão inglesa, os interessados no sistema escravista engendraram o aumento de outra prática: o tráfico interno entre as regiões do país, a fim de suprir a dificuldade de importação de africanos e escravos. Para mais ver: MOTTA, José F. *Escravos daqui, dali e de mais além: o tráfico interno de cativos na expansão cafeeira paulista, Areias, Guaratinguetá, Constituição/Piracicaba e Casa Branca, 1861-1887*. São Paulo: Alameda, 2013.

2 A medida também regulamentava a propriedade de terras no país que era a mesma desde o período das sesmarias.

3 Para mais ver: SILVA, Maria A. *Itapura - Estabelecimento Naval e Colônia Militar (1858-1870)*. Tese de Doutoramento apresentada ao Departamento de Historia da Faculdade de Filosofia, Letras e Ciências Humanas da USP. São Paulo, 1972.

Para que as construções da região fossem iniciadas houve a necessidade de obreiros especializados como serradores, oleiros, pedreiros, ajudantes de pedreiros, entre outros.[4] A fim de suprir a elevada demanda de mão-de-obra era preciso utilizar, inclusive escravos e africanos livres. Nesse sentido, aos olhos do governo imperial não havia escolha melhor, senão parte dos trabalhadores da fábrica de ferro.

A partir da década de 1850, Ipanema passou a enfrentar sérios problemas como ausência de capital, infraestrutura, feitores, escoamento da produção, baixas no número dos tutelados (devido às fugas, doenças e mortes), troca constante de diretores, déficits nas roças, plantações ou outros itens de subsistência. A principal saída foi transferir os trabalhadores para outros estabelecimentos, principalmente a Colônia de Itapura. Diante da crise, o governo optou por encerrar as suas atividades em 1860. Enquanto isso, a fábrica permaneceu abandonada com máquinas, velhas, quebradas, sendo até mesmo invadida por alguns sitiantes da região.

No entanto, a Colônia não atendeu às expectativas imperiais em meio ao conflito com o Paraguai. E, em 1862 iniciou-se um processo de restauração de Ipanema, com a intenção de suprir as necessidades instrumentais bélicas para o embate. Posteriormente, retomaremos tais eventos, por hora cabe-nos analisar as transferências entre os empreendimentos.

Ipanema e Itapura: as transferências dos africanos livres entre as instituições

O primeiro documento encontrado referente às transferências é do ano de 1854. Naquele momento o envio de mão-de-obra não ocorreu diretamente à Itapura, pois a mesma teria sido estabelecida apenas

---

4   GHIRARDELLO, Nilson. *Estabelecimento Naval e Colônia Militar do Itapura, Ápice do Pensamento Urbanístico-Militar do Império Brasileiro*, p. 11. In: IX Seminário de História da Cidade e do Urbanismo. São Paulo, 4 a 6 de setembro de 2006. Disponível em: http://www.anpur.org.br/revista/rbeur/index.php/shcu/article/view/1135. Acesso em: 20/03/2014.

em 1858. Porém, as primeiras remessas de africanos livres ocorreram para as construções de regiões próximas à colônia. A fonte salienta o pedido do Barão d'Antonina[5] ao diretor da fábrica, a presença de número significativo de escravos.

O gestor negou a solicitação do Barão alegando que muitos escravos estavam velhos, doentes; outros pertenciam ao estabelecimento desde a infância e eram inteligentes, prestativos e casados. Como alternativa, o administrador enviou 17 africanos dados ao serviço do mato, "cuja falta era menos sensível", além de 3 mulheres, 2 escravas solteiras e uma africana casada com um dos remetidos.[6] Meses após, segundo as ordens do governo da província, o grupo seguiu com o procurador do Barão. O escrivão da fábrica, José Maria de Macedo produziu então a relação nominal dos trabalhadores transferidos:

Tabela 9: Relação dos africanos livres e escravos entregues ao Barão d'Antonina por intermédio do seu procurador, Vicente R. de Carvalho, conforme as ordens do Exmo. Governo da Província

01	Alexandre	Africano
02	Anancio	Idem
03	Antenor	Idem
04	Balbino primeiro	Idem
05	Belmiro	Idem
06	Braz primeiro	Idem
07	Clemente	Idem
08	Dionísio	Idem
09	Euzébio primeiro	Idem

---

5 João da Silva Machado, político, militar e agropecuário recebera o título de Barão d'Antonina, por Dom Pedro II, em 1843. Além disso, foi tenente coronel do exército brasileiro, deputado da província de São Paulo, responsável por construção de estradas e reservas indígenas. Também explorou o rio Paranapanema. Em 1964 houve a criação da cidade a qual recebe o seu nome, na região Sudoeste do Estado de São Paulo, próximo a Avaré.

6 AESP, Fábrica de Ferro Ipanema, 04 de abril de 1854. *Ofício da fábrica*. Ordem n° CO 5216 (1849-1870).

10	Euzebio segundo	Idem
11	Herculano	Idem
12	Ilegível	Idem
13	José terceiro	Idem
14	Lúcio segundo	Idem
15	Manoel de Assumpção	Idem
16	Raimundo	Idem
17	Vencesláo	Idem
18	Libania	Africana
19	Antonia segunda	Escrava
20	Benedita da Conceição	Idem

Fonte: AESP, Fábrica de Ferro Ipanema, 27 de outubro de 1854. *Relação nominal dos africanos livres e escravos entregues ao Barão d' Antonina*. Ordem nº CO 5216 (1849-1870).

A rotina e situação de Ipanema continuavam a se deteriorar com crise financeira e de produção. Quatro anos depois da transferência do primeiro grupo, o diretor solicitava maiores destacamentos a fim de garantir a disciplina e subordinação dos tutelados e escravos. Já em 1858, fase inicial de Itapura, as remessas dos trabalhadores permaneceram constantes, todavia, o governo detinha preferência pelos escravos.

No referido ano, o presidente da província, o conselheiro José Joaquim Fernandes Torres, em correspondência com o tenente da armada Camillo de Lelis e Silva informa a escolha de 30 africanos livres para servirem à colônia, além de 20 escravos (as) robustos, conforme a ordem do governo imperial. Entretanto, conseguir tal número tornara-se difícil visto que a maioria dos cativos estava bastante idosa. A análise da carta deixa transparecer um embate entre as autoridades, pois o Ministério da Marinha (responsável pela colônia) reivindicava a presença dos escravos a qualquer custo no estabelecimento. Por sua vez, o Ministério da Guerra (responsável por Ipanema) alegava que não seria "[...] possível

Entre a fábrica e a senzala

tirar nenhum desses escravos, porque a falta de um faria paralisar todo o trabalho de fundição [...]".[7]

Mesmo com o impasse entre os ministérios, a mão-de-obra foi transferida porque segundo as palavras do tenente: "[...] até o governo imperial deliberar seria de grande desvantagem para o pronto andamento dos trabalhos da comissão que me foi confiada. Resolvi receber mesmo assim os escravos e seguir já para aquela cidade".[8] Não obstante, as fontes seguintes são constituídas de listagens nominais dos trabalhadores transferidos do caso acima. Logo, optamos por transcrevê-las a fim de considerar a próxima análise.

Tabela 10: Relação dos escravos e africanos livres entregues nesta data ao Tenente da Armada Camillo de Lelis e Silva para seguirem na conformidade das ordens do Governo Imperial e da Presidência da Província para a Colônia de Itapura

Homens

01	Manoel 1°	Escravo	Casado com a escrava Justina
02	Manoel José	Idem	Casado com a escrava Maria de Santanna
03	João 10°	Idem	Solteiro
04	Pedro 1°	Africano	Solteiro
05	Pelaio	Idem	Casado com a africana Domingas
06	Alberto	Idem	Casado com a africana Theodora
07	Estevam	Idem	Solteiro
08	Deolindo	Idem	Idem
09	Thadeo	Idem	Idem
10	Bráz	Idem	Idem
11	Silvério	Idem	Idem
12	Guilherme	Idem	Idem
13	Fulgêncio	Idem	Idem
14	Caetano	Idem	Idem
15	Balbino	Idem	Idem

---

7   AESP, Fábrica de Ferro Ipanema, 18 de junho de 1858. *Correspondência do Conselheiro José Joaquim Fernandes Torres, presidente da Província ao tenente da armada Camillo de Lelis e Silva*. Ordem n° CO 5216 (1849-1870).

8   *Idem.*

16	Antonino	Idem	Idem
17	Bonifácio	Idem	Idem
18	Antero	Idem	Idem
19	Damião	Idem	Idem
20	Libanio	Idem	Idem

Mulheres

01	Maria de Santana	Escrava	Casada com Manoel José
02	Justina	Escrava	Casada com Manoel 1°
03	Theodora	Africana	Casada com Alberto
04	Domingas	Idem	Casada com Pelaio
05	Honorata	Idem	Solteira
06	Mariana	Idem	Solteira, filha de Honorata
07	Maria do Rosário	Africana	Solteira, filha de Honorata
08	Inácia	Idem	Solteira
09	Laureana	Idem	Idem
10	Lucrécia do Rio	Escrava	Idem

Fonte: AESP, Fábrica de Ferro Ipanema, 16 de junho de 1858. *Relação dos escravos e africanos livres entregues ao tenente da armada Camillo de Lelis e Silva para seguirem para a Colônia de Itapura, elaborada pelo escrivão Vicente Ferreira Martins.* Ordem n° CO 5216 (1849-1870).

Um mês após o envio dos escravos e africanos listados acima, o tenente Camillo de Lelis e Silva solicitou ao governante da província a troca dos mesmos escravos mandados para Itapura. Conforme as suas palavras, o tenente faria a troca "[...] por outros que julgo mais apropriados [...]"[9], como também escolheria mais onze escravas, segundo a relação a seguir:

---

9   AESP, Fábrica de Ferro Ipanema, 13 de agosto de 1858. *Correspondência ao presidente da Província José Joaquim Fernandes Torres, de Camilo de Lelis e Silva.* Ordem n° CO 5216 (1849-1870).

Entre a fábrica e a senzala

Tabela 11: "Relação nominal dos escravos e africanos que trouxe para serem trocados por igual número na Fábrica de Ferro São João de Ipanema, recebidos para o Estabelecimento Naval de Itapura"

Homens

01	Manoel 1°	Escravo	Foi substituído por André 2°	Africano
02	Manoel José	Idem	Foi substituído por Cantidiano	Idem
03	João 10°	Idem	Foi substituído por Adriano	Idem
04	Pedro 1°	Idem	Foi substituído por Domingos	Idem
05	Pelaio	Africano	Foi substituído por Cirilo	Idem
06	Thadeo	Idem	Foi substituído por Casemiro	Idem
07	Antero	Idem	Foi substituído por Anastácio	Idem

Mulheres

01	Maria de Santana	Escrava	Foi substituída por Silvânia	Africana
02	Justina	Idem	Foi substituída por Innocência	Idem
03	Domingas	Africana	Foi substituída por Albina Rosa	Escrava
04	Inácia	Idem	Foi substituída por Carolina Segunda	Idem

Fonte: AESP, Fábrica de Ferro Ipanema, 18 de agosto de 1858. *Relação nominal dos escravos e africanos trazidos para serem trocados, elaborado por Camillo de Lelis e Silva, 2° Tenente da Armada*. Ordem n° CO 5216 (1849-1870).

As fontes acima nos permitem pensar que apesar do conflito existente entre os ministérios, o presidente da Província não proibiu a retirada dos africanos e escravos de Ipanema pelo tenente responsável para este fim, Camillo de Lelis e Silva. Ademais há completa ausência de manifestação contrária por parte do diretor da fábrica na documentação. Embora existam ponderações feitas pela autoridade provincial acerca da saída dos trabalhadores, a gestão do estabelecimento talvez tenha se eximido das discussões por entender não lhe caber tais decisões ou porque, de certa forma, conhecia o estado crítico do local, próximo de encerrar as suas atividades. Porém, o que mais chamou a nossa atenção foi a maneira como o grupo acabava sendo "jogado" ou nos termos do documento, transferido de acordo com os interesses de um e outro setor governamental.

Nos anos subsequentes, as remessas continuaram mas com baixo número de escravos. A preferência a partir de 1860, era exclusivamente pelos africanos livres, provavelmente devido ao precário estado que se encontravam os cativos: idosos ou doentes. Em janeiro do mesmo ano, o administrador major Pedro de Lima e Fonseca Gutierres expediu correspondência ao presidente da província salientando que, de acordo com a disposição do Ministério da Marinha deveriam seguir para a colônia 50 africanos livres, aptos para trabalhar, de preferência, os casados. A solicitação correspondia a outro objetivo de Itapura: o de também formar colônias, aumentar a população da região e desenvolver a produção agrícola, logo nada mais apropriado do que destinar famílias constituídas para o local.

Entretanto, o gestor alertava o fato de "[...] não existir atualmente no estabelecimento número suficiente de africanos livres com as condições indicadas [...]".[10] Infelizmente, não identificamos fontes acerca da decisão das autoridades e o desfecho dos tutelados para este caso. Mas, como forma de comprovar a ausência de africanos, o gestor anexou na carta a listagem elaborada pelo escrivão, os trabalhadores pertencentes à Ipanema naquele momento.

Tabela 12: Relação nominal dos Africanos Livres existentes atualmente na Fábrica de Ferro Ipanema

Números	Nomes	Ofícios	Estados	Observações
01	Francisco	Encarregado das cargas dos fornos altos.	Casado	Casado com a escrava Severina.
02	Rogério	Carpinteiro	Idem	Com a africana Apollinaria.
03	Vicente	-	Idem	Com a escrava Delfina.
04	Gabriel	-	Solteiro	-

---

10   AESP, Fábrica de Ferro Ipanema, 25 de janeiro de 1860. *Correspondência do diretor, o major Pedro de Lima e Fonseca Gutierres ao presidente da Província José Joaquim Fernandes Torres.* Ordem n° CO 5216 (1849-1870).

05	Martinho	Pedreiro	Idem	-
06	Paulo	Idem	Casado	Com a escrava Lucrécia.
07	Inocêncio	Ferreiro	Solteiro	-
08	Daniel	Moldador	Casado	Com a escrava Bemvinda.
09	Luciano	Ferreiro	Idem	Com a escrava Maria dos Santos.
10	Bernardino		Idem	Com a africana Maria Bernarda
11	Thadeo	-	Solteiro	-
12	Romão	-	Idem	-
13	Bertholdo	-	Idem	-
14	Ilegível	-	Casado	Com a escrava Clemência
15	Laurentino	-	Idem	Com a escrava Carlota
16	Jovita	-	Solteiro	-
17	Ollegario	-	Casado	Com a africana Brígida
18	Julião	-	Idem	Com a escrava Lucia
19	Cyrillo	moldador	Solteiro	-
20	Allípio	-	-Idem	-
21	Pelaio	-	Casado	Com a africana Domingas
22	Pedro	moldador	Idem	Com a africana Maria José
23	Eustáquio 1°	-	Solteiro	-
24	Apolinario	-	Idem	-
25	Andrônico	Mestre nos fornos altos	Casado	Com a africana Luciana
26	Bráz	Pedreiro	Solteiro	-
27	Bazílio	-	Casado	Com a escrava Maria Inácia
28	Bemvindo	-	Solteiro	-
29	Claudiano	Torneiro	Casado	Com a escrava Felicidade
30	Cantídio	-	Idem	Com a escrava Maria Rosa 2
31	Crispim	-	Solteiro	-

32	Damásio	Carpinteiro	Idem	-
33	Diógenes	-	Idem	-
34	Eustáquio 2º	Moldador	Idem	-
35	Thomaz	-	Casado	Com a africana Catarina
36	Athanásio	-	Idem	Com a escrava Maria do Espírito Santo
37	Dario	-	Solteiro	-
38	José 1º	-	Idem	-
39	Ambrózio	-	Idem	-
40	Carlos	Torneiro	Casado	Com a escrava Luiza
41	Calisto	-	Solteiro	-
42	Cláudio	Carpinteiro	Casado	Com a africana Engracia
43	Ciro	Correeiro	Solteiro	-
44	Manoel	-	Idem	-
45	Simplício	-	Idem	-
46	José 2º	-	Idem	-
47	Manoel Sebastião	-	Idem	Desenvolvimento Físico Acanhado
48	Manoel Francisco	-	Idem	Idem
49	Bibiano	-	Idem	Idem
50	Leopoldino	-	Idem	Idem
01 Africanas	Maria José	-	Casada	Com o africano Pedro
02	Domingas	-	Casada	Com o africano Pelaio
03	Apollinária	-	Idem	Com o africano Rogério
04	Catarina	-	Idem	Com o africano Andrônico
05	Luciana	-	Idem	Com o africano Ollegario
06	Brigida	-		
07	Margarida	-	Solteira	-
08	Engracia	-	Casada	Com o africano Cláudio
09	Inácia	-	Solteira	-

10	Maria Bernarda	-	Casada	Com o africano Bernardino
11	Maria da Conceição	-	Solteira	Desenvolvimento Físico Acanhado
12	Amália	-	Idem	Idem
13	Izidora	-	Idem	Idem
14	Francisca	-	Idem	Menor de 07 anos
15	Celestina	-	Idem	Idem

Fonte: Fábrica de Ferro Ipanema, 25 de janeiro de 1860. *Relação nominal dos africanos livres existentes atualmente na Fábrica de Ferro Ipanema, elaborada pelo escrivão Vicente Ferreira Martins.* Ordem n° CO 5216 (1849-1870).

A análise da listagem aponta que havia 65 africanos livres de ambos os sexos, sendo 07 sem ofício, mas casados com escravas, além de 02 crianças menores de 07 anos. De fato, a fábrica já contava com número reduzido de tutelados até mesmo para o seu funcionamento. Certamente, o alerta dado pelo diretor foi ignorado porque meses adiante, no dia 12 de maio, um grupo foi entregue, a fim de seguir a Mato Grosso, ao major Constantino d'Oliveira e era composto por 20 africanos e 11 africanas. No dia 09 de julho novo grupo foi enviado com um total de 11 africanos livres, 07 homens e 04 mulheres.[11]

Durante o envio de mais uma nova remessa em junho, o engenheiro responsável pelo transporte dos trabalhadores, Rodolfo Wachneldt escreveu ao presidente da província solicitando os seguintes itens:

> [...] para que se paguem a mim, ou ao alferes que deve acompanhar os ditos escravos e africanos livres, as necessárias quantias para o sustento e transporte de 12 homens, 9 mulheres, e 14 crianças, em tudo 35 pessoas durante a sua viagem de Ipanema para Santos, isto é por 8 dias e outrossim que se

11   AESP, Fábrica de Ferro Ipanema, 09 de julho de 1860. *Ofício da fábrica.* Ordem n° CO 5216 (1849-1870).

> sirvo mandar expedir ordem para que o diretor de Ipanema ponha os animais de carga a disposição que necessário forem para a condução da bagagem dos escravos e das crianças dos mesmos, assim como de mandar remeter ao major Constantino de Oliveira em Santos os meios necessários para sustento destes escravos e africanos livres depois deles terem chegado em Santos.[12]

A viagem era demasiado longa e a principal parada acontecia na cidade Santos-SP. Não obstante, o engenheiro enviara também uma lista dos africanos e escravos escolhidos, de acordo com a qualificação profissional. Entre os solicitados havia a exigência de pedreiro, moldador, refinador, serralheiro, fundidor, serviço de roça. Para as mulheres indicava servente, cozinha, parteira e também alguém encarregada de serviços na roça.[13] Apesar de haver solicitado a mão-de-obra qualificada, tempo depois o engenheiro recebeu indivíduos diferentes daqueles selecionados: "[...] as pessoas mais aproveitáveis e justamente aqueles que deveriam ser os mais úteis para os novos estabelecimentos, foram retidas e substituídas por indivíduos de pouca utilidade".[14]

Neste momento, é provável que o diretor da fábrica temesse ceder africanos e escravos mais qualificados e tenha se negado a enviá-los, destinando no lugar os trabalhadores de menor habilidade técnica. No

---

12   DANIELI, Mario N. *Escravidão e Indústria*: *Um estudo sobre a Fábrica de Ferro São João do Ipanema-Sorocaba (SP)-1765-1895*. Dissertação de Doutorado em História, Universidade Estadual de Campinas, Instituto de Economia, 2006, p. 155.

13   AESP, Fábrica de Ferro Ipanema, 23 de junho de 1860. *Relação dos escravos e africanos livres escolhidos em Ipanema, 23 de junho de 1860*. Ordem n° CO 5216 (1849-1870).

14   AESP, Fábrica de Ferro Ipanema, 01 de junho de 1860. *Ofício do engenheiro Rodolfo Wachneldt ao presidente da Província de São Paulo*. Ordem n° CO 5216 (1849-1870).

Entre a fábrica e a senzala

mesmo ínterim, o major José Constantino escreveu ao presidente da província preocupado com as condições dos indivíduos para a viagem:

> [...] desgraçadamente encontrei, como antes, estes escravos e africanos destituídos de cobertores e parca e ruimente vestidos. Pedindo ao diretor que subministrasse cobertores àqueles que seguem viagem, foi me resposta negativa, alegando ele que não havia e que por falta de tempo não fora possível aprontar vestidos para eles. E repugnando-me o ver partir esta gente com suas crianças malvestidas e mesmo sem cobertores fazer viagem penosa em uma estação tão rígida procurei suprir esta falta em Sorocaba [...].[15]

Novamente as fontes apontam nitidamente o descaso, além das condições precárias vivenciadas pelos escravos e africanos, até mesmo no momento de saída do estabelecimento. O major então decidiu pagar as despesas do próprio bolso e posteriormente apresentou a conta à presidência da Província. Segundo, Mário Danieli Neto, o montante correspondia a 170$550 réis incluindo transporte, alimentação e vestuário.[16]

Curiosamente identificamos outra carta elaborada por João Gonçalves Peixoto, também responsável pelo transporte da mão-de-obra à colônia. A correspondência não possui data, todavia lidamos com a possibilidade de ter sido enviada em meados de 1860, devido à sequência cronológica de organização da série documental. Peixoto relata que os

---

15   AESP, Fábrica de Ferro Ipanema, 11 de junho de 1860. *Resposta do Major José Constantino de Oliveira ao presidente da Província*. Ordem n° CO 5216 (1849-1870).

16   Para maiores detalhes e tabelas de despesas ver: DANIELI, Mario N. *Escravidão e Indústria: um estudo sobre a Fábrica de Ferro São João do Ipanema-Sorocaba (SP)-1765-1895*. Dissertação de Doutorado em História, Universidade Estadual de Campinas, Instituto de Economia, 2006, p. 159-161.

africanos estavam satisfeitos *e* "dispostos a qualquer sacrifício que deles se exija, com a condição de lhes conservar a companhia da família".[17] Embora o mesmo tivesse se esquecido de contar com a despesa dos menores, ele alegava que eram indispensáveis aos pais, pois:

> [...] entendi em vista do louvável amor paternal que acho neles elevado a um ponto admirável, que devia deixá-los, mesmo porque tendo de ser eles sustentados todos no Itapura com viveres comprados com mais economia são eles sustentados aqui na estrada; assim peço a V. Exa. a conservação dos menores a meu cargo.[18]

A afirmação de Peixoto comprova os sentimentos, os laços familiares estabelecidos, contrariando assim a antiga visão historiográfica, acerca da ausência de normas sociais e vínculos afetivos estabilizados ao longo do tempo, conforme abordamos no Capítulo n°02. Infelizmente, existem lacunas acerca do desdobramento deste caso, mas é provável que os africanos e menores houvessem permanecido junto de Peixoto até a ida à colônia, já que, conforme dito anteriormente, grande parte das famílias continuaram unidas, com poucas exceções.[19]

Não obstante, enquanto ocorriam as transferências, Ipanema continuava a enfrentar a crise interna. Desta vez havia falta de crédito e plantações como aponta o diretor, Francisco Antonio Dias:

---

17 AESP, Fábrica de Ferro Ipanema, sem data. *Correspondência de João Gonçalves Peixoto ao presidente da Província.* Ordem n° CO 5216 (1849-1870).

18 *Idem.*

19 Não podemos desconsiderar a possibilidade dos responsáveis pelo transporte dos africanos, como João Gonçalves Peixoto em permanecer responsáveis pelos trabalhadores pelo maior tempo possível, visto que sob sua responsabilidade poderiam ser utilizados como escravos ou colonos na região do Mato Grosso.

> Achando-me completamente sem dinheiro para o fornecimento dos escravos a Fábrica de São do Ipanema, peço a V. Exa. que expresse as suas ordens à Tesouraria para mandar dar de Sorocaba o crédito pertencente a mesma fábrica, visto na fábrica não existir um grão de milho, nem de feijão para o sustento dos escravos. O ano passado não houve plantação de milho, nem de feijão por causa das trocas de escravos para seguirem para a Província de Mato Grosso.[20]

Francisco Antonio Dias assumiu a direção em dezembro de 1860 permanecendo cinco anos no cargo. Infelizmente, é um dos períodos mais críticos vivenciados no estabelecimento.[21] Se não bastasse a ausência de crédito como também de plantações devido aos constantes envios de trabalhadores para Itapura, em janeiro de 1861, um temporal destruiu o que sobrou das edificações. Havia restado a olaria e o armazém, mas a chuva devastou inclusive a casa de refino, os telhados dos fornos altos e parte da parede da casa do gestor que desmoronou.[22] As senzalas se encontravam em péssimo estado de conservação e além da falta de ali-

---

20 AESP, Fábrica de Ferro Ipanema, 27 de março de 1861, *Correspondência do diretor, Francisco Antonio dias ao presidente da Província, o conselheiro Antonio José Henriques*. Ordem n° CO 5216 (1849-1870). Embora o diretor refira-se a escravos no documento, consideramos a probabilidade de ele ter se referido a ambos os grupos: escravos e africanos.

21 Além dos problemas estruturais de Ipanema, a expansão da lavoura de café, em substituição a de cana ocasionou mudanças significativas no mercado consumidor do interior. Muitos itens produzidos na fábrica já não satisfaziam mais as novas técnicas agrícolas.

22 TOMASEVICIUS F., Eduardo. *Entre a memória coletiva e a história de "cola e tesoura": as intrigas e os malogros nos relatos sobre a Fábrica de Ferro de São João de Ipanema*. Dissertação de Mestrado em História. São Paulo: USP-FFLCH São Paulo, 2012. p. 105.

mentos, o diretor ressaltou o fato de no ano de 1862, os escravos andarem nus, pois a última compra de vestimentas ocorreu em 1857.[23]

A vizinhança não vendia produtos fiado à Ipanema. Dias conseguira crédito, todavia ele acabou meses depois. A partir disso, Sorocaba fazia repasses trimestrais para o sustendo de todos, mas ainda insuficiente.[24] Durante a mesma época, o governo alterou os planos para Itapura, porque se manteve isolada e ausente de participação relevante na Guerra do Paraguai. Logo, as autoridades decidiram reativar a fábrica de ferro através de restaurações.

Tendo em vista o fim das atividades na colônia para a guerra, o diretor escreve à presidência da província informando que foram destinados para Itapura "mais de cem pretos adultos de ambos os sexos, entre africanos livres e escravos da nação". 25 Entretanto, muitos não acompanharam a guia de informação, logo se ignorava quais eram escravos e africanos livres. Ademais, relatava que em 1° de novembro de 1861 solicitou à direção de Ipanema a guia de todos os pretos, com a declaração de suas condições, porém recebera apenas 62 nomes, e considerava:

> [...] Essa relação além de incompleta, contém muitos erros ou enganos, pois há aqui famílias de africanos com 03 filhos, dos quais a dita relação só menciona 01 ou 02; também figura-se nessa relação

---

23 AESP, Fábrica de Ferro Ipanema, 17 de agosto de 1862. *Ofício da fábrica.* Ordem n° CO 5216 (1849-1870).

24 TOMASEVICIUS F., Eduardo. *Entre a memória coletiva e a história de "cola e tesoura": as intrigas e os malogros nos relatos sobre a Fábrica de Ferro de São João de Ipanema.* Dissertação de Mestrado em História. São Paulo: USP-FFLCH São Paulo, 2012. p. 106.

25 AESP, Fábrica de Ferro Ipanema- Diretoria de Itapura, 8 de dezembro de 1862. *Correspondência da diretoria ao presidente da Província, Vicente Pires da Mota.* Ordem n° CO 5216 (1849-1870). Embora, a fonte tenha sido produzida na colônia, a mesma encontra-se no grupo documental referente à fábrica de ferro.

Entre a fábrica e a senzala

com a africana livre, a menor Libania Rosa, sendo ela filha de Jacinta que é escrava [...].[26]

Segundo o prometido aos africanos, eles deveriam receber uma gratificação por trabalharem em Itapura. Seu diretor apontou o valor de 300 réis diários, mas via "um embaraço para fazer esses pagamentos por ignorar se há escravos da nação, entre os que se dizem africanos".[27] A confusa classificação apontada pelo administrador também nos leva ao impasse documental metodológico. Nas fontes de Ipanema não identificamos o número total para o período de africanos livres, cativos ou escravos da nação à Itapura. Assim, consideramos que tal índice fora elevado, por meio das listas de trabalhadores restantes do local. Também não é possível determos a pretensão de contabilizar taxas completas, divididas entre os diferentes grupos, pois conforme aponta o documento acima, sequer as autoridades responsáveis continham tal informação.

Diante das constantes trocas de elementos e correspondências entre as autoridades e diretores dos estabelecimentos, muitos dados talvez tenham se perdido ou até mesmo tenham sido registrados de modo equivocado. Nesse sentido, encontramos uma listagem da fábrica de 1863, denominada de: "*Relação dos Africanos Livres que tiveram diferentes destinos desde 1859 até 1863*".[28] A lista assinada pelo gestor, Francisco Antonio Dias apresenta exclusivamente indivíduos enviados para Itapura com certo paradoxo, porque contabiliza o total de apenas 57 africanos e 13 africanas para os quatro anos. Embora existissem alguns impasses e

---

26 *Idem.*

27 AESP, Fábrica de Ferro Ipanema- Diretoria de Itapura, 8 de dezembro de 1862. *Correspondência da diretoria ao presidente da Província, Vicente Pires da Mota.* Ordem n° CO 5216 (1849-1870). Embora, a fonte tenha sido produzida na colônia, a mesma encontra-se no grupo documental referente à fábrica de ferro.

28 AESP, Fábrica de Ferro Ipanema, 28 de agosto de 1863. *Relação dos africanos livres que tiveram diferentes destinos desde 1859 até 1863.* Ordem n° CO 5216 (1849-1870).

resistências, as taxas anuais tendiam a ser elevadas, basta levarmos em consideração as fontes expostas acima.

Além disso, o historiador Jorge Prata de Souza indica que em 1864 foram enviados para a colônia 106 africanos livres, sendo 33 casais, 02 viúvos e 38 solteiros [29]. Todavia, não nos deparamos com tal informação nos documentos da fábrica. O autor utilizou os dados oriundos do Arquivo Nacional do Rio de Janeiro, Série: Justiça: Polícia, Escravos, Moeda Falsa e Africanos (IJ-6), *Livro de Registros de Avisos a diversas autoridades.30.* Assim, por consequência da incompatibilidade dos dados entre as diferentes fontes produzidas, até mesmo daquelas oriundas da fábrica, necessitamos desconsiderar os números totais de tutelados retirados de Ipanema nas transferências.

Não obstante, com o encerramento de grande parte das funções da colônia, o governo inicia um processo de restauração na fábrica de ferro, com Julius Bredt em 1862 e Guilherme Capanema em 1863. [31] O primeiro metalurgista, Julius Bredt enviou parecer técnico ao Ministério da Guerra ressaltando a devastação que encontrara no empreendimento:

> Os fornos altos estão completamente inutilizados, apesar de terem sido bem construídos em outro tempo [...] A oficina de máquinas está inteiramente despida: nada ali existe, à exceção da pequena máquina a vapor de 04 cavalos [...] As oficinas cobertas da fun-

---

29 SOUZA, Jorge P. de. *Africano livre ficando livre: trabalho, cotidiano e luta.* Tese de Doutorado em História Social. São Paulo: Universidade de São Paulo, 1999, p. 129.

30 AN: IJ 6-16. *Livro de Registro de Aviso a diversas autoridades. Apud:* SOUZA, Jorge Prata de. *Africano livre ficando livre: trabalho, cotidiano e luta.* Tese de Doutorado em História Social. São Paulo: Universidade de São Paulo, 1999, p. 129.

31 TOMASEVICIUS Filho, Eduardo. *Entre a memória coletiva e a história de "cola e tesoura": as intrigas e os malogros nos relatos sobre a Fábrica de Ferro de São João de Ipanema.* Dissertação de Mestrado em História. São Paulo: USP-FFLCH São Paulo, 2012, p. 106.

Entre a fábrica e a senzala

> dição e oficina de máquinas estão muito arruinadas; e os outros edifícios não se acham em melhores condições, porque chove dentro a cântaros [...]. Releve V. Exa. se, para exprimir a verdade, eu digo que a antiga fábrica edificada com toda a solidez, hoje só apresenta horrível devastação! Instrumentos, produtos químicos, livros científicos, ferramentas de mão (que foi excelente, como provam os fragmentos), tudo desapareceu. O que ainda havia aproveitável levou o Sr. Waehneldt para o Mato Grosso, além de 80 dos melhores escravos [...]. [32]

Rodolpho Waehneldt foi o engenheiro escolhido para montar a nova fábrica em Itapura. Como Ipanema encontrava-se em situação crítica, o mesmo aproveitou o destino até o Mato Grosso passando por Itu, São Paulo e Santos. Contudo, levou consigo itens fundamentais da fábrica de ferro, como aponta o documento. Infelizmente não conseguimos identificar se o engenheiro retirou os produtos, livros e ferramentas com ou sem autorização da direção.

No ano de 1865 tomou posse o novo diretor Joaquim de Souza Mursa que ordenou o retorno dos escravos transferidos aos demais estabelecimentos. Porém, a solicitação não foi atendida, visto que diversos trabalhadores já estavam mortos, idosos ou doentes.[33] O processo de restauração durou longo período e a produção não abastecia completamente os itens encomendados para a Guerra do Paraguai. Logo, o governo im-

---

32 *Relatório sobre a Fábrica de Ferro São João do Ipanema, escrito por Julius Bredt, 23 de janeiro de 1863*, p. 03. In: BRASIL. Ministério da Guerra. Relatório apresentado à Assembleia Geral Legislativa, 1862. Anexos.

33 O diretor Joaquim se Souza Mursa permaneceu mais de 10 anos na fábrica, entre 1865 a 1890.

portou fuzis e revólveres de alguns países europeus, ao mesmo tempo em que, o Arsenal do Rio de Janeiro já tinha iniciado a fundição de ferro. [34]

Os próximos documentos reproduzem a queda do número de tutelados no estabelecimento (veremos adiante que a principal redução não ocorreu por conta das emancipações). Em janeiro de 1860 existiam 65 africanos, já no ano de 1864 havia 16, conforme demonstra a tabela:

Tabela 13: Relação dos africanos livres e escravos da nação pertencentes a Fábrica de Ferro Ipanema

Números	Nomes	Observações
01	Apolinário	
02	Bemvindo	
03	Bertholdo	
04	Eustáquio	
05	Gabriel	
06	Inocêncio	
07	José Macúa	
08	Luciano	
09	Martinho	Inválido por ser aleijado das pernas.
10	Simplício	
11	Thadeo	Inválido.
12	Thomaz	Sofre catarata nos olhos.

Africanas Livres:

Números	Nomes	Observações
01	Catarina	
02	Ignacia	
03	Margarida	
04	Maria Jozé	Inválida

Fonte: AESP, Fábrica de Ferro Ipanema, 28 de agosto de 1863. *Relação dos africanos livres e escravos da nação pertencentes a Fábrica de Ferro Ipanema*. Ordem nº CO 5216 (1849-1870).

---

34 *Idem*, p. 107.

Na data de 14 de maio de 1864, a relação dos africanos livres e escravos apontava 16 africanos livres, 4 africanas livres, formando o total de 20 indivíduos.[35] Um ano depois existiam somente 08 africanos livres no local.[36]. O período marcado pela baixa produtividade, problemas de transporte e no escoamento da produção levou os estadistas da Corte a sugerirem o arrendamento da fábrica. Entre os anos de 1865 a 1867 o estabelecimento só gerava despesas ao passo que nenhuma venda se efetivou. Mesmo com a solicitação dos estadistas, Dom Pedro II colocou-se contra a iniciativa e Ipanema continuou a funcionar.[37]

Quanto à Itapura no final da guerra do Paraguai, o Ministério da Marinha passou o controle da colônia para o Ministério da Guerra, devido aos custos elevados. Entretanto, ela não fazia parte dos interesses do mesmo e foi abandonada, embora muitos trabalhadores, inclusive tutelados permanecessem no estabelecimento. Curiosamente, o empreendimento foi extinto com o advento do Governo Republicano, em 1895, mesma data em que também se encerraram as atividades de Ipanema. A colônia permaneceu isolada voltando a ser ocupada somente a partir da Companhia Estrada de Ferro Noroeste do Brasil, no início do século XX.[38]

---

35 AESP, Fábrica de Ferro Ipanema, 14 de maio de 1864. *Relação nominal dos africanos livres e escravos existentes na Fábrica de Ferro Ipanema.* Ordem n° CO 5216 (1849-1870).

36 AESP, Fábrica de Ferro Ipanema, 06 de setembro de 1865. *Relação nominal dos africanos livres e escravos existentes na Fábrica de Ferro Ipanema.* Ordem n° CO 5216 (1849-1870).

37 Para mais ver: SANTOS, Nilton P. de. *A Fábrica de Ferro São João de Ipanema: economia e política nas últimas décadas do Segundo Reinado (1860-1889).* Dissertação de Mestrado em História. São Paulo: USP-FFLCH, 2009, p. 74-76,

38 GHIRARDELLO, Nilson. "Estabelecimento Naval e Colônia Militar do Itapura, Ápice do Pensamento Urbanístico-Militar do Império Brasileiro". In: *IX Seminário de História da Cidade e do Urbanismo.* São Paulo, 4 a 6 de setembro de 2006. Disponível em: http://www.anpur.org.br/revista/rbeur/index.php/shcu/article/view/1135 Acesso em: 15/01/2014

Emancipações: O Decreto de 1853

Conforme vimos anteriormente no documento de 1849, os africanos livres começaram a se articular a fim de obterem a liberdade "de fato", logo após os 14 anos de serviços prestados. Tais atitudes se tornaram mais frequentes, a partir de 1850 nas variadas localidades do Império. Ademais, após a promulgação da lei Eusébio de Queirós, as pressões inglesas não acabaram e, internamente, os debates ocorriam incessantemente, uma vez que o Estado deveria decidir os rumos dos africanos, passados os 14 anos de tutela. No dia 04 de setembro de 1850, o governo proibiu a consignação dos africanos livres a particulares, ao passo que, os estabelecimentos públicos permaneciam com centenas de tutelados.

Em 28 de setembro de 1853 o decreto n° 1.303 garantiu o direito à emancipação dos africanos que haviam prestado serviços durante 14 anos aos consignatários particulares. Os interessados necessitariam requerer a solicitação, mas mesmo se obtivessem a carta de emancipação, obrigatoriamente deveriam exercer funções e receber salários. Nesse sentido, a efetiva liberdade dos indivíduos não aconteceu, pois foram obrigados a fixar residência e trabalhos em locais escolhidos pelo governo.

Apesar de existir tal ressalva, durante as décadas de 1850 e 1860, o Ministério da Justiça recebeu centenas de petições dirigidas a Dom Pedro II. Antes, os africanos precisavam encaminhar petição escrita por um procurador e este enviava ao chefe da polícia local e, por fim ao Ministério, o qual decidia pela aprovação ou não. Dificilmente o pedido conseguiria êxito se junto a ele não estivesse o termo de serviço. Segundo Beatriz Mamigonian:

> [...] Ele consistia em uma cópia do registro de concessão do africano livre para um arrematante privado ou instituição, estabelecendo claramente que o tempo, desde o começo de seu serviço, havia expirado. Este certificado de termo de serviço era anexado à petição endereçada ao Imperador e entregue ao

Ministro da Justiça. Às vezes, cartas de referência de pessoas para quem os africanos livres haviam trabalhado também eram anexadas às petições, para testemunhar seu bom comportamento e retidão.[39]

De acordo com a historiadora, grande parte dos africanos livres no momento do decreto de 1853 já havia completado há muito os 14 anos de serviços prestados. Vale lembrar que, a norma apenas reiterou o direito à emancipação já mencionado na lei de 1831. Ademais, ao analisar as taxas dos tutelados distribuídos no Império Mamigonian contabilizou a média de 30,95% de emancipações dos africanos pertencentes aos locatários privados; contra 19,5% presentes nos estabelecimentos públicos. [40].

Nesse sentido, o Estado justificava a iniciativa devido as suas necessidades de mão-de-obra, logo emancipar juntamente os africanos das instituições públicas causaria enorme dano para os projetos do governo. Tal explicação também caracteriza as elevadas petições negadas aos africanos, sob responsabilidade dos consignatários particulares. Por outro lado, libertar todos os africanos ao mesmo tempo não fazia parte dos planos do Estado. O temor da africanização, a corrupção dos costumes, as influências perante os escravos ou revoltas ainda assombrava as autoridades e elites.

Embora a lei de 1853 ainda determinasse o regime compulsório aos trabalhadores, estes tutelados não ficaram passivos. Seja com estratégias, lutas jurídicas, rebeldia ou apoio de terceiros eles lutaram pela

---

39 MAMIGONIAN, Beatriz Gallotti. *To be a liberated African in Brazil: labour and citizenship in the nineteenth century.* Tese de Doutorado em História. University of Waterloo, 2002, *p. 204-205.*

40 A autora também contabilizou as taxas de mortalidade dos tutelados. Entre os pertencentes aos estabelecimentos públicos o número era de: 55,6%. Já, os distribuídos aos locatários privados: 44,2%. *Idem*, p. 237.

obtenção de seus direitos.[41]. Desta forma, apesar dos africanos estabelecidos na fábrica de ferro estivessem excluídos do decreto, identificamos algumas fontes com informações relevantes acerca da época.

No ano de 1859, o diretor enviou ao presidente da província a solicitação de emancipação para alguns africanos:

> Levo à presença de V. Exa. os dois requerimentos juntos de doze africanos pedindo a sua emancipação. Os sete do requerimento n°01 constam mais de 10 anos de serviço neste estabelecimento, além de 12 que prestaram no Arsenal da Marinha, conforme vi de uma papeleta que lhes mandou dar o respectivo intendente. Os 05 do 2° requerimento constam mais de 20 anos de serviço neste estabelecimento. Qualquer dos pretendentes tem tido boa conduta e mostrado subordinação. V. Exa. se designará levar a sua pretensão ao conhecimento do Governo Geral para obter-se o deferimento que for de justiça. Vários outros africanos me têm apresentado pedindo a mesma graça, alegando que não tinham meios para requerer; corre-me, portanto o dever de informar à V. Exa. que todos os africanos atualmente empregados neste estabelecimento, contam mais de 10 anos, e muitos mais de 20 anos de serviço, como V.

---

41 Acerca dos pedidos de emancipações e lutas jurídicas ver: FLORENCE, Afonso B. *Entre o cativeiro e a emancipação: A liberdade dos africanos livres no Brasil (1818-1864)*. Dissertação de Mestrado. Salvador: Universidade Federal da Bahia, 2002, MAMIGONIAN, Beatriz G. "Do que 'o preto mina' é capaz: etnia e resistência entre africanos". livres. In: *Afro-Ásia*, UFBA, Bahia, n° 24 (2000), MAMIGONIAN, Beatriz G. *To be a liberated African in Brazil: labour and citizenship in the nineteenth century*. Tese de Doutorado em História. University of Waterloo, 2002, MOREIRA, Alinnie S. *Os africanos livres e as relações de trabalho na Fábrica de Pólvora da Estrela, Serra da Estrela- RJ (1831-1870)*. Dissertação de Mestrado em História. Campinas: Unicamp, 2005.

Exa. poderá certificar-se, examinando a relação que acompanhou outro ofício meu desta data.[42]

A fonte demonstra alguns dados interessantes e informa que mesmo não sendo inclusos na lei de 1853, os africanos possuíam consciência de sua condição e buscaram alcançar a liberdade. Além disso, os pedidos passavam pelas mãos da direção da fábrica e do presidente da província, diferentemente dos tutelados sob a custódia particular, os quais entregavam as petições aos chefes de polícia. É possível que a administração, quando conivente, tenha servido como uma espécie de "procurador" dos trabalhadores. Por sua vez, o tempo de trabalho de muitos africanos citados já havia expirado. Se, segundo as palavras do diretor alguns contavam com mais de 20 anos de serviço, isto significa que tais solicitantes correspondem ao primeiro grupo introduzido na fábrica em 1835, totalizando 24 anos de atividades. Infelizmente, pela ausência de informações posteriores nos documentos, não conseguimos identificar a resolução governamental acerca dos indivíduos.

Em 1861, o gestor comunicou ao governo provincial que o africano Ambrozio obteve a liberdade, porém a carta de emancipação não fora remetida.[43] No mês seguinte, o mesmo ocorreu com o africano Calisto.[44] No caso deste a demora se justificaria, pois a carta estava com o chefe de polícia da Corte, o qual a remeteu para o chefe da polícia da província, que a destinou ao escrivão da fábrica. Talvez a demora seja explicada por

---

42 AESP, Fábrica de Ferro Ipanema, 07 de dezembro de 1859. *Correspondência do diretor, o major Pedro de Lima e Fonseca Gutierres para o presidente da Província, José Joaquim Fernandes Torres*. Ordem n° CO 5216 (1849-1870).

43 AESP, Fábrica de Ferro Ipanema, 17 de setembro de 1861. *Correspondência do diretor, Francisco Antonio Dias ao presidente da Província*. Ordem n° CO 5216 (1849-1870).

44 AESP, Fábrica de Ferro Ipanema, 16 de outubro de 1861. *Correspondência do diretor, Francisco Antonio Dias ao presidente da Província*. Ordem n° CO 5216 (1849-1870).

conta do envio às várias instituições e autoridades. Isso também explica em parte outros dados levantados: no documento de 1863, o próprio diretor solicitante informa que os referidos tutelados conseguiram a emancipação em 1860. Ambrozio na data de 27 de junho e Calisto no dia 3 de junho, ou seja, um ano antes.[45] Nesse sentido, lidamos com as hipóteses de que as cartas de fato demorassem a serem remetidas por tramitarem pelos diversos órgãos ou que existisse certo interesse das autoridades responsáveis a fim de que elas não chegassem às mãos dos africanos.

Não obstante, em 03 de novembro de 1861, o vice-diretor de Itapura escreveu ao novo presidente da província, João Jacinto de Mendonça e relatou o seguinte episódio:

> No dia 1º deste mês, um grupo de africanos deste estabelecimento apresentou-se no meu quartel e com o modo mais respeitoso e humilde expuseram que havia muitos anos que trabalharam para a nação, que seus companheiros que foram para o Mato Grosso, já haviam sido todos libertados; e que estando eles no mesmo caso, tinham direito ao mesmo benefício, empenhando-se comigo para alcançar do Governo Imperial um pequeno salário para satisfazerem seus vícios. Para evitar delongas, dirijo-me diretamente ao Ministro da Marinha como verá V. Exa. dos ofícios juntos que solicito [...].[46]

---

45 Além dos referidos africanos, o documento também informa a emancipação em 1862 de: Carlos 3º, e Manoel 2º, totalizando 04 indivíduos. AESP, *Fábrica de Ferro Ipanema, 28 de agosto de 1863. Relação dos africanos livres e escravos da nação pertencentes à Fábrica de Ferro Ipanema, produzida pelo diretor Francisco Antonio Dias. Item: emancipados de 1859 em diante*. Ordem nº CO 5216 (1849-1870).

46 AESP, *Ofícios Diversos de Itapura - Diretoria de Itapura, 03 de novembro de 1861. Correspondência do vice-diretor, Victor Tiago ao presidente da província, João Jacinto de Mendonça*. Ordem nº CO 1063 e CO 1065.

Apesar de o governo ter encerrado as atividades produtivas na colônia, muitos trabalhadores continuaram a residir no estabelecimento e reivindicaram pequenos salários ou gratificações pré-estabelecidas. Também é possível que os africanos citados correspondessem à Ipanema. Todavia, as lacunas aparecem novamente, pois não existem maiores detalhes, nem listagens nominais dos beneficiados. Por fim, podemos considerar o fato de alguns grupos de tutelados terem sido emancipados, com o objetivo estatal de impedir certos conflitos. Tais africanos não estavam sob a guarda de particulares, segundo previa a lei de 1853, porém o prazo de sua tutela encontrava-se esgotado, logo era preciso acalmá-los com algumas emancipações pontuais até a próxima decisão imperial.

O decreto de 1864: o destino dos africanos livres e sua prole

No dia 24 de setembro de 1864, o governo divulgou o decreto n° 3.310 declarando a emancipação de todos os africanos livres existentes no Império.[47] As cartas seriam expedidas pelo Juiz de órfãos da Corte e das capitais das províncias, posteriormente elas seguiriam aos respectivos chefes de polícia a fim de serem entregues aos emancipados. Os tutelados a serviço de particulares deveriam seguir para a Casa de Correção da Corte, já os dos estabelecimentos públicos nas províncias designados pelos presidentes e chefes de polícia. Ademais, os trabalhadores poderiam fixar domicílio em qualquer parte do Império, desde que informassem o endereço à Polícia, junto com as suas novas ocupações.

Obviamente o decreto não garantia a liberdade efetiva pois os africanos ficaram incumbidos de sempre informar suas ocupações e domicílios. Na realidade, a lei se caracterizava por "dar liberdade e ao mesmo

---

47 Decreto n°3310 "Emancipação dos Africanos Livres". 24 de setembro de 1864. *Coleção das Leis do Império do Brasil,* 160-161, Biblioteca Nacional. Também disponível em: http://www2.camara.leg.br/legin/fed/decret/1824-1899/decreto-3310-24-setembro-1864-555076-publicacaooriginal-74160-pe.html Acesso em: 10/06/2013

tempo manter sob controle".[48] A partir deste momento, o governo procurou localizar os tutelados nas diversas regiões do país. Ele necessitava inclusive, evitar durante o processo motins, aglomerações ou revoltas. Não obstante, a norma apenas regulamentou a prática das petições, já existente na década de 1850, como vimos nas páginas anteriores.

A iniciativa imperial buscou apenas obter melhor imagem diante da Inglaterra. Vale lembrar que o Brasil foi um dos últimos países a depender do sistema escravista no Atlântico. Assim, o decreto de 1864 foi utilizado a fim de adiar por mais algum tempo a liberdade "de fato" dos africanos (pois careceriam declarar domicílios e ocupações), como também a abolição dos escravos, bastante discutida entre as elites no momento.

Por sua vez, o documento não tratava somente dos africanos, mas também de sua prole. O artigo 7º ordenava que o filho menor de africana livre acompanharia o seu pai, caso também fosse livre e, na ausência deste a sua mãe. Além disso, a carta de emancipação precisava indicar nome, idade, local de nascimento e sinais característicos. Já o maior de 21 anos de idade receberia a carta e poderia seguir para qualquer lugar do império (informando o endereço). Caso os pais fossem incapazes ou ausentes, os menores permaneceriam sob os cuidados do Juiz de Órfãos até completarem a maioridade.

Acerca dos filhos dos tutelados, a lei de 1864 trouxe nova exigência se comparada a de 1853. Até então, o governo não cobrava as cartas de emancipação das proles, pois consideravam o fato de estes serem "ingênuos", portanto, livres. A historiadora Alinnie Silvestre Moreira, no estudo referente aos africanos da Fábrica de Pólvora da Estrela faz uma reflexão sobre o termo:

---

48 SOUZA, Jorge P. de. *Africano livre ficando livre: trabalho, cotidiano e luta*. Tese de Doutorado em História Social. São Paulo: Universidade de São Paulo, 1999, p. 136.

Entre a fábrica e a senzala

> O termo ingênuo, para o caso dos filhos de africanos livres, possivelmente tenha sido o mais aplicável, segundo os fundamentos do direito romano, pois seus pais eram livres jurídicos e eles filhos de "ventre livre" que haviam nascido no país tendo, portanto, todos os pré-requisitos para a cidadania.[49]

Desta forma, "ingênuo" era o termo também aplicado aos filhos menores dos tutelados. Suas condições jurídicas possuíam características mais delicadas, porque eram nascidos de ventre livre e detinham o direito à cidadania brasileira.[50] Tal decisão era fruto dos debates a partir da década de 1860 acerca do ventre livre. Nesse sentido, a legislação de 1871[51] apresentou tema parecido no processo das escravas e seus filhos.

Apesar dos menores e órfãos possuírem o direito à liberdade, novamente o governo apresentou suas intenções de controlá-los. Muitos foram obrigados a executar trabalhos domésticos, de soldados ou aprendizes em troca de sustento. No estudo sobre a Fábrica de Pólvora, Moreira observou o seguinte fato:

> [...] Embora isso causasse mais desconforto do que a relação que se travava com os pais, eles foram

---

49 MOREIRA, Alinnie S. *Os africanos livres e as relações de trabalho na Fábrica de Pólvora da Estrela, Serra da Estrela- RJ (1831-1870)*. Dissertação de Mestrado em História. Campinas: Unicamp, 2005, p. 218.

50 MOREIRA, Alinnie S, *op. cit.*, p. 217.

51 A lei do Ventre Livre, promulgada em 28 de setembro de 1871 declarava livre todos os filhos de mulher escrava nascidos a partir de tal data. Assim, a legislação previa duas possibilidades para as crianças: permanecerem sob os cuidados dos senhores até completarem a maioridade, ou serem entregues ao governo. Na maioria dos casos, preferiu-se a primeira opção, o que beneficiou os senhores, os quais puderam utilizar a sua mão-de-obra até os 21 anos de idade. Na prática a lei do Ventre Livre, assim como as de 1853 e 1864 representaram objetivos do Império, a fim de obter a transição lenta e gradual para o trabalho livre.

também postos em trabalho compulsório a serviço de terceiros. Muitas crianças permaneceram sob a guarda dos trabalhadores livres da fábrica, servindo como domésticos e, mais tarde, foram incorporados aos trabalhos fabris.[52]

A medida representou verdadeiro jogo burocrático na tentativa de o Estado prolongar a permanência dos menores na tutela. Quanto à Ipanema, no momento havia poucos africanos com filhos, visto que grande parte encontrava-se na Colônia de Itapura. Alguns menores continuaram a executar os trabalhos domésticos, outros, de fato serviram como aprendizes. Entretanto, muitos acabaram recebendo instrução e servindo de colonos em Mato Grosso.

Apesar das lacunas sob certas informações nas fontes da fábrica de ferro, contabilizamos números relevantes sobre determinados assuntos. Todavia, no período a partir de 1864, a documentação acerca das emancipações é escassa. Assim, identificamos um documento sem data, solicitando a presença na capital da província de todos os africanos a serviço do estabelecimento, a fim de receberem suas cartas de emancipação, conforme ordenava o decreto n° 3.310.[53]

Em 07 de junho de 1864 (meses antes da aprovação da lei), o diretor Francisco Antonio Dias escreveu ao presidente da província informando que a carta de emancipação do africano Simplício havia chegado. O gestor, desta maneira solicitou a seguinte orientação: "[...] declarando-me se devo entregá-la ao referido africano, e despedi-lo deste estabeleci-

---

52 MOREIRA, Alinnie S. *Os africanos livres e as relações de trabalho na Fábrica de Pólvora da Estrela, Serra da Estrela- RJ (1831-1870)*. Dissertação de Mestrado em História. Campinas: Unicamp, 2005, p. 176.

53 AESP, Fábrica de Ferro Ipanema, sem data. *Correspondência do presidente da Província ao diretor*. Ordem n° CO 5216 (1849-1870).

mento, ou conservá-la em meu poder".[54] A fonte esclarece duas possibilidades: ou o administrador correspondeu ao presidente, visto que o mesmo fora empossado recentemente (e carecia saber sua determinação), ou segundo as ordens governamentais as cartas de emancipação concedidas permaneciam nas mãos dos diretores. Consequentemente, consideramos a segunda opção, pois vimos anteriormente as tentativas burocráticas estatais a fim de impedir, atrasar ou até mesmo negar a emancipação. Logo, é provável que algumas vezes as autoridades fossem orientadas a ficar com o documento a fim de controlar os africanos nos postos de trabalho.

Dias após, o diretor enviou para o governo a petição dos africanos Apolinario, Inocencio, Gabriel, José Macúa, Thomaz e Catharina, os quais solicitavam a emancipação.[55] A fonte mais uma vez, apresenta o dado relevante: mesmo ausentes da lei de 1853, os africanos livres de Ipanema lutaram por sua liberdade, apresentando as suas petições, pois conheciam o prazo já expirado dos 14 anos de serviços prestados. Sobre tal grupo, não encontramos maiores informações, se foram emancipados ou chegaram a receber as cartas.

Por sua vez, muitos tutelados que estavam em Itapura após o decreto de 1864, aproximadamente 68, continuaram no empreendimento, porém servindo de colonos da terceira classe. Sendo assim, o diretor da colônia destinou correspondência ao presidente da Província solicitando o seguinte:

> [...] Será indispensável que a Tesouraria os contemple em seu próximo primeiro orçamento e lhes abone as diárias determinadas, no artigo 30 do regula-

---

54 AESP, Fábrica de Ferro Ipanema, 07 de junho de 1864. *Correspondência do diretor, Francisco Antonio Dias para o presidente da Província, Francisco Inácio Marcondes Homem de Mello.*

55 AESP, Fábrica de Ferro Ipanema, 28 de junho de 1864. *Correspondência do diretor, Francisco Antonio Dias para o presidente da província, Francisco Inácio Marcondes Homem de Mello.*

mento, rogo à V. Exa. que caso isso suceda, se digne mandar enviar com emergência àquela repartição uma relação desses novos colonos, para que ela abra logo em seus livros os respectivos assentamentos.[56]

Por que após 1864 alguns africanos ficaram em Mato Grosso? Além do interesse da instituição e, embora a rotina de trabalho fosse exaustiva, ela era menos desgastante do que na fábrica de ferro. Ademais, a maioria das famílias constituídas permaneceu preservada. Lá eles puderam construir sua moradia e plantar (isto representava grande autonomia se comparada à Ipanema). Talvez, mesmo obrigados a declarar os novos endereços, perceberam que permanecer em Itapura servindo como colonos (e em certo modo atrelados ao domínio estatal) seria mais benéfico do que a cruel realidade da fábrica.

Apesar de determinada autonomia, o Império buscou controlar os africanos no período pós-emancipação como aponta o caso de Damásio Guaratinguetá. O trabalhador prestou serviços em Ipanema desde 1845 e depois de quinze anos, em 1860 foi enviado para Itapura. Ele obteve a emancipação porém continuou no local prestando serviços como colono por mais oito anos. Entretanto, em 1872, Damásio recebeu ordens do Ministério da Guerra para retornar à fábrica juntamente com mais oito famílias de africanos.

Como Damásio era amasiado, o que contrariava o regimento interno do local, o diretor proibiu que ele ficasse no estabelecimento.[57] Sendo assim, com o objetivo de continuar com a família e conseguir contrato de trabalho para todos os membros, o africano casou-se formalmente com a sua companheira Ana. Após quatro meses, Damásio solicitou a saída de to-

---

56 AESP, Ofícios Diversos de Itapura. Diretoria de Itapura, 15 de janeiro de 1865, *Correspondência do diretor Antonio Mariano de Azevedo ao presidente da província, João Crispiniano Soares*. Ordem n° CO 5215.

57 AESP, Fábrica de Ferro Ipanema, 05 de fevereiro de 1872. *Ofício do diretor da fábrica ao presidente da Província*.

dos da fábrica a fim de contratar seus serviços e de seus filhos com Antonio José Soares (o qual havia proposto negócio mais vantajoso).[58]

No ofício, o diretor indicava o fato de várias pessoas terem se interessado a contratar os serviços dos africanos restantes da fábrica.[59] Damásio efetuou vários requerimentos negados ou arquivados pela administração. Além disso, Antonio José Soares que era fornecedor de carne de Itapura, por diversas vezes enviou correspondências ao diretor para que aprovasse o contrato. Diante das negativas, o contratante solicitou então ao presidente da Província, mas a licença para o contrato de trabalho foi recusada.[60]

Através da justificativa paternalista de proteger da reescravização Damásio, que já estava velho e doente, bem como a sua família, direção e governo provincial buscaram manter os trabalhadores vinculados ao estabelecimento. O evento demonstra que, mesmo depois de emancipados, e podendo exercer contratos de trabalho com outras pessoas, alguns africanos não puderam gozar de sua autonomia. Portanto, a emancipação, na prática não alterou o sentido da tutela dos africanos, traduzida em disciplinar e controlar.

Na tese de doutorado sobre os africanos livres em São Paulo, Enidelce Bertin estabeleceu comparações acerca do nome dos tutelados antes e após a emancipação. A historiadora analisou duas listagens diferentes: a primeira proveniente da fábrica em 1851 e a segunda oriunda do governo provincial, que indicava os africanos emancipados após o decreto de 1864.

---

58 AESP, Fábrica de Ferro Ipanema, 05 de fevereiro de 1872. *Ofício do diretor da fábrica ao presidente da Província.*

59 A lei de 28 de setembro de 1871 estabelecia liberdade aos emancipados e escravos da nação para contratar seus serviços com terceiros.

60 BERTIN, Enidelce. *Os meia cara. Os africanos livres em São Paulo no século XIX.* Tese de Doutorado, Departamento de História, Universidade de São Paulo, 2006, p. 238-240.

As listas da fábrica continham, na maioria das vezes, seus nomes, idades, locais de procedência e ocupações, conforme salientamos no Capítulo n°2. Todavia, o documento governamental posterior a 1864 apresentou novas denominações para os indivíduos: todos os africanos apareceram com nomes compostos, representados por diversas localidades da Província de São Paulo, Mato Grosso e Rio Grande do Sul.[61]

Tabela 14: Comparação na identificação de africanos livres 1851 e 1864

NOME	GRUPO DE PROCEDÊNCIA	NOME COMPOSTO
Domingas	Angola	Domingas Ivaí
Luciana	Angola	Luciana Gameleira
Paulo	Angola	Paulo Guarany
Antenor	Barundo	Antenor Bauru
Bento	Barundo	Bento Iguatemy
Agostinho	Benguela	Agostinho Piracicaba
Daniel	Benguela	Daniel Lavradio
Honorata	Benguela	Honorata Pirataca
Jacinta	Benguela	Jacinta Corumbá
Joaquina	Benguela	Jacinta Iguatemy
Maria Bernarda	Benguela	M. Bernarda Corumbataí
Crispiniano	Bié	Crispiniano Vacaria
Brígida	Cassange	Brígida Bertioga
Canuto	Cobia	Canuto de Igassú
Cosme	Cocanete	Cosme Banharão
Claudiano	Cocundo	Claudiano Poconé
Casemiro	Colunda	Casemiro Cabreúva
Crispim	Colunda	Crispim Jataí
Venceslau	Congo	Venceslau Xavantes
Deoclesiano	Cosongá	Deoclesiano Araçangá
André	Couvalle	André Pirataca
Alberto	Garangue	Alberto Urubupungá
Aleixo	Macua	Aleixo de Limeira
Damásio	Marambe	Damásio Guaratinguetá
Teodora	Moange	Teodora Urubupungá

---

61 *Idem*, p. 106. Nota-se que acerca dos africanos citados anteriormente, os quais solicitaram a emancipação em 28 de junho de 1864, aparece somente o nome de Apolinário.

Pelaio	Moçambique	Pelaio Ivaí
Silvério	Mogange	Silvério Queluz
Felisberta	Monjolo	Felisberta Cerqueira
Benedito	Mucena	Benedito Coruçá
Apolinário	Nequipongo	Apolinário Alambari
Florencio	Quilimane	Florencio Corumbá
Fulgêncio	Quilimane	Fulgêncio Avanhandava
Gregório	Quilimane	Gregório Macaúba
Julião	Quitingui	Julião Tietê
Bernardino	Rebolo	Bernardino Corumbataí
Engracia	Rebolo	Engracia Serra

Fonte: AESP, Fábrica de Ferro Ipanema, 1851. *Relação nominal dos africanos livres da Fábrica de Ferro São João do Ipanema,* folder 04. Ordem n° CO 5216 (1849-1870); AESP, EO. Matrícula de Africanos Emancipados, 1864. In: BERTIN, Enidelce. *Os meia cara. Os africanos livres em São Paulo no século XIX.* Tese de Doutorado, Departamento de História, Universidade de São Paulo, 2006, p. 108.

Se anteriormente o grupo de procedência africano era vinculado ao nome dos tutelados, na emancipação o mesmo não ocorreu. Segundo Bertin, tal substituição representou um modo de apagar o passado, a fim de incluir outras denominações na vida após a emancipação.[62] Esta reinvenção de identidades ocorreu com os africanos, os quais haviam prestado serviços em Itapura. Todavia, diante da conjectura, é difícil considerar que a alteração tivesse sido ideia dos trabalhadores, pois todos os africanos apresentaram os nomes alterados. Por outro lado, parece que tal reinvenção não incomodou os interessados, basta lembrarmos do caso do africano Damásio, exposto anteriormente, o qual continha também a denominação "Guaratinguetá". É possível assim que, a nova identidade reforçasse a nova condição de emancipado, livre.[63]

---

62 BERTIN, Enidelce. *Os meia cara. Os africanos livres em São Paulo no século XIX.* Tese de Doutorado, Departamento de História, Universidade de São Paulo, 2006, p. 107.

63 BERTIN, Enidelce, *op. cit.*, p. 107.

A tabela apresenta o número total de 36 africanos emancipados. A autora identificou também, casos de indivíduos com a indicação do grupo de procedência oposta à documentada antes da emancipação. Nestas condições, Bertin identificou 12 africanos. Um exemplo é o caso de Olegário, o qual no ano de 1851 apresentava o grupo Macua, e após 1864 foi alterado para Benguela.[64]

Tabela 15: Comparação entre grupos de procedência de africanos livres em 1851 e na emancipação

NOME	NAS LISTAS	NA EMANCIPAÇÃO
Amaro	Ubaca	Congo
Aniceto	Quebombo	Cabinda
Baltazar	Mussena	Moçambique
Bonifácio	Cacondo	Benguela
Caio	Cabinda	Moange
Cosme	Moange	Monjolo
Emília	Benguela	Cabinda
Gaspar	Monjolo	Angola
Manuela	Muteca	Cabinda
Olegário	Macua	Benguela
Paulo	Angola	Congo
Zeferino	Quilimane	Moçambique

Fonte: AESP, Fábrica de Ferro Ipanema, 1851. *Relação nominal dos africanos livres da Fábrica de Ferro São João do Ipanema*, folder 04. Ordem nº CO 5216 (1849-1870); AESP, EO. Matrícula de Africanos Emancipados, 1864. In: BERTIN, Enidelce. *Os meia cara. Os africanos livres em São Paulo no século XIX*. Tese de Doutorado, Departamento de História, Universidade de São Paulo, 2006, p. 105.

Na tentativa de responder por que os africanos assumiam outra identidade depois de adaptados, a historiadora concluiu que a preferência de um termo, em detrimento de outro parece sugerir a necessidade de per-

---

64 *Ibidem*, p. 105

tencer a um grupo, o que aponta para uma incorporação, por parte do africano, daquelas classificações além de uma ressignificação das mesmas.[65]

E quanto aos rumos da Fábrica de Ferro?

Mesmo depois da restauração e o fim da Guerra do Paraguai, o empreendimento permaneceu em crise. Anos após, a fábrica foi transferida aos cuidados do Ministério da Agricultura, porém ficou esquecida frente aos investimentos de modernização do país como telégrafos, iluminação e ferrovias. Além disso, no final da década de 1860 o local retornou a estabelecer operários livres e estrangeiros no quadro de funcionários, visto que o número de escravos e africanos era deficiente para o implemento da produção.

Já a partir de 1870, o total de africanos presentes no estabelecimento não passava de 10. Acerca dos escravos, a maioria idosa ou doente permaneceu na instituição. Os menores obtiveram o status de liberto, como consequência da Lei do Ventre Livre, em 1871. Logo, continuaram no local exercendo a função de aprendizes dos novos colonos e operários até obterem a maioridade.

O Império, apesar das infindáveis despesas, sustentou seu projeto em Ipanema, de acordo com os desejos de Dom Pedro II.[66] Porém, com o advento da República o então presidente, Prudente de Morais assinou o decreto declarando encerradas as atividades da fábrica em 1895. Nos anos subsequentes a fábrica passou por completo abandono servindo de quartel do exército, treinamento rural e indústria de tratores, todos sem êxito.

---

65 *Idem.* A observação de Bertin é extremamente valiosa para o nosso trabalho, pois a autora comparou fontes de procedência diferentes, obtendo assim ricas informações.

66 Embora a economia da região fosse muitas vezes ditada pelo comércio, principalmente o de muares, a Fábrica de Ferro possuiu certa importância econômica, porém apenas local. Dessa forma, em decorrência das crises estruturais e financeiras, os problemas no escoamento da produção etc a intenção do imperador de consolidar Ipanema como uma das grandes referências modernizadoras e lucrativas da nação não se concretizou.

Mesmo com a popularidade do estabelecimento, 200 anos após a sua criação, a questão do trabalho na fábrica é permeada por alguns silêncios. Na região, por exemplo, é pouco mencionada a participação das centenas de escravos e africanos, privilegiando assim, a mão-de-obra livre e estrangeira. No processo histórico, a memória é selecionada ou reincorporada de acordo com os interesses das sociedades. Talvez para alguns não seja apropriado ressaltar *"a história dos vencidos"*, mas não para nós. Nas experiências e trajetórias de vida dos africanos e escravizados existiram apenas batalhadores, que procuraram escrever seu próprio destino.

CONSIDERAÇÕES FINAIS

O processo de transição para o trabalho livre no Brasil foi permeado por inúmeras tentativas governamentais de protelar a liberdade efetiva dos africanos livres e escravos. Apesar das incessantes pressões inglesas e internacionais, a elite brasileira, composta por políticos, intelectuais e grandes latifundiários, procurou ao máximo delongar a autonomia dessas pessoas. Assim, mesmo com a revogação da lei de 7 de novembro de 1831, os decretos de 1853 e 1864 buscaram gerenciar o futuro dos indivíduos, calcados no controle e na tutela. Além disso, são raros os casos conhecidos em que os africanos conseguiram ser reexportados à África, conforme declarava a legislação de 1831.

Por sua vez, o número total de africanos livres emancipados no Império é impreciso devido à ausência de fontes ou dados incongruentes, tanto nos documentos institucionais, provinciais, quanto no Ministério da Justiça. Embora as elites tenham formulado variadas propostas relativas à substituição do trabalho escravo, baseada nos interesses econômicos, o imaginário fundado no medo, no preconceito, na rebeldia e na incapacidade do negro para o trabalho livre permaneceu. Logo, isto influenciou a sociedade durante toda a segunda metade do século XIX, assim como as propostas de emancipação gradual.

Mas e quanto às especificidades de africanos livres e escravos? A historiografia acerca do tema apontou características complementares. Para Beatriz Mamigonian, embora os tutelados possuíssem condição jurídica peculiar, na prática, foram tratados como escravos.

Já segundo Jorge Prata de Souza o escravo só poderia se libertar a partir da vontade do senhor. Por outro lado, o africano era tido como livre, logo não poderia ser vendido, nem comprado.

Ademais, o africano possuía o direito à carta de emancipação garantida em lei. Souza também considerou ambiguidades no processo de alforria dos trabalhadores, porque a fim de alcançar a liberdade, ambos se depararam com a omissão e a lenta burocracia governamental. Por conseguinte, as situações, bem como os caminhos trilhados na busca pela liberdade dos indivíduos não foram idênticas.

De acordo com Afonso Bandeira Florence, a definição da liberdade dos africanos esteve associada ao debate pelo fim do tráfico de escravos, em conjunto com a tentativa de se obter uma estabilidade política no Império. Além disso, Alinnie Silvestre Moreira concluiu que, mesmo sendo um grupo peculiar, os africanos puderam *viver sobre si*, mas com limitações. Portanto, a esperança de obter condição livre e cidadã permaneceu latente.

Os principais autores buscaram analisar a questão dos africanos livres e suas liberdades de diferentes modos e perspectivas. Outro ponto comum entre os historiadores reside na interpretação da consciência dos tutelados: eles sabiam que eram diferentes, logo procuraram conquistar seu direito à liberdade, seja através dos espaços legais ou nas vivências cotidianas.

A presente pesquisa, influenciada pelas análises desses autores, procurou compreender as experiências dos africanos livres na fábrica de Ipanema. Como resultado, identificamos as situações dos trabalhadores no estabelecimento. Observamos as suas funções, os locais de procedência, a rotina de trabalho exaustiva e as condições precárias em que viviam. Tais reflexões nos permitem avaliar inclusive, que não houve incompatibilidade entre capitalismo e escravidão, pois se a lógica do sistema capitalista visava o lucro, o Estado brasileiro utilizou o trabalho compulsório para obter baixos custos com mão-de-obra a fim de lucrar e ascender economicamente.

Além disso, examinamos a alimentação, a moradia, a vestimenta, as fugas e os conflitos. Como também, as relações familiares, as doenças, as mortes (fruto do descaso, representado por meio da ausência de remédios, médicos e tratamento adequado). De fato entendemos, que no cotidiano, africanos livres e escravizados não receberam tratamento diferenciado, pois exerciam as funções semelhantes e dividiram as mesmas moradias, vestimentas e alimentação.

Também, a convivência de ambos os grupos não resultou em conflitos, muito pelo contrário: tutelados e escravizados compartilharam suas trajetórias de vida, através das relações de solidariedade, alguns formaram famílias entre si, majoritariamente africanos com escravas, ou até mesmo fugiam juntos. O que diferenciou os grupos de trabalhadores foi o horizonte na busca pela autonomia. Desta forma, os africanos livres receberam maiores coerções e vigilância das autoridades do estabelecimento.

Ademais, os africanos tiveram que lidar com questões que não fizeram parte do universo dos escravizados, os quais detinham uma condição jurídica muito bem definida. Os tutelados ainda se depararam com as tentativas de reescravização, sejam pelas autoridades ou concessionários privados. Assim como as intenções de transformá-los em colonos nas novas áreas de expansão e povoamento, exemplificadas na Colônia de Itapura. Infelizmente, a consciência de sua condição e o *status* jurídico de livre acabou pesando contra os próprios africanos e o caminho na busca pela emancipação não resultou na liberdade efetiva, mesmo para aqueles que obtiveram as cartas de emancipação.

FONTES

Fontes Manuscritas

Arquivo Público do Estado de São Paulo (AESP)

Fábrica de Ferro São João do Ipanema- CO 5215 (1840-1848) e CO 5216 (1849-1870).

Estabelecimento Naval de Itapura- CO 5534 a CO 5535 (1858-1868)

Microfilmes

Arquivo Edgard Leuenroth (AEL-Unicamp)

Relatórios do Ministério da Guerra- AEL CECULT F/05585-MR/3024-MR/3035 (1840-1865).

Coleção de Leis do Império do Brasil. Rio de Janeiro: Typ. Nacional. (1808-1870). Coleção das Leis Imperiais do Brasil-AEL CECULT F/05499- MR/1831-MR/1845 (1816- 1871)

REFERÊNCIAS BIBLIOGRÁFICAS

ALBUQUERQUE, Wlamyra R. de. *Uma história do negro no Brasil.* Salvador: Centro de Estudos Afro-Orientais; Brasília: Fundação Cultural Palmares, 2006.

ALGRANTI, Leila M. *O feitor ausente: estudo sobre a escravidão urbana no Rio de Janei*ro. Petrópolis-RJ: Ed. Vozes, 1988.

ARAÚJO, Carlos E. M. *Cárceres Imperiais: A Casa de Correção no Rio de Janeiro. Seus detentos e o sistema prisional no Império (1830-1861).* Tese de Doutorado, Campinas-SP: Unicamp, 2009.

_____, Carlos E. M. "Arquitetando a liberdade: os africanos livres e as obras públicas no Rio de Janeiro imperial". In: *História Unisinos,* 14(3): 329-333 Setembro /Dezembro 2010.

AZEVEDO, Célia M. de. *Onda negra, medo branco: o negro no imaginário das elites século XIX.* São Paulo: Annablume, 2004.

AZEVEDO, Elciene. *O direito dos escravos*: lutas jurídicas e abolicionismo na província de São Paulo. Ed. Unicamp: Campinas, São Paulo, 2010.

BERTIN, Enidelce. *Os meia cara. Os africanos livres em São Paulo no século XIX.* Tese de Doutorado, Departamento de História, Universidade de São Paulo, 2006.

BRAUDEL, Fernand. *Civilização material e capitalismo. Séculos XV-XVIII.* Rio de Janeiro: Edições Cosmos, 1970.

CAMARGO, Luís S. de. *Viver e morrer em São Paulo: a vida, as doenças e a morte na cidade do século XIX.* Tese de Doutorado em História Social. São Paulo: PUC-SP, 2007.

_____, Luís S. de. "As 'bexigas' e a introdução da vacina antivariólica em São Paulo". In: *Histórica – Revista Eletrônica do Arquivo Público do Estado de São Paulo*, nº 28, 2007.

CARNEIRO, H. S. "Comida e sociedade: significados sociais na história da alimentação". In: *História: Questões & Debates*, Curitiba, nº 42, 2005, p. 71-80.

CARVALHO, José M. *Teatro das sombras, a política imperial*. IUPERJ: Rio de Janeiro, 1988.

CASCUDO, Luís da C. *História da alimentação no Brasil*. Belo Horizonte: Itatiaia, 1983.

CHALHOUB, Sidney. *Visões da Liberdade: uma história das últimas décadas da escravidão na corte*. São Paulo: Cia. Das Letras, 1990.

_____, Sidney. *Cidade Febril: cortiços e epidemias na Corte imperial*. São Paulo: Cia. Das Letras, 1996.

_____, Sidney. *A força da escravidão: ilegalidade e costume no Brasil oitocentista*. São Paulo: Ed. Companhia das Letras, 2012.

CHERNOVIZ, Pedro Luiz N. *Dicionário de Medicina Popular*. 6ª ed. Paris: A. Roger & F. Chernoviz, 1890.

CONRAD, Robert. *Tumbeiros: O Tráfico de escravos no Brasil*. São Paulo: Brasiliense, 1985.

COSTA, Emília V. *Da Senzala à Colônia*. Ed. DIFEL: São Paulo, 1966.

COSTA, Irani del N. da. "A família escrava em Lorena (1801)". In: *Estudos Econômicos*, v. 17, nº02, p. 249-295, maio-ago. 1987.

DANIELI Neto, Mario. *Escravidão e Indústria: Um estudo sobre a Fábrica de Ferro São João do Ipanema- Sorocaba (SP)-1765-1895*, Dissertação de Doutorado em História, Universidade Estadual de Campinas, Instituto de Economia, 2006.

DAVIS, David B. *O problema da escravidão na cultura ocidental*. Rio de Janeiro: Civilização Brasileira, 2001.

DAZILLE, Jean B. *Observações sobre as enfermidades dos negros*. Trad. Antônio José Vieira de Carvalho. Lisboa: Tipografia Arco do Cego, 1801.

DUARTE, José R. de L. *Ensaio sobre a higiene da escravatura no Brasil*. Rio de Janeiro: Typ. Universal de Laemmert, 1849.

DRESCHER, Seymour. *Abolição: uma história da escravidão e do anti-escravismo*. São Paulo: Ed. da Unesp, 2011.

EUGÊNIO, Alisson N. "*Reflexões médicas sobre as condições de saúde da população escrava no Brasil do século XIX*". In: *Afro-Ásia*, Bahia, 42 (2010).

ESCARANO, Julita. "Algumas considerações sobre o alimento do homem de cor no século XVIII". In: *Revista História*, São Paulo, n° 123-124, ago./jul., 1990/1991, p. 71-79.

FACIABEN, Marcos E. *Tecnologia siderúrgica no Brasil do século XIX: conhecimento e técnica na aurora de um país (o caso da Fábrica de Ferro São João do Ipanema)*. Dissertação de Mestrado em História. São Paulo: USP-FFLCH, 2012.

FERNANDES, Florestan. *A integração do negro na sociedade de classes*. São Paulo: Dominus, Edusp, 1965.

FILHO, Santos João do. "A opressão aos escravos africanos sinaliza a base alimentar do povo brasileiro". In: *Revista Espaço Acadêmico*, n°70, março de 2007.

FLORENCE, Afonso B. *Entre o cativeiro e a emancipação: A liberdade dos africanos livres no Brasil (1818-1864)*. Dissertação de Mestrado. Salvador: Universidade Federal da Bahia, 2002.

_____, Afonso B. "Resistência escrava em São Paulo: a luta dos escravos da fábrica de ferro São João de Ipanema, 1828-1842". In: *Afro-Ásia*, n°18, 1996.

FLORENTINO, Manolo; GÓES, José R. *A paz das senzalas: famílias escravas e tráfico atlântico, Rio de Janeiro (1790-1850)*. Rio de Janeiro: Civilização Brasileira, 1997.

FLORENTINO, Manolo. *Em costas negras: uma história do tráfico de escravos entre a África e o Rio de Janeiro*. São Paulo: Companhia das Letras, 1997.

FREYRE, Gilberto. *Casa- grande & senzala*. Rio de Janeiro: José Olympio,

1980. [1933].

GEBARA, Ademir. "Escravos: fugas e fugas". In: *Revista Brasileira de História*, v. 6, n° 12, março/agosto 1986, p. 91.

GENOVESE, Eugene D. *A terra prometida: o mundo que os escravos criaram*. Rio de Janeiro: Paz e Terra; Brasília: CNPq, 1988.

GHIRARDELLO, Nilson. *Estabelecimento Naval e Colônia Militar do Itapura, Ápice do Pensamento Urbanístico-Militar do Império Brasileiro*. In: *IX Seminário de História da Cidade e do Urbanismo. São Paulo*, 4 a 6 de setembro de 2006.

GOMES, Flávio S. *História de quilombolas: mocambos e comunidades de senzalas no Rio de Janeiro - Século XIX*. Rio de Janeiro: Arquivo Nacional, 1995.

_____, Flávio S. "Experiências transatlânticas e significados locais: ideias, temores e narrativas em torno do Haiti no Brasil Escravista". In: *Revista Tempo*, Rio de Janeiro, n°13, p. 209-246, v. 7- Jul. 2002.

GRAHAM, Richard. "A família escrava no Brasil Colonial". In: *Escravidão, Reforma e Imperialismo*. São Paulo: Perspectiva, 1979.

GRAHAM, Sandra L. *Proteção e obediência: criadas e seus patrões no Rio de Janeiro 1860-1910*. São Paulo: Cia. Das Letras, 1992.

GUIMARÃES, Maria Regina C. "Os manuais de medicina popular do Império e as doenças dos escravos: o exemplo de Chernoviz". In: *Rev. Latinoam. Psicopat. Fund.*, São Paulo, v. 11, n°04, dez. de 2008.

IMBERT, Jean-Baptiste A. *Manual do fazendeiro ou tratado doméstico sobre as enfermidades dos negros*. Rio de Janeiro: Typ. Nacional e Const. de Seignot-Plancher e Cia. 1834.

JARDIM, David G. *Algumas considerações sobre a higiene dos escravos*. Tese apresentada à Faculdade de Medicina do Rio de Janeiro, 1847.

JUNIOR, Caio P. *Formação do Brasil contemporâneo. Colônia*. São Paulo: Brasiliense, 1983. [1942]

KARASCH, Mary C. *A vida dos escravos no Rio de Janeiro, 1808-1850*. São Paulo: Companhia das Letras, 2000.

KLEIN, Herbert S. "Demografia do tráfico atlântico de escravos no Brasil".

In: *Estudos Econômicos*, v. 17, n°02, p. 129-149, maio-ago. 1987.

LARA, Sílvia H. *Direitos e justiças no Brasil: ensaios de história social.* Campinas, SP: Editora da Unicamp, 2006.

LESLIE, Bethell. *A abolição do tráfico de escravos no Brasil: a Grã Bretanha, o Brasil e a questão do tráfico de escravos, 1807-1869.* Rio de Janeiro: Edusp/Expressão e Cultura, 1976.

LIMA, Silvio C. de Souza. *O corpo escravo como objeto das práticas médicas no Rio de Janeiro (1830-1850).* Tese (Doutorado em História das Ciências e da Saúde), Rio de Janeiro: Fundação Oswaldo Cruz. Casa de Oswaldo Cruz, 2011.

LUNA, Francisco V.; KLEIN, Herbert S. "Escravidão africana na produção de alimentos. São Paulo no século XIX". In: *Estudos Econômicos*, São Paulo, 40(2): abr.-jun. 2010, p. 295-317.

LUNA, Francisco V; COSTA, Iraci del Neto da; Klein, Herbert S. *Escravismo em São Paulo e Minas Gerais.* São Paulo: Edusp: Imprensa Oficial do Estado de São Paulo, 2009.

MACHADO, Maria H. P. T. *Crime e escravidão: lavradores pobres na crise do trabalho escravo 1830-1888.* São Paulo: Ed. Brasiliense, 1987.

MAMIGONIAN, Beatriz G *To be a liberated African in Brazil: labour and citizenship in the nineteenth century.* Tese de Doutorado em História. University of Waterloo, 2002.

_____, Beatriz G. "Do que 'o preto mina' é capaz: etnia e resistência entre africanos livres". In: *Afro-Ásia*, UFBA, Bahia, n° 24 (2000).

_____, Beatriz G. "Revisitando o problema da "transição para o trabalho livre" no Brasil: a experiência de trabalho dos africanos livres". In: *GT Mundos do Trabalho- Jornadas de História do Trabalho*: Pelotas-RS, 6-8, 11/2002.

MARQUESE, Rafael de B. *Moradia escrava na era do tráfico ilegal: senzalas rurais no Brasil e em Cuba 1830-1860.* Anais do Museu Paulista. São Paulo. n° Sér. v. 13. n°. 2. p. 165-188 jul.- dez. 2005.

MATTOS, Hebe M. *Das cores do silêncio: os significados da liberdade no Sudeste escravista, Brasil século XIX.* Rio de Janeiro: Nova Fronteira,

1998.

MATTOS, Ilmar R. *O tempo Saquarema*. Rio de Janeiro: ACCESS, 1994.

MOREIRA, Alinnie S. *Os africanos livres e as relações de trabalho na Fábrica de Pólvora da Estrela, Serra da Estrela- RJ (1831-1870)*. Dissertação de Mestrado em História. Campinas: Unicamp, 2005.

_____, Alinnie S. "Os africanos livres, sua prole e as discussões emancipacionistas: As famílias e a administração dos descendentes de africanos livres na Fábrica de Pólvora da Estrela. (Rio de Janeiro, 1830-1860)". In: *Estudos Afro-Asiáticos*, Ano 29, n 1/2/3, Jan-Dez-2007.

NETO, Luiz Ferraz S. de. *A Fábrica de Ferro São João de Ypanema e o atendimento médico no século 19*. In: *Revista da Faculdade de Ciências Médicas de Sorocaba*. v. 5, nº 2, p. 51 – 53, 2003.

NOGUEIRA, André. *Universos coloniais e "enfermidades dos negros" pelos cirurgiões régios Dazille e Vieira de Carvalho*. In: *História, Ciências, Saúde- Manguinhos*, v. 19, supl., dez. 2012.

OLIVEIRA, Maria Inês C. de. "Viver e Morrer no Meio dos Seus: Nações e Comunidades Africanas na Bahia do Século XIX". In: *Revista USP*, nº 28, p. 174-93, 1996.

_____, Maria Inês C. de. *"Quem eram os 'Negros da Guiné'? A origem dos africanos da Bahia"*. In: *Afro-Ásia*, no 19-20, 1997 (1999).

PEREIRA, Júlio César M. da S. *À flor da terra: O cemitério dos pretos novos no Rio de Janeiro*. Rio de Janeiro: Garamond: IPHAN, 2007.

PEREIRA, Osny D. *Ferro e Independência, Um desafio à dignidade nacional*. São Paulo: Ed. Civilização Brasileira, 1967.

PIMENTA, Tânia S. *Terapeutas populares e instituições médicas na primeira metade do século XIX*. In: CHALHOUB, Sidney; MARQUES, Vera Regina Beltrão; SAMPAIO, Gabriela dos Reis; GALVÃOSOBRINHO, Carlos Roberto (Ed.). *Artes e ofícios de curar no Brasil*. Campinas: CECULT, 2003.

PINSKY, Jaime. *A escravidão no Brasil*. São Paulo: Contexto, 2009.

PORTO, Ângela. *Fontes e debates em torno da saúde do escravo no Brasil do século XIX*. In: *Revista Latino-americana. Psicopatologia*. Fund., São

Paulo, v. 11, nº 4, p. 726-734, dezembro 2008.

PRANDI, Reginaldo. "De africano a afro-brasileiro: etnia, identidade, religião". In: *Revista USP*, São Paulo, nº 46, p. 52-65, junho/agosto 2000.

REIS, João J. e SILVA, Eduardo. *Negociação e conflito: a resistência negra no Brasil escravista*. São Paulo: Companhia das Letras, 1989.

REIS, João J. *A rebelião escrava no Brasil: a história do Levante do Malês (1835)*. São Paulo: Ed. Companhia das Letras, 2006.

REGO, José P. "Algumas reflexões sobre o acréscimo progressivo da mortandade no Rio de Janeiro". In: *Anais Brasilienses de Medicina*. 6º ano, v. 6. nº 2. 1850.

RIBEIRO, Mariana A. P. S. *Na senzala, o escravo operário: um estudo sobre a escravidão, fugas e conflitos na Fábrica de Ferro São João do Ipanema-Sorocaba-SP (1835-1838)*. Relatório final de pesquisa apresentado à Fundação de Amparo à Pesquisa do Estado de São Paulo, 2010.

ROCHA, Ilana P. *"Escravos da Nação": o público e o privado na escravidão brasileira, 1760-1876*. Tese de Doutorado em História Econômica. São Paulo: Universidade de São Paulo, 2012.

RODRIGUES, Jaime. "Ferro, trabalho e conflito: os africanos livres na Fábrica de Ipanema". In: *História Social Unicamp*, Campinas, nº 4/5, 1997.

_____, Jaime. *O infame comércio: propostas e experiências no final do tráfico de africanos para o Brasil (1800-1850)*. Campinas: Ed. Unicamp-CECULT, 2000.

_____, Jaime. *De costa a costa: escravos e tripulantes no tráfico negreiro (Angola-Rio de Janeiro, 1780-1860)*. Tese de Doutorado em História, Campinas: Unicamp 2000.

_____, Jaime. "Reflexões sobre tráfico de africanos, doenças e relações raciais". In: *História e Perspectivas*. Uberlândia (47): 15-34, jul/dez. 2012.

SAINT- HILAIRE, Auguste de. *Viagem à província de São Paulo*. São Paulo: Livraria Martins, 1940.

Entre a fábrica e a senzala

SANTOS, Carlos R. A. dos. "A alimentação e o seu lugar na história: os tempos da memória gustativa". In: *História: Questões & Debates.* Curitiba, n° 42, 2005, p. 11-31.

SANTOS, Nilton P. de. *A Fábrica de Ferro São João de Ipanema: economia e política nas últimas décadas do Segundo Reinado (1860-1889).* Dissertação de Mestrado em História. São Paulo: USP-FFLCH, 2009.

SANTOS, Vanicléia S. *As bolsas de mandinga no espaço Atlântico: Século XVIII.* Tese de Doutorado em História Social. IFCH-USP: Universidade de São Paulo, 2008.

SANTOS, Ynaê L. *Além da senzala: arranjos escravos de moradia no Rio de Janeiro (1808-1850).* Dissertação de Mestrado em História Social. São Paulo: USP-FFLCH, 2006.

SCHLEUMER, Fabiana. "Bexigas, Curas e Calundus: A escravidão negra em São Paulo (Século XVIII) sob uma perspectiva cultural". In: *Anais do II Encontro Internacional de História Colonial. Mneme – Revista de Humanidades. UFRN.* Caicó (RN), v. 9. n° 24,Set/out. 2008.

SCHWARTZ, Stuart. *Segredos internos: engenhos e escravos na sociedade colonial.* São Paulo, Cia das Letras/CNPq, 1988.

_____, Stuart. *Escravos, roceiros e rebeldes.* Bauru: Edusc, 2001.

SILVA, Juliana R. da. *Homens de ferro: Os ferreiros na África Central no século XIX.* São Paulo: Alameda, 2011.

SILVA, M. A. *Itapura: estabelecimento naval e colônia militar (1858-1870).* Tese de Doutorado em História. FFLCH- USP, 1972.

SILVA, R. N. *O negro na rua. A nova face da escravidão.* São Paulo: Ed. Hucitec, 1988.

SLENES, Robert W. "'Malungu, ngomavem!': África coberta e descoberta do Brasil". In: *Revista da USP* n°12. (1991/1992).

_____, Robert W. *Na Senzala, uma Flor: esperanças e recordações na formação da família escrava - Brasil Sudeste, século XIX.* Rio de Janeiro: Nova Fronteira, 1999.

SOARES, Carlos E. L. "Clamores da escravidão: requerimentos dos escravos da nação ao imperador, 1828". In: *História Social.* Campinas

-SP, n°4/5, 1997-1998, p. 223-228.

SOARES, Mariza de C. "Mina, Angola e Guiné: Nomes d'África no Rio de Janeiro Setecentista". In: *Revista Tempo*, n°3 (1998). p. 73-93.

_____, Mariza de C. "Os Mina em Minas: tráfico atlântico, redes de comércio e etnicidade". In: *Anais do XX Simpósio Nacional da ANPUH - História: São Paulo: Humanitas/Anpuh, 1999, p. 689-685.

_____, Mariza de C. *Devotos da cor: identidade étnica, religiosidade e escravidão no Rio de Janeiro, século XVIII.* Rio de Janeiro: Civilização Brasileira, 2000.

SOUZA, Jorge P. de. *Africano livre ficando livre: trabalho, cotidiano e luta.* Tese de Doutorado em História Social. São Paulo: Universidade de São Paulo, 1999.

STEIN, Stanley J. *Vassouras*: um município brasileiro do café, 1850-1900. Rio de Janeiro: Nova Fronteira, 1990.

TAUNAY, Carlos A. *Manual do agricultor brasileiro.* 2. ed. Rio de Janeiro: Typ. J. Villeneuve & Comp., 1839.

TOMASEVICIUS Filho, E. "*Entre a memória coletiva e a história de 'cola e tesoura': as intrigas e os malogros nos relatos sobre a Fábrica de Ferro de São João de Ipanema*". Dissertação de Mestrado em História. São Paulo: USP-FFLCH São Paulo, 2012.

THOMPSON, Edward P. *A formação da classe operária inglesa, v. 1.* Rio de Janeiro: Paz e Terra, 1987.

VERGUEIRO, Nicolau P. de C. *História da Fábrica de Ipanema e Defesa perante o Senado.* Brasília, Senado Federal, 1979.

VERGER, Pierre. *Fluxo e refluxo do tráfico de escravos entre o Golfo do Benin e a Bahia de todos os santos: dos séculos XVII a XIX.* Brasília: Ministério da Cultura, 1987.

VOGT, Carlos; FRY, Peter. *A África no Brasil*: linguagem e sociedade. São Paulo: Cia das Letras, 1996.

VON ZUBEN, Danúsia M. *Os africanos livres nos aldeamentos indígenas do Paraná provincial. (1853-1862).* Monografia apresentada à disciplina de Estágio Supervisionado em Pesquisa Histórica como requisito parcial à conclusão do Curso de História, Setor de Ciências Humanas, Letras e Artes da Universidade Federal do Paraná, Curitiba, 2010.

XAVIER, Regina Célia L. de. *Dos males e suas curas. Práticas médicas na Campinas oitocentista*. In: CHALHOUB, Sidney; MARQUES, Vera Regina Beltrão; SAMPAIO, Gabriela dos Reis; GALVÃOSOBRINHO, Carlos Roberto (Ed.). *Artes e ofícios de curar no Brasil*. Campinas: CECULT, 2003.

ZEQUINI, Anicleide. *Arqueologia de uma Fábrica de Ferro: Morro de Araçoiaba, Séculos XVI- XVIII*. Tese de Doutorado em Arqueologia. São Paulo: USP- MAE, 2006.

WILLIAMS, Eric. *Capitalismo e escravidão*. Rio de Janeiro: Americana, 1975.

WISSENBACH, Maria C. C. *Sonhos africanos, vivências ladinas: escravos e forros em São Paulo (1850-1888)*. São Paulo: Ed. Hucitec, 1998.

_____, Maria C. C. "Prefácio – Algumas reflexões sobre a escravidão, o tráfico e outros males". In: Porto, Ângela (org.). *Doenças e escravidão: sistema de saúde e práticas terapêuticas*. CD-ROM, Rio de Janeiro: Casa de Oswaldo Cruz-Fiocruz, 2007.

WITTER, Nikelen A. "Curar como arte e ofício: contribuições para um debate historiográfico sobre saúde, doença e cura". In: *Tempo*, Rio de Janeiro, nº 19, 2005.

CD- ROM:

Porto, Ângela (org.). *Doenças e escravidão: sistema de saúde e práticas terapêuticas*. CD-ROM, Rio de Janeiro: Casa de Oswaldo Cruz-Fiocruz, 2007. Unicamp IFCH/AEL CPDS CD/00005.

PÁGINAS DA INTERNET:

Ministério da Guerra. Hemeroteca Digital Brasileira- Biblioteca Nacional.

Disponível em: http://hemerotecadigital.bn.br/acervo-digital/relatorio-ministerio-guerra/720950

Relatórios dos Presidentes da Província de São Paulo (1840- 1860). Center for Research Libraries. Disponível em: http://www.crl.edu/brazil/provincial/s%C3%A3o_paulo

ANEXOS

A Fábrica de Ferro retratada pelo artista Jean-Baptiste Debret, em 1821

Fonte: Ilustração de J. B. Debret/ 40 Paisagens- Rio de Janeiro, São Paulo, Paraná e Santa Catarina/ Cia. Editora Nacional/ Acervo FAU/ USP. Disponível em: http://revistapesquisa.Fapesp.br/2010/07/18/os-primeiros-anos-da-siderurgia/ Acesso em 05/04/2012

A Fábrica de Ferro em 1884

Fonte: Julio Durski - LAGO, Pedro Correa do. Coleção Princesa Isabel: Fotografia do século XIX. Capivara, 2008. Disponível em: http:// www.cidadedeipero.com.br Acesso em 15/07/2012

A Fábrica de Ferro atualmente

Disponível em: http:// www.cidadedeipero.com.br Acesso em 14/05/2012

As Ruínas do Cemitério Protestante

Disponível em: http: // http://www.mackenzie.com.br/10382.98.html Acesso em 20/02/2014

A Fábrica de Ferro atualmente

Disponível em: http:// www.cidadedeipero.com.br Acesso em 14/05/2012

Porta de ferro construída em homenagem à maioridade de Dom Pedro II, 1842

Disponível em: http:// www.cidadedeipero.com.br Acesso em 14/05/2012

AGRADECIMENTOS

O presente livro fora concretizado após anos de estudo em conjunto com a iniciação científica e em seguida o Mestrado. Embora, a maior parte da escrita seja solitária nunca passamos por essa fase sozinhos. Logo, é tarefa delicada expressar no papel a tamanha gratidão que sinto com a publicação do mesmo.

Assim, agradeço à minha orientadora Prof.ª Dr.ª Lúcia Helena Oliveira Silva, que nos meus momentos de ansiedade sempre teve otimismo, bom humor e paciência inigualáveis. Em todos esses anos demonstrou ser uma grande professora, como também uma amiga/conselheira, detentora dos mais nobres valores. Ao Prof.º Dr.º Paulo César Gonçalves (UNESP-Assis), a minha gratidão pela crítica e leitura cuidadosa dos textos. Ao Prof.º Dr.º Jaime Rodrigues (UNIFESP) pelas reflexões valorosas tanto na iniciação científica, quanto na banca de Mestrado, e inclusive com as palavras de apresentação do livro.

Por viabilizarem este trabalho agradeço às instituições de fomento, ao CNPq, que me concedeu bolsa em setembro de 2012 e à FAPESP, que durante quase dois anos proporcionou a escrita e a análise documental da Dissertação. Também agradeço à FAPESP por ter auxiliado parte da publicação do livro em conjunto com a Alameda Editorial. Minha gratidão inclusive aos funcionários da editora pela atenção no atendimento aos autores, esclarecimento das dúvidas, etc.

Além disso, a pesquisa não seria efetivada sem a documentação presente no Arquivo Público do Estado de São Paulo e no Arquivo

Edgard Leuenroth (UNICAMP). Em tais instituições fui muito bem recebida, logo agradeço a todos os seus funcionários pela solicitude e empenho aos pesquisadores visitantes.

À parceria, generosidade e sensibilidade da minha irmã/amiga, fotógrafa Laura Requena (Requena foto-poesia), juntamente com o auxílio de Carmem Portillo, Paulo César Cardoso (Paulinho) e Elizabeth de Fátima Oliveira Lima, a qual serviu de modelo. Agradeço imensamente pelo suporte, tempo, dedicação, mas principalmente por conseguirem retratar a "alma" deste trabalho.

Quanto à UNESP - Assis, "obrigada", jamais poderia ser a palavra correta, pois na "Terra do Nunca" além de ótima formação acadêmica tive grandes encontros e experiências de vida. Agradeço à Letícia Gabriela Oliveira e à Carolina Canato Cayres, "minhas irmãs de alma" bem como as suas famílias pelo apoio, amizade, estórias, aprendizado e risadas desde os tempos da Graduação.

À Kássia Mistrão e a Tuane Rodrigues, pela solicitude com a qual me abrigaram na república, quando assistia às disciplinas semanais do Mestrado. Nunca me esquecerei dos chás e cafés que faziam enquanto me esperavam chegar de madrugada nas noites congelantes de Assis. Aos colegas da Pós-Graduação por compartilharmos os aprendizados, as alegrias, as conquistas, as cervejas e as angústias, especialmente na reta final: Alexandre Simão, Anelize Vergara, Raphael Martins Ricardo, "Charlie", Tiago Viotto, Roberto "Chu", Lucas Mariani Corrêa, Luís Gustavo Botaro, e Camila Bueno. Aos funcionários da UNESP- Assis, que sempre foram atenciosos e generosos: Auro Sakuraba "Jackie" e Lucelena (Biblioteca), Clarice (Departamento de História), Zélia e Marcos (Sessão de Pós).

Quanto à minha família, a minha base, a eterna gratidão à minha mãe, Sandra Evelise Schatzer, à minha irmã Marília Schatzer e a minha avó, Elza Schatzer por tudo o que passamos juntas, pela dedicação e amor incondicional. Esta vitória não seria possível sem o apoio de vocês na minha vida. Ao Flávio H. Moraes, obrigada pelos momentos e conversas que compartilhamos durante todos esses anos! Sucesso e muito axé em seu caminho!

Também agradeço aos daqui, e aos *de lá*. A todos os companheiros e irmãos do T.U.A, em Assis-SP, os quais nestes dois anos estiveram do meu lado nas horas alegres, e inclusive quando "o mar esteve revolto". Aos yorimás, obrigada seria realmente muito pouco, por isto declaro a minha eterna gratidão. Ao meu "Babá" e amigo, Reinaldo Antonucci Heiras, pelo companheirismo, ensinamentos e tantas outras coisas que não caberiam nestas páginas, pois são *ad eternum*.

Para encerrar, peço desculpas caso tenha me esquecido de alguém. Por conseguinte, as próximas páginas são frutos de trabalho árduo, mas principalmente de uma palavra chamada fé! Fé na vida, fé nos sonhos, fé em mim mesma e naqueles que amo!

Muito obrigada!

Alameda nas redes sociais:

Site: www.alamedaeditorial.com.br
Facebook.com/alamedaeditorial/
Twitter.com/editoraalameda
Instagram.com/editora_alameda/

Esta obra foi impressa em São Paulo no inverno de 2017. No texto foi utilizada a fonte Minion Pro em corpo 10,25 e entrelinha de 15, 375 pontos.